KB111946

심리상담 이론과 미술치료

Art Therapy Theories: A Critical Introduction
authored/edited by Susan Hogan

All Rights Reserved
Authorized translation from the English Language edition
published by Routledge, a member of the Taylor & Francis Group

Korean translation © 2017 Firforest Publishing Co.
Arranged through Icarias Agency, Seoul

이 책의 한국어판 저작권은 Icarias Agency를 통해 Routledge와 독점 계약한 도서출판 전나무숲에 있습니다.
저작권법에 의하여 한국 내에서 보호를 받는 저작물이므로 무단 전재와 복제를 금합니다.

심리상담 이론과
미술치료

수잔 호건 지음 | **정광조 · 이근매 · 원상화 · 최애나** 옮김

전나무숲

나의 지적 호기심을 격려해주셨던
나의 아버지 피터 호건에게 이 책을 헌정한다.

추천의 글

'미술치료란 무엇인가?'

이 질문에 대한 답을 찾는 것은 오랜 세월 동안 결코 쉬운 일이 아니었다. 미술치료가 공식화된 지 50년이 넘었지만 일반 대중은 물론 건강관리 분야에 종사하는 동료 전문가들조차 자주 이런 질문을 던져왔다. 미술치료사들은 이 질문에 답하는 것을 곤혹스러워하면서 대체로 질문자가 알 만한 다른 분야와 비교하며 설명해왔다. 가령 "카운슬링이랑 비슷하지만 저희는 내담자가 미술재료로 이미지를 만들도록 격려하고 그 이미지를 의사소통에 이용합니다. 내담자가 말보다 이미지를 이용해 감정을 더 쉽게 표현할 수 있으니까요" 식이었다. 미술치료는 존재 기반이 확실하므로 위와 같은 질문에 답하기 위해 치료사의 역할은 어떻고 하는 식의 연설을 늘어놓을 필요는 없다. 그러나 미술치료사의 수가 지속적으로 늘어나고 미술치료의 성과에 대한 객관적 분석과 평가에 대한 관심이 높아지고 있기 때문에 미술치료의 이론과 실제, 철학적 기반을 분석해 본질적 특성을 찾아내는 것이 점점 중요해지고 있다.

이와 같은 기조는 심리학과 카운슬링 분야에서도 발견할 수 있다. 특히 보건 및 사회복지 부문에서 근거 중심 치료에 관한 사회적 수요가 늘어나고 있기 때문이다. 이러한 기조에 따라 더 많은 의사들이 근거 중심 의학의 원칙에 부합하는 방식으로 연구를 계획하고 있으며 로스와 포나지(Roth and Fonagy 2005)가 『무엇이 누구에게 도움이 되는가? 비판적 심리치료 리뷰(What Works for Whom? A Critical Review of Psychotherapy)』에서 주장한 원칙을 따르고 있다. 심리학이나 카운슬링 분야와 마찬가지로 미술치료 분야에서도 연구를 계획할 때는 연구 목표를 달성하고 내담자에게 미치는 효과를 분석하기 위해 어떤 접근법을 사용하느냐가 매우 중요하다. 만약 어떤 접근법이 효과적이라면 그 이유와 기제를 밝혀내야 한다. 만약 그 접근법이 효과적이지 못하다면 그 이유를 밝혀내고 다른 미술치료 접근법이나 예술치료 접근법, 혹은 다른 형태의 개입이 더 효과적일 수 있는지를 함께 고려해야 한다. 물론 영국의 미술치료 분야는 충분히 발전해 신뢰성이 높은 연구가 통제된 조건에서 이루어지고 있다. 그렇기에 미술치료사들은 어떤 접근법이 특정 내담자나 치료 집단에서는 효과가 없어도 다른 내담자나 치료 집단엔 효과적일 수 있음을 이해한다. 1990년대에 어떤 영향력 있는 인사가 한 냉정한 평가처럼 당시의 미술치료는 일종의 선동 선전물, 즉 '프로파간다(propaganda)'에 불과한 경향이 있었다. 이러한 현상은 당시 미술치료에 대한 연구가 불충분했기 때문에 생긴 일이며, 다시는 되풀이돼서는 안 되는 일이다.

이러한 현실에서 미술치료사들은 미술치료가 심상(image)을 핵심요소로 다루고 있다는 사실을 반드시 고려해야 한다. 심상은 그 의미가 무시되어서도, 편향된 방식으로 이해되어서도 안 되기 때문이다. 그런 점에서 이론적 배경이 다른 미술치료사들과 서로 이론에 관해 논의하고 방법론을 공유하는 것은 매우 의미 있는 일이라고 할 수 있다. 근래에 치료 중심 연구와 연구 중심 치료에 관한 관심이 늘어나고 있는데, 가령 맥니프(McNiff 1998)나

스미스와 딘(Smith and Dean, 2014)은 미술치료사가 기존의 질적 연구방법만이 아니라 자신들이 선호하는 다른 양적 연구방법을 이용해 미술치료의 핵심인 심상의 중요한 측면을 평가할 수 있어야 하며, 이러한 일은 반드시 탄탄한 인식론적 기반 위에서 이루어져야 한다고 주장했다.

때맞춰 출판된 이 책에서 수잔은 이렇게 주장을 한다.

> 미술의 제작 과정이 미술치료의 핵심임은 틀림없지만, 다양한 이론 중에서 어디에 근거를 두느냐에 따라 제작 과정에 대한 개념이 달라진다. 이러한 차이는 각 이론이 이치에 맞지 않거나 일관성이 없기 때문이 아니라 인간에 대한 정의가 다르기 때문에 생긴다. 결과적으로 인간관에 따라 미술치료사의 역할에 대한 견해가 다양할 수밖에 없다. 각 이론마다 선호하는 미술재료와 그 사용방식, 치료방법을 설명하기 위한 용어도 다르다.

이것이 미술치료의 주요 내용이다. 그런데 의아하게도 이와 관련된 어떤 이해나 연구도 거의 이루어지지 않았다. 영국에서 미술치료가 하나의 전공과 직업으로 정착되기까지 오랜 시간이 걸리고 그 과정에서 투쟁이 있었기 때문에 미처 여유가 없었을 수도 있다. 많은 국가에서는 미술로 심리치료를 한다는 사실조차 거의 알려져 있지 않으며, 미술치료를 아는 사람들 중에서도 많은 사람들이 미술치료가 하나의 이론에 고정된 것이 아니라 지속적으로 변화하는 유동적인 행위라는 점을 아직 모르고 있다. 이를테면 나는 "당신은 융 학파 미술치료사인가요?"라는 질문을 받곤 했다. 이 명칭이 대중에 널리 알려져 있기 때문이다. 또 "당신은 게슈탈트 치료를 하시나요?"라는 질문도 받았다. 이 경우에 나는 '예'나 '아니오'가 아닌 "정확한 것은 아니지만 때에 따라 이러저러한 치료방법들을 사용합니다"라고 답한다. 만약 내가 고정성이 아니라 유동성을 중시하는 '프로세스 사회학'을 선호하기 때문에 어느 한 유형으로 분류되는 것을 좋아하지 않는다고 말한다면, 사람들은 나를 이상한 눈빛으로 쳐다볼 것이다(이러한 질문이 자연스럽게 받아들여지는 행사에 참여하는 것 같은 특수 상황에서는 별 문제가 없겠지만!). 오랜 시간 동안 이와 동일한 형태의 물화(reification), 즉 고정화가 심리치료 분야에서 이루어졌다. 얼마 전까지만 해도 심리치료사라는 직업을 얻기 위해서는 반드시 하나의 접근법, 예컨대 프로이트식이나 인지행동 치료 같은 이론적 틀을 고수해야만 했다. 그러나 하나의 이론을 고수하는 것은 미술치료 분야에는 해당하지 않는 이야기이다. 미술치료는 수많은 심리학적 접근법과 치료 유형, 철학을 결합하고 미술활동을 강조한 분야이기 때문이다.

수잔 호건은 이 책에서 미술치료의 기본을 이루는 철학적·심리상담학적 관점을 구별하는 것이 너무나 당연한 일인데도 여태까지 이론적 접근법들을 총체적으로 정리한 입문서가 나오지 않았다는 점이 놀랍다고 말한다. 이 책이야말로 그러한 흠결을 메울 수 있는 훌륭한 이론서이다. 많은 연구자와 대학원생들은 미술치료가 인식론적으로 그리고 존재론적으로 어떤 입장에 근거한 것인지 알지 못해 곤란을 겪어왔다. 고백하면, 나 자신도 몇 년 전까지 이러한 고민을 하지 않았다. 그러나 수잔 호건의 책에 논의된 여러 이론들을 살펴보면서 미술치료사로서 고민해야 하는 인간관과 세계관이 무엇인지를 확실히 알게 되었다. '실존주의적이고 현상학적인 질적 세계관을 가진 연구자가 실증주의적 세계관에 따라 통제된 무작위 실험에 근거한 연구를 진행해야 하는가, 아니면 질적 방법과 양적 방법을 혼합한 통합적 방법론을 사용해야 하는가?'와 같은 질문을 통해서 말이다.

또 '사회구성주의자가 자신의 관점과 맞지 않는 방법론인 설문조사와 통계 분석에 기반을 둔 양적 연구를 진행하면서 행복해할 수 있을까? 어떤 이론을 다른 이론과 통합하거나 쿠퍼와 맥클로이드(Cooper and McCleod 2011)가 설명한 다원적 접근법을 만들 수 있을까?'와 같은 질문을 통해 여러 이론적 접근법의 기원을 이해하고 그것이 어떻게 실제 치료에 적용되는지를 이해할 때 미술치료사들은 스스로 택한 특정 이론들이 연구 주제를 설정하고 연구를 진행함에 있어서 어떤 영향을 주는지를 명료하게 이해하고 설명할 수 있을 것이다.

물론 이러한 논의의 배경에는 내담자들에게 미술치료가 왜 필요한지에 대해 정당한 논리를 제공하고 싶은 욕구가 자리하고 있다. 우리 미술치료사들은 '미술 제작 과정에 참여하는 것이 치료에 도움이 된다'고 강력하게 믿고 있다. 또 미술치료 전문 직업인으로서 오랫동안 같은 주장을 여러 차례 해왔지만 미술치료가 왜 효과적인지, 어떤 경우에 효과적이지 않은지를 설명하는 것은 쉽지 않은 일이다. 역설적이게도 미술치료사로서 때로 '미술은 유익합니다'라는 주장을 부인해야 할 때가 있기도 하다. 이러한 주장은 심지어 미술의 긍정적 의미를 부정하기 어려운 분야들에서 비롯된 것이다.

나는 최근에 충분히 훈련되지 않은 자원봉사자들을 미술치료에 도입하려는 홈케어 시설들에 미술치료의 위험성을 경고한 적이 있다. 심상을 만드는 것은 내담자들에게 유익한 경험이지만 동시에 매우 혼란스러운 경험이 될 수 있기 때문이다. 그렇기에 유자격 미술치료사가 필요하다. 그러나 시설 운영자들은 어떤 심상은 격렬한 감정을 불러일으킬 수 있고 그것을 일반에게 보이는 것이 적합하지 않을 수 있다는 점을 생각하지 못한다. 미술치료의 이론적 측면을 잘 모르기 때문에 '유자격 미술치료사가 필요하다'는 경고에 매우 민감하게 반응한다. 치매 환자들에게 창의적 미술치료가 의미 있고 '좋은 일'이라는 견해가 지배적인 현실에서 미술치료의 위험성을 강조해 미술치료사들을 좌절시키는 것은 좋은 일이 아니다. 그렇기 때문에 전문 미술치료사로서 이에 대한 긍정적인 견해를 뒷받침해줄 수 있는 근거 이론이 무엇일까에 대해 확신을 가지고 설명할 수 있어야 한다.

이 책은 여러 측면에서 매우 중요하다. 호주와 영국에서 오랜 시간 동안 이루어진 연구와 교육, 실무에 근거를 두고 있으며 저자 수잔 호건은 성별, 인종, 문화, 장애와 같은 어려운 문제의 근본적 해결과 관련된 연구 실적이 있다. 그녀는 여태까지 미술치료의 기원에 관해 연구해왔으며 앞으로도 그러할 것이다. 또 미술치료 분야의 대학원생과 지망생을 적극적으로 지도해왔으며, 미술치료사로서도 활발하게 활동해왔다. 수잔 호건은 이 책에서 그녀의 사상을 쉽게 설명해 미술치료 분야의 지망생과 종사자, 잠재적 내담자, 그리고 연구자에게 큰 도움을 주었다. 미술치료 분야의 논의와 발전을 위한 논제를 제공한 것이다. 한마디로 이 책은 매우 교육적이며, 그렇기 때문에 강력하게 추천한다.

- 다이앤 월러(Diane Waller) 교수

대영제국 4등 훈장 소지자(OBE),
런던대학교 골드스미스칼리지 미술치료학과 명예교수,
영국 미술치료사협회 명예회장

참고문헌

- Cooper, M. and McLeod, J.(2011), *Pluralistic Counselling and Psychotherapy*, London: Sage.

- McNiff, S. (1998) *Art-based Research*, London: Jessica Kingsley.

- Roth, A. and Fonagy, P.(2005), *What Works for Whom? A Critical Review of Psychotherapy*, London and New York: Guilford Press.

- Smith, H. and Dean, R.(2014), *Practice-led Research, Research-led Practice in the Creative Arts*, Edinburgh: Edinburgh University Press.

옮긴이의 글

미술치료를 비롯한 예술심리치료의 첫 출발지는 원래 정신의학이나 심리치료 분야였다. 정신의학자이자 심리학자였던 지그문트 프로이트, 칼 융은 미술이나 춤 그리고 여러 예술적 행위들이 인간의 무의식을 통찰하고 각종 심리장애를 치료하는 데 도움이 된다는 사실을 알았다. 레오나르도 다빈치의 연구에서 보듯이 프로이트는 열렬한 예술 애호가로서 작품 분석을 통해 화가의 무의식을 분석하고자 했고, 융은 예술의 치료적 효과를 이론적으로 주창하는 것을 넘어서 실제로 자신의 정신병을 고치고 자아를 확충하기 위해 예술활동에 전념하며 만년을 보냈다. 그 이후 발전을 거듭해 오늘날의 예술치료는 언어적 심리상담치료를 보완하거나 분야에 따라서는 심지어 대체하는 역할을 담당하기에 이르렀다.

주지하는 바와 같이 예술활동에 몰입하는 과정 자체가 심리치료적 효과를 발휘하는 측면이 있지만 예술은 심리상담 기법과 연계될 때 그 치료적 속성이 극대화된다. 그러므로 통찰력 있는 예술치료사가 되려면 예술활동 자체의 심리치료적 속성에 대해 잘 알아야 할 뿐만 아니라 심리상담 분야에 대해서도 상당한 수준의 이해가 있어야 한다.

본서의 저자 수잔 호건은 이러한 필요성에 부응하기 위해 주로 미술치료
사가 숙지해야 할 중요 심리상담 이론들과 그에 근거한 미술치료의 실제 적
용 방법들을 일목요연하게 서술하고 있다. 특히 심리치료 이론들의 모태인
종교, 신학, 철학이 인간에 대해 설정했던 인간관을 파악하는 것이 중요하
다는 점을 강조함으로써 철학적, 심리학적 배경지식과 단절된 채 몇몇 실제
기법들의 나열에 그치고 말았던 그동안의 미술치료의 경향에 대해 자성하
는 기회를 주고 있다.

저자의 관점은 미술치료가 단순한 기분전환용 놀이활동을 넘어 자아 신
장과 자아실현의 험난한 여정에서 효과적인 나침반이 되기 위해서는 원래
의 근거 이론인 심리치료 이론에 대한 깊은 이해가 선행해야 한다는 것이
다. 실제로 여러 심리치료 이론들도 그 근저를 이루는 인간관의 차이 때문
에 다양한 분화가 있었다는 점을 상기할 때 이러한 저자의 주장은 너무도
타당한 것이다. 이러한 형편임에 불구하고 그동안 심리치료 이론과 미술치
료 기법을 종합적으로 연계해 설명한 책이 없었다는 점이 너무도 의아하다
는 그녀의 지적에 십분 공감한다.

본서에는 몇 가지 중요한 특징이 있다.

우선 심리치료의 일반적인 변천 순서에 따르지 않았을 뿐만 아니라, 첫
시발 이론인 정신분석학적 미술치료가 아닌 후발 이론인 인지행동 미술치
료부터 설명한다. 정신분석학적 특색이 강했던 유럽 국가들의 심리치료 현
장에도 중요한 변화가 일어나고 있는 것으로 보인다. 근거 중심 의학이 시
대적 추세가 됨에 따라 미국을 위시한 세계 각국에서는 통제된 실험을 통
해 미술치료의 효과를 객관적으로 증명하려는 추세가 대세를 이루고 있다.
본서의 기술 순서를 심리학 발달 순서에 따르지 않은 것은 이러한 추세와

연관이 있는 것으로 짐작된다. 인지행동 미술치료는 검증 가능한 객관적 치료 결과를 제시하는 데 있어서 사례 중심의 질적 연구 지향적인 정신분석학적 미술치료보다 비교우위에 있기 때문이다.

또 다른 특징적 부분인 페미니즘 미술치료와 사회적 미술치료 부분은 그동안 어떤 미술치료 이론가들도 언급하지 않았던 새로운 분야이다. 미술치료 이론가들이나 현장 종사자들이 대부분 여성들이고 미술치료 현장의 상담 문제들이 여성 관련 사항들이 많다는 점을 고려할 때 페미니즘적 사고는 미술치료의 현실 적합성을 높이는 데 중요한 기여를 할 것으로 판단된다. 사회학적 관점 역시 미술활동이 사회적 부조리를 제거하는 데 일익을 담당할 수 있다는 사실을 일깨워줌으로써 그동안 미시적 관점에 머물러온 미술치료 분야의 지평을 사회라는 거시적 변수로까지 확대시킴으로써 향후 미술치료의 진로 모색에 도움이 된다고 보여진다.

본서는 영국에서 이루어지는 미술치료 상황을 많이 기술하고 있다. 그렇다고 해서 본서의 내용이 영국의 문제 해결에 국한될 것이라는 우려는 기우이다. 집단무의식의 차원에서 볼 때 세계 인류가 갖고 있는 심리적 문제들은 그 본질이 거의 같다고 볼 수 있기 때문이다. 오히려 본서의 출간이 미국 저술들과 이론들을 주로 소개하는 한국의 편향된 학문적 경향에 균형을 잡아주는 역할을 할 수 있을 것으로 기대한다.

내용 또한 지나치게 전문적인 것이 아니어서 미술치료 초보자들이 이해하고 적용하는 데도 크게 불편하지 않은 대중성이 장점이다. 그러면서도 미술치료와 관련된 심리학적 핵심 사항들을 일목요연하게 제시하는 전문성도 소홀히 하지 않는다. 그러한 점에서 본서는 초보자를 위한 책이면서 동시에 예술심리치료의 기본을 잊지 않으려 노력하는 초심자를 위한 책이

기도 하다.

특히 본서가 소개하고 있는 구체적인 미술치료 기법들 역시 현재 국내 서적들이 소개하고 있는 내용들과는 다른 것이어서 미술치료사들의 치료적 안목을 넓히는 데 기여할 것으로 기대하면서 일독을 권한다.

- 정광조 · 이근매 · 원상화 · 최애나

감사의 글

나는 이 책을 쓰는 동안 많은 사람들의 도움을 받았다. 그들은 이 책을 읽고 자신의 관심 분야와 관련된 특정 주제에 대해 의견을 주었다. 이에 존 버치넬, 셀가, 코니쉬, 데브라 깁슨, 리타 로버트, 다이앤 월러에게 감사를 표한다. 각 이론을 세부적으로 설명하는 데 그들의 건설적인 비판은 꼭 필요했으며, 실제로 큰 도움이 되었다. 나의 전 남편이자 친구인 필 더글라스에게 진심에서 우러나오는 감사의 말을 전한다. 그는 비전문가인데도 시간을 할애해 기꺼이 이 책을 읽고 논평하고, 칭찬하고, 문장에 대해 이해할 수 있는지를 말해주었다. 본문의 유창한 표현은 그의 도움이 없었다면 탄생하지 못했을 것이다. 나를 도운 친구들과 가족들에게도 감사의 말을 전한다. 특히 리지 번스, 앤드류 캠벨, 매리 더글러스, 알란 리스에게 감사의 말을 전하고 싶다. 그들의 비평은 본문 깊숙이 반영되었다.

이 책에 대해 극찬을 해준 다이앤 월러 교수에게도 깊은 감사를 전한다. 우리가 여러 미술치료 방법들을 구분할 줄 알아야 한다는 그녀의 주장은 지극히 옳다. 이러한 구분을 할 줄 알아야 치료의 목표인 '자아 키우기'의 중요 요소가 무엇인지, 치료에 있어서 미술이 어떤 기능을 하는지, 미술치료사의 역할은 무엇인지에 대해 이해할 수 있기 때문이다.

미술치료 방법 간의 입장 차이는 존재론적으로 '인간이란 무엇인가', '그 인간됨을 이루기 위해 우리는 치료사로서 무엇을 해야 하는가'에 대한 생각의 차이를 반영하고 있다. 미술치료의 발전을 위해서 이러한 측면에 대해 명확한 이해와 구체적인 설명이 반드시 있어야 한다.

나의 학생들에게는 어떻게 해도 감사한 마음을 충분히 전할 수 있을 것 같지 않다. 나는 다년간 체험 훈련을 실시했고 이를 통해 수많은 것을 배웠으며, 그것을 이 책과 이전에 낸 책『초급 아트테라피 입문(*The Introductory Guide to Art Therapy*)』(2014)에서 공유하려고 시도했다. 여러 학생들과 함께한 경험은 진실로 귀중한 경험이었다. 이 책의 11장 '주요 용어집'은『초급 아트테라피 입문』에서 사용한 용어집의 증보판 형태로 작성되었다.

여전히 미술치료에 관한 수많은 오해가 있기에 나는 이 두 권의 책이 미술치료에 대한 대중의 이해를 넓히는 데 도움이 되기를 희망한다.

- **수잔 호건**(Susan Hogan)

차 례

제1장

서론

미술치료사는 미술치료 기법에 조예가 깊으며, 다양한 미술재료를 사용해 비언어적인 의사소통을 촉진하는 데 능숙한 사람이다. 은유와 상징, 그리고 미술재료를 표현의 수단으로 사용해 자기표현을 위한 풍요로운 언어를 만들어주고 본능에 가까운 강렬한 감정을 그림으로 표현할 기회를 만들어준다. 그림에는 은유와 함께 표현 범위와 구도, 색조와 색채의 차이를 통해 생각과 감정이 분명하게 표현될 수 있다.

상징은 다면적 속성을 가지고 있으며 서로 모순되는 여러 의미를 동시에 내포할 수 있다. 상징의 진정한 의미는 별들이 모여서 별자리를 이루는 것처럼 여러 상징이 만날 때만 드러날 수 있다. 상징을 이용해 무형의 생각이나 기분을 표현할 수 있으며, 이는 다른 방법으로는 표현하기 어렵다.

미술재료를 사용해 암묵적으로 체화된(embodied) 감정을 찾아내고 이해할 수 있다. 미술작품을 만드는 과정은 그 자체로 많은 것을 드러나게 하며, 강렬한 감정을 불러일으키거나 표현되지 못한 과거의 문제들을 드러내기도 한다. 미술재료는 자체의 속성만으로도 상념을 불러일으킬 수 있다. 미술작품을 만드는 과정은 신체의 움직임과 재료의 촉감을 통해 여러 생각과 감정을 야기시키는 감각적인 과정인 것이다. 미술치료 과정의 또 다른 차원에는 약전(藥典, pharmacopoeia)으로서의 측면, 즉 치료 과정에서 지켜야 하는 세부 지침들이 포함될 수 있는데, 이에 근거해 자신의 일부나 상상의 인물 혹은 그 자리에 존재하지 않는 사람들을 말이나 행동으로서 표현할 수 있다. 미술작품을 만들면서 내담자의 내면에서 대화가 이루어질 수 있으며, 때론 이것이 실제 대화로 이어지기도 한다. 작품을 관찰하면서는 작품의 다양한 속성을 발견하고, 대화를 위한 다양한 소재를 찾아낼 수도 있다.

작품으로 만들어진 이미지는 생각지도 못한 놀라운 방식으로 깨달음을 주거나 격렬한 감정을 불러일으킬 수 있다. 이미지의 감춰진 뜻을 밝히는 것은 복합적인 표상을 이해하는 데 도움을 준다. 더 나아가 여러 개별 작품이 함께 전시되면서 하나의 의미를 만들고, 생각지도 못했던 이야기를 드러낼 수 있다. 작품을 경험하는 공간 또한 작품과 제작자, 혹은 관찰자의 관계와 마찬가지로 매우 중요하다. 작품을 경험하는 공간은 작품의 전시와 관람이 수월한지에 영향을 미치기 때문이다. 각각의 작품이 서로 어떤 식으로 연관되느냐에 따라 의미가 만들어지고 미술작품, 전시 공간, 관찰자가 상호작용해 새로운 의미를 만들어낸다. 미술작품은 감정을 담는 그릇이 될 수 있으며, 타인에게 작품을 보여줌으로써 보는 이를 변화시킬 수 있다. 그림의 내용은 변하지 않더라도 때로는 보는 이들에게 공격적인 영향을 미칠 수 있는 것이다. 마지막으로, 작품의 배치를 통해 강한 활력을 얻을 수 있다.

미술작품의 제작 과정이 미술치료의 핵심임은 틀림없지만, 다양한 이론 중에서 어떤 이론에 기반을 두느냐에 따라 치료의 개념이 달라진다. 이는 각 이론이 이치에 맞지 않거나 일관성이 없기 때문이 아니다. 인간이 어떤 존재인지에 대한 정의가 이론마다 다르기 때문이며, 그렇기에 미술치료사의 역할에 대한 견해 역시 다양한 것이다. 미술재료의 사용에 관해서도 다양한 주장이 있으며, 주장에 따라 어떤 재료를 어떤 방식으로 사용하고 어떤 어휘로 작품 제작 행위를 설명할지가 달라진다.

이 책의 목적은 미술치료의 주요 이론을 소개하고 그 개요를 설명하는 것이다. 특정 이론을 깎아내리려 하지 않았으며, 전문용어의 사용은 피하고 쉽고 명료한 문체로 이론을 설명하려고 시도했다. 난해한 개념이나 용어 역시 명확하게 설명했다. 미술치료의 이론적 접근방식은 각각의 장에서 개략적으로 분석하고 있다. 이 책은 특히 영미권의 미술치료사들을 위해

쓰였으며, 이 책을 읽음으로써 미술치료 이론에 대한 이해도가 높아져 자격 있는 미술치료사임을 증명하는 데 도움을 얻게 될 것이다.

각 이론들의 주요 관점을 구분하는 것이 너무나 당연함에도 이론적 접근법들을 전체적으로 정리한 입문서는 여태까지 존재하지 않았다. 그러므로이 책이 유명해져서 미술치료사들과 전 세계 독자들에게 널리 읽혔으면 하는 게 나의 바람이다. 이 책의 원활한 보급을 위해 각 이론들을 비판적인어조로 설명하는 일은 삼갔다.

용어 '미술치료'

이 책에서 미술치료라는 용어는 일반적 의미로 사용되었으며, 미술치료와 미술심리치료를 구분하지 않았다. 유럽과 호주에서는 그 둘을 구분하지않으며, 미술치료 분야에서는 이 둘을 구별해 사용하거나 저술한 전통이없기 때문이다.

각 장의 세부 내용

각 장에서는 상담이론을 한 가지씩 다루고 있으며, 이론별 주요 특징과근거에 관해 설명했다.

■ '2장. 인지행동 미술치료'의 주요 내용

인지행동치료(CBT)는 감정과 행동에 영향을 미치는 왜곡된 사고방식에 초점을 맞춘다. 인지행동치료의 주요 과업은 근거가 없거나 잘못된 사고방식을 찾아내는 것이다. 치료사는 이러한 사고방식의 맹점을 밝혀내고 이를 대체할 적합한 사고 및 행동 방식을 고안하게 한다. 캐시 A. 말키오디(Malchiodi)는 인지행동치료에 대해 다음과 같이 서술했다.

> 인지행동치료의 기본 목적은 내담자를 도와 그들의 행동을 지배하는 잘못된 부정적인 법칙과 가정을 찾아내고 그것을 수정하거나 대체할 더욱 현실적이고 긍정적인 법칙과 기대를 찾아내는 것이다. 내담자와 치료사의 협력 관계는 인지행동치료의 토대가 된다. 치료는 사실상 심리적 학습 능력을 평가하며, 치료 기간은 단기적이다. (2012, pp. 89-90)

인지행동치료에서는 심상을 이용해 새로운 정서적 반응과 존재 방식을 찾아내는데, 미술치료는 이 과정을 돕는 도구로 쓰인다.

즉 부정적인 사고방식은 이를 유발하는 여러 요인과 함께 식별되는데, '습관적인 부정적 사고'나 '부정적 자기 대화'를 상황과 맥락을 고려해 식별한 다음에 그것의 맹점을 지적하게 된다(Corey 2009). 미술치료는 이러한 이론적 틀과 결합해 트라우마가 된 사건을 탐구하거나 재구성하는 식으로 사용된다. 인지행동치료에서 치료사는 내담자에게 심상을 이용해 다른 방식으로 생각하고 행동하고 느끼는 것을 상상해보라고 요구한다. 그러면 내담자는 미술재료를 이용해 상상의 이미지를 실제로 만들어볼 수 있다(Malchiodi 2012, pp 90-91).

2장에서는 최초의 목표 설정부터 치료의 종료까지 인지행동치료의 미술치료 모델에 대해 더 상세히 설명할 것이며, 로스(Roth 2001)나 로잘(Rosal 2001)과 같은 이 분야의 거장들의 관점을 소개할 것이다. 이 모델은 영국보다는 북미, 캐나다와 같은 근거 중심 치료와 단기 개입이 중시되는 지역에서 주로 발전했지만, 이후로도 지속적으로 발전해 영국에서도 채택될 가능성이 크다. 2장에서는 해결 중심 단기미술치료(solution-focused brief art therapy: SFBT)에 대해서도 설명할 것이다.

해결 중심 치료법에 관해서도 자세하게 설명할 것이다. 비록 철학적으로 구성주의(인간의 정신을 감각과 느낌으로 쪼개어 분석하는 방법)에 속하기는 하지만, 이 요법은 본질적으로 행동주의 요법으로 내담자가 자신의 삶에서 바꾸고 싶은 부분을 찾아내는 데 의의를 둔다. 치료사는 질문지를 이용해 내담자가 취할 수 있는 해결책과 달성 수단을 찾아낼 수 있게끔 돕는다. 이 요법에서는 내담자가 성취하고자 하는 것에 초점을 맞추며 내담자가 가진 능력과 강점을 활용하려고 시도한다. 이러한 강점을 찾아내기 위해서 때때로 내담자가 성공적으로 해결한 과거의 상황이나 사건을 분석하기도 하지만, 이 요법은 대체로 미래 중심적이고 목표 지향적이다.

해결 중심 치료에서는 '척도 질문'으로 내담자가 그들 삶의 여러 측면에 관해 평가할 수 있게 한다. 척도 질문은 0점에서 10점으로 평가되며 10점은 모든 목표가 달성된 경우를, 0점은 상상할 수 있는 최악의 시나리오가 발생한 경우를 의미한다. 해결 중심 단기미술치료(SFBT)를 받는 내담자는 자신의 현재 상태를 척도 점수로 평가하고, 몇 점 정도가 되어야 치료가 충분히 이루어졌는지를 나타내는 목표점수를 설정하며, 치료의 궁극적 목표에 대해 정의할 수 있다(Iveson 2002). 이 모델은 후술할 '기적 질문(miracle question)'과 밀접하게 연관되어 있다.

인지행동치료 계열의 미술치료사들은 다른 인지행동치료 기법과 더불어 마음챙김 명상 기법을 상담기술로 활용하는데, 이는 7장에서 자세히 설명할 것이다.

■ '3장. 정신분석적 미술치료'의 주요 내용

3장에서는 정신분석적 미술치료의 특징과 실제 치료에 어떤 식으로 적용되는지를 살펴볼 것이다. 정신분석학 이론에 관해서도 자세히 설명할 것이다. 이 분야는 이론적으로 매우 복잡하므로 미술치료를 공부하는 사람들이 종종 어려움을 겪지만, 지나친 단순화의 위험을 피하면서도 명료하게 설명하려고 노력했다.

정신분석학에서 파생된 정신역동적 치료법은 내면의 갈등을 '심리적 동요를 일으키는 스트레스'의 한 형태로 보았다. 또 인간의 행동을 결정짓는 근본적인 정신적 요소들에 집중하면서 '이 요소들은 명백히 드러나지는 않지만 요동치는 상태로 존재하면서 인간의 행동을 결정한다'고 간주했다. 그래서 '정신역동적'이라고 하는 것이다.

정신분석학에서는 개인의 인격(혹은 정신)이 영구적인 긴장 상태에 있는 세 부분(초자아, 자아, 이드)으로 구성된다고 말한다. 초자아(super-ego)는 자기(self)의 도덕적인 부분으로서 사회적 요구에 부합하며 양심, 규율, 절제, 헌신과 같은 개념을 포함한다.

자아(ego)는 정신의 의식적이고 합리적인 부분으로서 정신의 다른 부분들을 중재하고, 충돌하는 욕구들 사이에서 타협을 이끌어낸다고 여겨진다. 자아가 충분히 강하다면 초자아와 이드가 균형을 유지하겠지만 그렇지 못할 경우에는 그 균형이 깨져서 초자아 혹은 이드가 과도한 영향력을 행사할 수 있다. 자아는 균형을 유지하기 위해서 다양한 '방어기제'를 재량껏 사용한다(방어기제에 관해서도 자세히 설명할 것이다). 가령 '억압'은 고통스러운 기억을 무의식 깊숙이 숨기려는 자아의 시도로, 고통스러운 기억을 효과적으로 망각하는 기제이다(비록 이런 기억이 나중에 되살아나 문제가 될 수도 있지만 말이다). 다른 중요한 방어기제로 '투사'가 있으며, 자기 생각을 타인이나 다른 대상에게 전이시키는 것을 의미한다. 프로이트는 많은 방어기제가 정신의 본능적 에너지의 흐름과 내면이 충돌하는 것과 관련이 있다고 보았다.

정신의 세 번째 부분은 이드(id)라고 불린다. 이드는 자기의 원초적인 부분으로, 본능적인 행동과 욕구는 이드에 의해서 생긴다고 여겨진다. 이드는 즉각적인 만족과 쾌락을 추구하며, 욕구 충족을 통해 희열을 느끼기를 원할 뿐 도덕성에는 별 관심이 없다. 따라서 초자아와 충돌하곤 한다. 발달상으로 이드는 유아적이며 유년기 초기에 발달하는 것으로 여겨진다. 그다음으로 자아가 발달하며, 마지막 순서로 초자아가 발달한다.

이 이론적 구조는 인간의 정신을 유동적 혹은 역동적으로 바라보는 관점을 만들어냈으며, 이후로도 매우 큰 영향력을 행사해왔다. 정신분석학적 용어들은 대중이 이해하기엔 쉽지 않았지만, 정신분석학의 사상은 20세기 사상과 문화에 깊숙이 뿌리내렸다.

다른 정신역동적 접근법 또한 정신분석학에서 비롯되었다. 정신역동적 미술치료에서 내담자는 자신의 내면에 존재하는 역동적 충돌과 긴장을 점차 깨닫게 되며, 이것이 스트레스를 비롯한 여러 증상의 원인임을 알게 된다. 비록 정신역동적 접근법이 정신분석학에서 유래되었지만, 반드시 프로이트 학파에 기원을 두고 있는 것은 아니다. 프로이트가 자아가 어떻게 작동하는지를 설명하기 위해 전제한 여러 개념적 장치들을 정신분석학자들이 사용하지 않을 수도 있기 때문이다. 정신역동적 접근법은 감정 작용의 역동성을 설명하는 인지 도식(스키마schema)이자 이를 파헤치는 치료 기법으로 사용되어왔다.

현대의 일부 미술치료 모델들은 정신역동론의 원리를 포함하는데, 3장에서는 이에 관해 고찰할 것이다. 말키오디가 설명했듯이 현대의 미술치료사 대부분은 실제 미술치료에서 정신분석학이나 분석심리학, 혹은 대상관계 이론에 기반을 둔 접근법을 사용하지 않는다. 하지만 그 철학적 원리는 수많은 현대적 치료법에 포함되어 있다(Malchiodi, 2012, pp. 72-73).

일부 작가들이 '정신분석 이론'과 '정신역동 이론'을 동의어로 혼용해서 쓰는 바람에 혼란이 있었지만, 정신분석학의 전통을 따르는 미술치료사들이나 정신분석학의 관점에서 상징을 이해하는 치료사들이 여전히 있으므로 이에 관해서도 3장에서 서술할 것이다. 정신분석학은 후대에 발전된 다른 이론들의 기초가 되었으며, 수많은 논쟁을 불러일으키기도 했다. 그러므로 이 이론은 매우 중요하며, 정확히 이해할 필요가 있다.

대상관계 이론은 정신분석학에서 개발된 것으로, 이에 관해서도 서술할 것이다. 대상관계 이론에서는 유년기에 획득된 내적 표상이 이후의 삶에서 타인과 관계를 맺는 방식에 영향을 준다고 본다. 미술치료사들은 내적 표상이 어떻게 외부로 투사되는지에 관심이 크며, 그 전이 관계를 파헤치는 것을 치료의 주안점으로 삼는다.

■ '4장. 분석심리학적(융 학파) 미술치료'의 주요 내용

4장에서는 분석심리학에서 파생된 미술치료에 관해 살펴볼 것이다. '분석적'이란 말은 분석심리학의 의미로 사용될 것이며 분석심리학에서 파생

된 중요한 기법들, 예컨대 '확충(amplification)'과 같은 기법들을 설명할 것이다.

영국의 일부 미술치료사들은 정신분석적 미술치료를 '분석심리적 성향'이라고 생각한다. 그러나 분석심리학은 융 학파의 이론으로, 칼 구스타프 융의 연구에서 비롯되었다. 분석심리학은 정신분석학과 뚜렷이 구별되는데, 특히 심상에 대한 태도가 그러하다.

분석심리학적 미술치료에서는 회화적 상징(pictorial symbolism)은 무의식에서 나오며, 의식에 대해 '보상' 혹은 '보충'하는 작용을 한다고 간주한다. 사람들이 자신의 삶에서 무시되는 부분에 주목하도록 회화적 상징이 잠재적으로 유도한다는 것이다. 융은 자아의 무의식적인 부분이 제 목소리를 내도록 해주는 것이 건강한 정신을 누릴 수 있는 최선의 방법이라고 생각했으며, 인간의 본성에서 덜 의식적인 부분인 무의식이 꿈이나 미술작품에서 드러날 수 있다고 보았다. 상징은 의식 영역과 무의식 영역을 잇는 다리로, 심상을 만드는 것은 정신이 균형을 이루는 데 도움을 주며 의식을 조절하는 기능을 수행하는 것으로 간주된다.

4장에서는 분석심리적 접근법의 이론적 기반과 함께 스튜디오 중심(studio-focused)의 분석심리적 미술치료 기법에 관해서도 서술할 것이다. 이 미술치료 방식은 미술작품 제작의 예술적 측면, 제작자, 작품의 주제 사이의 관계에 초점을 맞추기 때문에 작품 제작에서 비언어적인 측면을 강조한다. 인간의 정신은 자기조절 체계를 가지고 있어 필요하다면 스스로 적응하거나 균형을 찾을 수 있기 때문에 미술치료는 언어적 분석이 동반되지 않더라도 효과적이라고 간주되는 것이다. 미술 자체가 치료인 셈이다.

■ '5장. 게슈탈트 미술치료'의 주요 내용

게슈탈트 이론은 인본주의 심리학의 한 분파로서 '지금 이 순간에 집중할 것'을 강조하며, 정신역동적 원리 일부를 통합해 치료에 사용하는 특징이 있다.

일부 미술치료사들은 심상을 언어적 심리치료의 보조 수단으로 사용해 왔다. 게슈탈트 미술치료는 본질적으로 드라마 치료 기법을 사용하는 언어적 심리치료에 심상을 만드는 행위가 합쳐진 것이다. 이 접근법에서 심상은 명확한 목적을 가지고 사용되며, 종종 치료사의 직접적인 지시를 통해 만들어진다.

게슈탈트 접근법에서 말하는 미술작품은 대체로 간단한 스케치를 의미한다. 일반적으로, 말을 하면서 동시에 미술작품을 만들거나, 작업 후에 대화를 이끌어내기 위한 수단으로 사용된다. 치료 과정에서는 현재가 어떤 식으로 과거의 영향을 받는지를 살펴보는 기회를 갖게 된다. 존 버치넬 (John Birtchnell)은 "그림을 향해 말하는 것, 특히 '지금-여기'라는 관점에서 말하는 것이야말로 내가 아는 가장 강력한 치료 장치이다"(1998, p. 149) 라고 말한 바 있다.

5장에서는 미술치료 분야의 독특한 분파인 게슈탈트 미술치료에 통합된 심리극과 언어심리치료의 개념을 살펴볼 것이다. 이 치료법의 이론과 실제, 그리고 이 분야 주요 주창자들의 관점들을 설명할 것이다.

■ '6장. 인간 중심 미술치료'의 주요 내용

6장에서는 인간 중심 미술치료에 대해, 그리고 다른 접근법들과의 유사점과 차이점을 자세히 살펴볼 것이다. 이 접근법의 실제 치료와 기저 이론을 명료하게 설명할 것이며, 특히 인간(내담자) 중심 상담법의 창시자인 칼 로저스(Carl Rogers, 1902~1987)의 연구를 중심으로 설명할 것이다. 이 모델의 인본주의적 뿌리가 로저스식 미술치료의 주요 특징과 함께 서술될 것이다.

인본주의는 인간이 이 세계에 대해 갖는 주관적이고 의식적인 지각과 이해에 초점을 둔다. 이 이론은 '무의식적인' 동기를 찾으려 하지 않으며, 행동주의 이론과 정신분석 이론(및 정신역동 이론)을 대신하는 '제3의 방법'으로 여겨지고 있다.

'비지시적' 혹은 '인간 중심적' 접근법은 치료사와 내담자가 진솔하고 공감하는 관계를 맺게 되면 내담자가 스스로 문제를 해결하고 자신의 감정과 욕구를 알 수 있다고 간주한다. 진솔한 관계란 '일치성(congruent)'의 상태를 의미한다. 비지시적인 접근법이란 내담자에게 권한을 줘서 스스로 중요하다고 여기는 문제를 처리하고 치료의 속도를 조절할 수 있게 하는 것을 의미하며, 이는 인간 중심 미술치료의 고유 특징이다. 내담자는 '내면의 힘'이 있으며, 이 힘은 관용적이고, 지지받는 환경에서 발휘된다는 것이다(Rogers, 1946).

인간 중심 접근법의 전파를 위해 노력한 미술치료사 리젤 실버스톤(Liesl Silverstone 1997, 2009)의 연구도 6장에서 언급될 것이다.

■ '7장. 마음챙김 미술치료'의 주요 내용

7장에서는 마음챙김 미술치료에 관해 언급할 것이다. 심리치료사들은 불교 사상을 치료에 통합하는 방안을 연구해왔다(Monti et al. 2006). 불교에는 여러 종파가 있지만 공통적인 수행법으로 마음을 고요하게 한 후 마음속에 떠오르는 상념을 적는 수행법이 있다. 이는 마음을 진정시킨 다음에 떠오르는 상념을 그대로 적는 것으로, 생각이 꼬리를 물거나 한 가지 생각에 집중하는 것과는 다르다. 이 기본적 명상법을 활용하려면 연습이 필요하지만, 미술치료사는 그들의 마음이 무엇을 떠올리는지, 인지행동치료에서 이야기하는 내면의 부정적 대화를 포함해 자신의 마음속에 어떤 사고방식이 있는지를 알 수 있게 된다(2장 참조).

불교는 '만물에 대한 자비'를 핵심 가치로 강조한다. 인지행동치료에서는 이렇게까지 주장하진 않지만 자기에 대한 자비를 갖도록 훈련한다는 점에서 유사한 부분이 있으며, 자기비하적 평가를 부정한다는 측면에서도 비슷한 점이 있다. 마음챙김을 이용한 자기분석은 행동주의적 접근법에서도 그리고 다른 심리치료에서도 공통으로 사용되는 핵심 기법이다. 마음챙김 기법은 인지행동치료사들이 다른 인지행동치료 기법과 결합해 사용해왔지만 근래에는 여러 학파에서 널리 사용되고 있으며, 하나의 고유한 접근법으로서 대두되기 시작했다.

■ '8장. 통합적 미술치료: 집단상호작용적 미술치료 모델'의 주요 내용

통합적 미술치료(집단상호작용적 미술치료 모델)는 독특한 유형의 미술치료 형태로 영국에서 널리 사용되고 있다. 이 치료법은 다양한 이론들의 원리를 차용해 고유한 치료 모델로 발전시킨 절충적 접근법이다. 이 미술치료의 가장 중요한 요소는 사회심리학, (체계 이론systems theory에서 파생된) 집단 이론과 결합된 실존주의 철학, 그리고 정신역동 이론이다. 이 이론들이 생소한 독자들을 위해 이 모든 이론들을 설명할 것이다.

통합적 미술치료의 배경에는 '타인과 상호작용하는 동안 개인의 고유한 상호작용 방식이 드러나는데, 이러한 방식이 일상생활에서 사람들을 옭아맨다'는 생각이 깔려 있다(Waller 1993, p. 23). 그렇기에 집단 구성원의 '상호작용 방식'을 확인하고 고찰하는 것이 집단 분석의 주안점이 된다. 그렇기에 내담자가 집단 속에서 '지금-여기'와 관련된 어떤 행동을 하는지를 분석한다. 이는 내담자가 자신의 문제를 직접 이야기하거나 자신의 장애물을 드러내는 단순한 토론이 아니다. 이러한 장애물 혹은 습관적 존재 방식이나 사고방식은 집단 내 다른 사람들과의 상호작용이나 미술작품의 묘사를 통해 노출될 수 있다. 그리고 다른 참가자들로부터 '피드백'을 받는 것은 이 미술치료의 중요한 특징이다. 다른 참가자들의 피드백은 남에게는 명확하게 보이지만 정작 자신은 인식하지 못한 자기의 부분을 인식하는 데 도움을 준다(Waller 1991, p. 23).

통합적 미술치료는 복합적인 모델이므로 내가 하는 설명에는 이견이 있을 수 있다. 실제로 이 치료 법은 미술치료사의 성향에 따라 다양하게 변형되어 사용된다. 그러나 본문의 요약 내용을 읽으면 하나의 미술치료로서 잘 이해할 수 있을 것이다.

■ '9장. 페미니즘 미술치료'의 주요 내용

페미니즘은 여성의 사회적, 정치적 권리를 비롯한 모든 권리가 남성의 권리와 동등한 위치에 있음을 지지하는 것을 원칙으로 삼는다. 필연적으로 페미니즘 미술치료는 평등에 관한 문제에 관심을 가질 수밖에 없다(Hogan 2012a, 2013a). 학문적으로 페미니즘이란 '사회적 관계에서 나타나는 성 역할의 조사를 목표로 하는 분석 방법이자, 여성의 고유한 경험에 관한 연구'를 의미한다. 이 분석 방법에서는 사회적 성을 의미하는 젠더(gender)의 생성을 역사적이고 지정학적인 결과로 간주하며, 바뀌어야 할 대상이자 생물학적으로 생성되기보다는 문화적으로 생성되는 것으로 본다(일부 작가들은 '젠더gender' 대신 생물학적 성별을 의미하는 '섹스sex'를 사용한다. 이는 그 작가가 '사회적 성'이라는 이론적 구조를 거부한다는 것을 의미한다).

페미니즘 미술치료는 성의 구조에 초점을 맞추고 있다. 이는 여성 문제에 관한 인식 수준을 높이고, 여성혐오적인 여러 담론들(특히 사회 전반에 퍼져 있는 여성의 '불안정성'에 관해 부정적으로 서술한 정신의학 담론들)을 정확하게 인식하도록 해준다. 이러한 담론들에 대한 비판적 인식을 높임으로써 여권(女權) 신장이 가능해진다.

때로 '지시적인' 과제 제시 방식의 미술치료를 할 때 참여자로 하여금 그들의 성 정체성과 성적 지향성에 대해 깊이 생각해보는 과제를 줄 수도 있다. 예를 들어, 내가 개최하는 워크숍에서는 남녀 참가자들에게 "누구라도 상관없으니 어떤 사람에 관한 이미지를 두 개씩 만들어 가져오라"고 한다. 하나의 이미지는 참가자의 마음에 드는 것이고, 다른 것은 불편하게 느껴지는 것이어야만 한다. 이 이미지들은 수업의 근간이 되며, 기존 이미지를 대신해 분석의 대상이 된다. 이 과제를 통해 사람들은 남들의 눈에 어떤 식으로 비쳐지는지, 참가자들은 일상에서 자신을 둘러싼 이미지들을 어떻게 느끼는지를 살펴볼 수 있다(Hogan 2014).

일부 미술치료사들은 여성만으로 집단을 구성해 여성의 고유한 경험인 임신이나 출산을 고찰하며(Hogan 1997, 2003, 2012a, 2012b), 집단적 트라우마인 유방암(Malchiodi 1997), 강간, 유년기 성적 학대(McGee 2012) 혹은 노화(Hogan and Warren 2012)와 같은 주제를 탐구한다. 논란의 여지가 있지만 좋은 치료를 위해서는 페미니즘 의식을 가질 필요가 있으며, 이는 미술치료사 훈련의 필수 과정으로 자리 잡아야만 한다(Hogan 2011b, p. 87).

페미니즘 미술치료는 어떤 치료법에서도 어느 정도는 통합적으로 사용될 수 있지만 '사회적 미술치료'의 한 형태이며, 독자적인 치료법으로도 볼 수 있다.

■ '10장. 사회적 미술치료: 사회운동으로서의 미술치료와 연구 도구로서의 미술치료'의 주요 내용

미술치료는 점차 사회운동의 일환으로 사용되고 있으며(Hogan 1997, 2003, 2012a; Kaplan 2007) 사회적 변화에 기여하고 있다(Levine and Levine 2011). 누구든 자신만의 의견이 있으며, 이를 주장하려고 시도할 수 있다. 미술작품은 개인적이거나 정치적 용도로 사용될 수 있으며, 가령 범국민 에이즈 예방 운동을 위해 전시된 미술작품은 공공의식을 높이는 데 기여한다. 가정폭력 트라우마로 고통받는 여성을 표현한 작품을 전시함으로써 가정폭력 피해자라는 사회적 낙인을 없애는 데 도움을 주는 것도 한 예가 될 수 있다.

일부 사회적 미술치료는 미술치료와 참여적 예술의 경계를 허물고 있으며, 미술 유도 집단을 활성화하기 위해서도 미술치료 기법을 사용한다(Hogan and Warren 2012). 미술치료는 사회과학 분야의 연구 도구로도 사용되고 있다(Hogan 2012c; Hogan and Pink 2010; McNiff 1998; Pink et al. 2011). 10장에서는 이 분야의 현행 연구에 대해 개괄적으로 살펴볼 것이다.

■ '11장. 주요 용어집'의 주요 내용

11장에서는 여러 주요 개념을 정의하고 논의할 것이다.

본서의 목적

많은 미술치료사들은 실제 치료에서 절충적 접근법을 취하고 있어 여기서는 게슈탈트 기법을 쓰고 저기서는 정신분석의 개념을 사용한다. 절충적 접근법을 추구하는 사람은 각 장의 내용을 화가가 팔레트 위에서 물감을 섞는 것처럼 이용할 수 있을 것이다. 하지만 이 책의 목적은 여러 이론적 접근법을 명확히 구분해 분명하게 설명함으로써 각 접근법에 관한 이해를 돕고 대중의 인식 수준을 높이는 것이다. 바라건대 미술치료사들이 이 책을 이용해 여러 치료법들 사이의 미묘한 차이에 관해 생각해보고, 그들이 사용하는 여러 개념의 기원에 대해 더욱 잘 이해했으면 한다.

미술치료사 지망생들은 이 책을 이용해 자신의 입장을 더욱 명료하게 드러낼 수 있을 것이다. 미술치료의 기반이 되는 여러 사상의 발전 과정을 이해하고, 각각의 이론이 어떻게 다른지 알게 되며, 인간이 어떤 존재인지에 관한 개념이 서로 다름을 이해할 수 있을 것이기 때문이다.

이론에 따라 미술치료사의 치료 방식은 달라진다. 일부 치료사는 실제 치료에서 미지의 것을 발견해도 불편해하지 않고 그것의 잠재적인 의미를 단정 짓지 않기 위해 섬세하고 조심스럽게 작업한다. 마치 최고의 인류학자가 미지의 부족을 방문할 때처럼 접근해 자신의 스키마를 강요하지 않은 채 내담자의 심연을 살펴보려 한다. 이런 치료사들은 (이론을 치료에 완전히 녹여서 조심스럽게 사용하거나) 이론에 크게 개의치 않는다. 하지만 어떤 미술치료사들은 인간 중심 이론이나 인지행동이론과 같은 상대적으로 엄격한 이론적 틀을 가지고 작업하는 것을 선호한다. 이것이 그들과 그들을 선택하는 내담자에게 적합한 방식이기 때문이다.

나는 각 장을 혼신을 다해 서술했고, 신중하게 사용된다면 모든 접근법이 효과적이라고 확신한다. 나는 이 책이 미술치료사들의 치료에 깊이를 더해주길 희망한다.

미술치료에 대한 입문서가 필요하다면 『미술치료 입문』을 참고하길 바란다(Hogan, S. and Coulter, A. (2014) *The Introductory Guide to Art Therapy*, London: Routledge).

제2장

인지행동 미술치료

Cognitive behavioural art therapy

이 장에서는 인지행동 미술치료의 이론과 실제를 설명할 것이며, 해결 중심 단기미술치료(SFBT)에 대해서도 간략하게 설명할 것이다.

행동주의 치료의 개념은 러시아 심리학자인 이반 파블로프(Ivan Pavlov, 1849~1936)에게서 그 기원을 찾을 수 있다. 그의 연구는 1890년대에 개를 이용한 실험에서 시작되었으며, 개가 어떤 식으로 특정 외부자극(종소리가 가장 유명하다)에 '조건반사'하는지에 관심을 가졌다. 그는 개에게 밥을 주는 동시에 특정 자극(불빛이나 종소리)에 반복적으로 노출시켰는데 시간이 지날수록 개가 식사와 특정 자극을 연관 짓더니 이윽고 자극만으로도 침을 흘리게 된 것을 발견한 것이다.

행동주의 치료가 1950년대에 탄생된 후 조건화와 탈조건화에 관한 연구가 이루어졌다. 이 방식은 공포증의 치료에 효과적이며, 내담자를 공포의 대상이 되는 사물이나 상황에 단계적으로 노출시켰다가 곧바로 이완시킬 때 원활히 작동하는 것으로 보인다. 인지행동치료(CBT)는 1970년대에 시작되었으며, 1980년대 들어 효과적인 치료법으로 인정받았다(Hall and Iqbal 2010, p. 7). 영국의 레이어드 보고서(Layard report)에서는 인지행동치료를 근거 중심 단기치료를 위한 여러 치료법들 중에서 가장 발전된 모델로 설명했다. 레이어드는 이 새로운 치료법들에 대해 '단기적이고 미래 지향적인 치료법으로, 부정적인 사고를 극복하고 자신의 성격과 상황의 긍정적인 면을 찾게끔 해준다. 이 치료법들 가운데 가장 발전된 것이 인지행동치료다'라고 서술했다(2006, p. 4). 이 보고서가 출간되면서 인지행동치료의 붐이 일었다.

인지치료는 기본적으로 감정과 행동에 영향을 주는 왜곡된 사고 과정에 주목한다. 인지치료는 여러 유형이 있으나 공통적으로 '부정적 감정을 일으키는 것은 사건 자체가 아니라 특정 사건에 대한 내담자의 가정이나 기대 혹은 해석'이라고 믿는다(Malchiodi and Rozum 2012, p. 89). 인지치료에서는 이러한 가정, 기대, 해석을 분석해 근거가 없거나 잘못된 사고방식을 찾아낸다. 치료사는 내담자가 지닌 사고방식의 맹점을 밝혀내고 이를 대체할 적합한 사고 및 행동 방식을 고안하도록 격려한다. 내담자의 긍정적 측면이 강조되는 것이다.

그러나 철학적 관점에서 볼 때 이러한 인지치료의 방침은 윤리적으로 문제가 될 가능성을 내포하고 있다. 예컨대 삶의 사건들을 신의 계시로 받아들이는 신앙인들의 해석 방식은 비신앙인들에게는 이상하게 보이지만, 그들의 해석 방식이 받아들여지는 정도를 넘어 권장되기까지 하는(기독교 문화가 강한 미국 남부와 서부의 '바이블 벨트'와 같이) 종교적 상황에서는 그 방식을 통해 타인의 지지와 인정을 받는 것은 물론 사회적 협력과 통합을 이룰 수 있다고 인식하게 된다. 그런 점에서 신앙인들의 삶의 해석 방식을 두고 '근거가 없는', '부정확한' 인식 방식이라고 말할 수 없는 것이다.

사실 '근거가 없는' 믿음도 완벽하게 받아들여질 수 있고, 심지어 어떤 사회적 맥락에서는 적절한 것일 수도 있다. 예를 들어, 나는 아침에 일어나자마자 화장실 거울 앞에 서서 "수잔, 너는 정말 아름답고 사랑스러운 사람이야"라고 말한다. 행동주의적 관점으로 상담을 하는 정신과 의사에게서 '자신에게 긍정적인 말을 하는 것이 자존감을 높여줄 것'이라는 조언을 받았으며, 그 조언을 실천하기 위해서다. 그리고 이러한 행동이 아침을 시작하는 나에게 활력을 가져다주길 기대한다. 열에 아홉은 자신을 평가하는 설문지가 주어진다면 '정말 아름답다'라는 항목보다는 (그들의 미적 기준에 따라서) '매력적이다', '매력적인 구석이 있다' 정도에 표시할 것이다. 그렇다면 내가 아침마다 하는 '근거 없는' 자기긍정이 문제가 될 수 있는가? 벡(Beck)은 '의존성 인격장애'와 '강박장애'로 진단한 환자의 예를 들어 대답한다. 이 환자는 "내 삶에서 최고의 순간은 군대생활을 할 때였어요. 나는 뭘 입을지, 뭘

할지, 어디에 갈지, 뭘 먹을지에 관해 하나도 걱정할 게 없었죠"라고 말했다고 한다(Beck et al. 2004, p. 6). 이 사례는 그의 '장애'가 성공적인 군 경력을 위해 적절한 역할을 수행했다는 사실을 여실하게 보여준다.

수많은 인지행동치료 서적들의 주장과는 별개로, '잘못된' 인지 과정을 알아내는 작업도 힘든 일이지만 '부정확한' 생각이 문제가 아닐지도 모른다. 그렇지만 우리의 기대나 가정이 사건의 해석에 영향을 미친다는 주장은 전적으로 타당하다. 우리는 자신만의 색안경을 통해 세상을 바라본다. 더 나아가 심리학자들이 '자기강화'라고 부르는 작용을 반복하며 '합리적이고 적합한 사고방식'이라고 포장된, 잠재적으로 유용한 사고방식을 만들어내려고 시도한다(Rubin 2001, p. 212). 앞에서 강조했다시피 합리적으로 보이는 것과 실제로 적합한 것은 다를 수 있다. 미술치료사는 합리적인 것처럼 느껴지는 생각들이 실제로는 '편향적 사고'라는 점을 고려할 필요가 있다. 나는 절대적 상대주의를 제안하는 것이 아니다. 그것의 논리가 아무리 설득력 있고 증명 가능하더라도 말이다. 그러나 우리의 사고방식은 항상, 반드시, 문화적 배경에 따라 편향적일 수밖에 없다는 점을 부정할 수는 없다(Douglas 1996).

미술치료사 말키오디(Malchiodi)는 인지행동치료에 대해 다음과 같이 서술했다.

인지행동치료의 기본 목적은 내담자를 도와 그들의 행동을 결정짓는 비현실적이고 부정적인 법칙과 가정을 찾아내고 그것을 수정하거나 대체할 더욱 현실적이고 긍정적인 법칙과 기대를 찾아내는 것이다. 내담자와 치료사의 협력 관계는 기본 토대가 된다. 치료는 대체로 심리교육적 성격을 가지고 있으며 시간 제약이 있는 형태로 이루어진다. (2012, pp. 89–90)

인지행동치료의 주요 요소는 다음과 같다(Malchiodi and Rozum, 2012, p. 90).

- 문제를 일으키는 생각을 식별할 것
- 부정적 사고를 재구성하거나 제거할 것
- 불안감이나 공포심이 언제 자동적 반응을 유도하는지를 찾아내고 그 것을 통제하는 방법을 배울 것
- 증상이 없는 상태를 유지하기 위한 기본 기술을 익힐 것

인지행동치료의 지지자들은 이 치료법이 특정 분야에서 매우 실용적이며, 전문용어를 과하게 사용하지 않는다고 말한다. 인지행동치료는 생각이 어떤 식으로 감정을 자극하는지에 관심이 있으며, 감정이 어떻게 심리적 반응으로 이어지고 최종적으로 행동과 2차적 생각에 어떻게 영향을 미치는지에 대해 주목한다. 즉 인지행동치료는 심리치료로서 우리의 생각, 감정, 행동이 어떻게 상호작용하는지를 설명한다(Somers and Querée 2007, p. 3).

루빈(Rubin)은 인지행동치료의 최우선 목표가 '자기통제력'을 기르는 것이라고 말한다.

성인을 대상으로 한 인지행동 미술치료는 문제행동을 줄이고, 사회적으로 부적절한 행동을 촉발시키는 요인을 인식할 수 있게 해주며, 자기통제력을 기르게 해준다. …… 아동의 경우에는 인지행동 미술치료를 통해 행동을 조절하는 법을 배울 수 있다. 모든 연령대의 사람들에게 자기통제력의 강화는 그들이 누릴 수 있는 자유와 선택권을 늘려주고 개인적 권한을 강화하는 결과로 이어진다. 이는 더욱 풍성하고 의미 있는

삶으로 이어진다. (2001, p. 218)

인지행동치료는 정의상 긍정적인 행동과 학습을 강화하는 것에 주력한
다. 소머스와 퀴리(Somers and Querée)에 의하면 인지행동치료는 가르치고,
코치하고, 긍정적인 행동을 강화하는 과정이다. 인지행동치료는 사람들의
행동과 연결된 인지적 패턴이나 사고를 식별하게 해준다(Somers and
Querée 2007, p. 7). 소머스와 퀴리는 '역기능적 사고'에 대해서도 언급한다.

사람들은 같은 사건을 다르게 받아들일 수 있다. 사건을 어떻게 받아
들이느냐에 따라 우리의 감정과 행동이 달라진다. …… 사람들은 경험
을 매번 같은 방식으로 반복하기 때문에 평생에 걸쳐 생각할 필요가 없
다. 역기능적인 사고를 인식하고 경험을 다르게 해석하는 방법을 배우면
서 사람들은 자신의 경험을 다르게 느낄 수 있으며, 결국 다르게 행동하
게 된다. (2007, p. 8)

촉발 인자는 상황에 따라 다르고 특정 과업(연설, 논쟁, 거절, 의사결정 등)
에 의해 활성화되기도 한다. 벡(Beck)은 처음 상담을 할 때 환자들의 자기
인식이 현실과 크게 다르다는 사실을 발견하게 된다고 말한다. 어떤 사람
은 자신에게 우울증이나 다른 장애가 있다고 말하지만 실제로는 성격장애
가 있고, 어떤 사람은 문제가 되는 자신의 자기파괴적인 면(의존 과잉, 행동
억압, 과잉 회피 등)을 잘 알고 있지만 정작 이에 대처할 수 있는 능력이나 의
지가 자신 안에 있다는 사실은 깨닫지 못한다(Beck et al. 2004, p. 5). 벡과
공저자들은 사람들이 발전시키는 스키마(인지적 틀)에 대해 다음과 같은 예
를 든다.

어떤 사람은 처음 보는 사람들이 포함된 집단에 참가하면 '내가 바보같이 보일지도 몰라'라고 생각하며 주저한다. 어떤 사람은 '난 저 사람들을 즐겁게 할 수 있어'라고 생각한다. 세 번째 사람은 '저 사람들은 불친절하고 나를 조종하려 들지도 몰라'라고 생각하며 경계심을 가질 수 있다. 사람들의 반응에 차이가 나는 이유는 사람마다 성격이 다르기 때문이며, 그들의 근본적 믿음(혹은 스키마)에 나타난 구조적 차이가 반영되기 때문이다. 이 근본적 믿음은 각각 '나는 상처받게 될 거야. 나는 새로운 상황에 약하다고', '나는 모든 사람들을 즐겁게 할 수 있어', '사람들은 불친절해. 그러니 내게 상처를 줄 수 있어'와 같은 것들이다. (2004, p. 14)

소머스와 퀴리는 스키마를 만들어내는 '잘못된 인지'에 관해 다음과 같이 서술한다.

사람들은 항상 자신과 주변 사람들에 대해 나름의 신념화된 생각을 갖고 있다. 그 믿음을 뒷받침하는 증거 역시 가지고 있다. 그리고 그것들 가운데 중요하다고 생각하는(혹은 진실이라고 믿는) 증거를 선택적으로 받아들이는 경우가 많다. 예를 들어 우울한 사람은 대화를 하다가 자신을 무시한 사람은 기억하지만, 자신의 이야기에 흥미를 보인 사람은 기억하지 못할 가능성이 크다. 그리고는 '나는 지루한 사람이야'라고 결론 내린다. 인지행동치료사는 내담자들이 어떤 식으로 특정 증거에 초점을 맞추고 선택적으로 인지하는지, 그 결과로 어떻게 '인지 왜곡'이 형성되는지를 이해하는 데 도움을 준다. 심지어 어떤 사람들은 자신이 그러한 믿음을 만들고 있다는 사실을 전혀 깨닫지 못한다. 이런 식의 인지

왜곡은 문제를 일으킨다. 단순히 증거가 부정확하기 때문이 아니라, 사람들의 마음을 병들게 해 (필요 이상으로) 부정적인 감정을 불러일으키거나 두려워하는 상황을 과잉회피하게 만들기 때문이다. 사람들은 그들의 습관적인 생각을 인식하고 관찰하고 분석해 대안이 되는 믿음(가령 '어떤 사람들은 나와 대화하는 것을 즐겁고 재미있다고 생각한다'와 같은 것)을 뒷받침하는 다른 증거에 주목하는 방법을 배울 수 있다. (2007, p. 8)

표 2-1은 구조적 차이에 따라 어떤 식으로 감정이 달라지는지를 보여주는 또 다른 예시로, 저녁식사를 같이 하기로 한 친구가 나타나지 않는 상황에서 생길 수 있는 여러 가지 반응을 보여준다. 이런 스키마는 사람들에게서 흔히 발견되지만, 성격장애를 가진 사람들은 강박적으로 집요하게 나타난다. 스키마를 지속시키는 개인적 믿음은 식별이 가능하다(Beck et al. 2004, p. 30). 부정적인 자기평가는 NAT(Negative Automatic Thought)라고

표 2-1 ::

생각	'그녀가 어떻게 나한테 이럴 수 있지? 그녀는 배려심이라곤 전혀 없을 뿐만 아니라 무례하기까지 해!'	'그녀는 나와 함께 식사하고 싶지 않나 봐. 정말 그녀는 나를 싫어하는 거야. 난 인생의 실패자야.'	'그녀가 사고를 당했으면 어떡하지? 심하게 다쳤을지도 몰라.'	'차가 막히나 봐. 식사 준비 시간을 더 늘려야겠군.'
감정	분노	우울	걱정	안도
할 수 있는 행동	그녀가 도착했을 때 화를 내거나 유치하게 행동한다.	사람들과 거리를 두고 만나지 않는다.	지역 병원에 전화를 건다.	식사 준비를 계속한다.

출처 : 10MinuteCBT (www.10minutecbt.co.uk/?More_about_CBT:Basic_Principles_of_CBT)

불리는 '자동적 사고'의 형태로 자주 나타난다(Beck et al. 2004, p. 31). 이 과정에서 스키마를 유지하기 위해 정보를 선택적으로 가공해 받아들이기 때문에 인지 기능의 '합리성'이 손상된다(Beck et al. 2004, p. 32).

벡과 공저자들은 '현실 검증'의 기능을 되살리는 것이 인지행동치료의 최우선 목표이며, 치료사에게 '내담자의 현실 검증 보조 장치'가 되라고 제안한다(2004, p. 32). 또 우울증 환자들을 예로 들어, 그들은 자신에 관한 부정적인 정보를 받아들이는 데는 능숙하지만 긍정적인 정보는 차단하기 때문에 인지 기능이 '역기능적 현상'을 보인다고 주장한다(Beck et al. 2004, p. 32). 정보가 가공되는 방식은 우리의 성격 구조에 따라 달라지지만 감정 상태는 시시각각 변하며, 성격장애는 불안 상태를 거쳐 우울증으로 이어질 수 있다. 반복 주기가 고착화될 수도 있는데 특정 행동양식이 다른 것들을 억누르고 과도하게 발달할 수 있다. 예를 들어 강박장애 환자는 '통제, 의무, 체계화를 과도하게 중시하는 반면 자발성과 쾌활함이 상대적으로 부족한 사람'으로 특징지을 수 있다(Beck et al. 2004, p. 35).

인지행동치료(CBT)의 실제

이 치료법의 핵심은 내담자의 문제를 인식하고 치료 일정과 목적을 설정함에 있어서 치료사와 내담자가 협력 관계를 유지하는 것이다. 인지행동치료의 평가에서는 내담자의 생각, 감정, 행동을 진단하기 위한 질문이 주어진다. 이것에 대해 시몬스와 그리피스(Simmons and Griffith 2009)는 '공식화(formulation)는 진단(diagnosis)과는 다르며 내담자의 상태를 설명하기 위한 것이지 내담자를 분류하기 위한 것은 아니다'라고 했다. 쉘든(Sheldon 2011)은 '공식화는 단순히 치료의 세부 내용이 아니며 내담자가 가진 문제의 시작과 생성 과정, 현재 상태에 관한 최선의 추측이다. 좋은 공식화는 병증의 원인에 관한 요약과 …… 역동적인 특징을 모두 포함한다'라고 말했다(p. 184).

이어지는 예시는 수업이 끝나서 하교를 해야 하는데 울음을 터뜨리며 집에 가길 주저하는 아이를 발견하고 학교 측에서 사회복지사를 불러서 해결한 경우이다. 비록 시몬스와 그리피스(Simmons and Griffith 2009)가 추천한 공식화 구조를 정확하게 사용하지는 않았지만, 이 사례가 학생들의 생각을 잘 보여주므로 쉘든은 공식화가 성공적으로 이루어진 사례로 보았다.

A씨는 아이를 대하는 데 서툴지만 훈육에 관한 열망이 있었다. 그래서 새아빠로 받아들여지는 과정에서 '바른 습관 만들기'라는 규칙을 만들고 한 가족이 될 아이들이 조금만 규칙에서 벗어나도 엄하게 혼냈다. 그러나 그와 아이들은 아직 충분히 관계 형성이 되지 않은 상태였으며, 아이들은 A씨의 행동을 아버지로서의 정당한 역할로 받아들이지 못했다. 아이들은 A씨가 자신들을 싫어해 지배하려 하고 친부 노릇을 하려고 한다고 생각했다.

결국 가족들끼리 이 문제를 토론했고, 부모와 자녀 간의 의무와 기대가 담긴 간략한 협정서를 만들었다. 이것은 A씨와 아이들 사이의 심각한 갈등(꾸짖음과 체벌)을 줄이는 훌륭한 임시방편이었다. A씨와 부인 L씨는 각각 일련의 상담을 했다. A씨는 아이들을 향한 긍정의 감정을 아이들이 받아들일 수 있는 방식으로 표현하는 방법을(거절받을 때의 대처법을 포함해서) 배웠으며, 그 결과 아이들과 잘 지낼 수 있었다. 이는 가족 간의 갈등이 더 줄어들 것을 의미하는 긍정적 신호이다. (Anonymous trainee in Sheldon 2011, p. 184)

공식화는 새로운 정보나 진전이 있을 때 수정될 수 있어야 하며, 진행형 문서여야 한다. 공식화는 사람들이 가진 문제와 그 문제의 개선에 관한 모델이며, 주요 요소는 다음과 같다(Simmons and Griffiths 2009, p. 47).

- **선행 요소(Predisposing factors)**: '왜 하필 나한테 이런 일이 생기는가?' 라는 질문에 답하는 데 도움이 된다. 핵심 신념에 주목하고, 이를 위해 과거의 사건을 재조명해야 한다.
- **침전 요소(Precipitants)**: 증상을 보이기 직전에 어떤 일이 있었는지에 관한 정보이다.
- **촉발 인자(Triggers)**: 증상을 지속적으로 일으키는 모든 형태의 요인이다.
- **증상(Symptoms)**: 증상은 육체적 증상(과호흡증후군, 빈맥 등)과 사고('모두가 날 싫어해'), 감정(우울·긴장 등), 행동(외출하지 않기 등)으로 구분되어 나타난다.
- **유지 주기(Maintenance cycles)**: 전술한 요인들이 어떤 식으로 결합했는지에 관한 것이다. 유지 주기임이 확인되면 이를 파괴할 방법을 고려할 수 있다.

공식화는 대부분 문서나 일지를 통해 만들어진다. 공식화에는 '유지 주기'를 찾아내는 것이 포함된다. 아래의 예시는 시몬스와 그리피스 (Simmons and Griffiths 2009, p. 78)의 연구에서 발췌한 것으로, 광장공포증으로 진단받은 남자의 주기적인 패턴을 보여준다.

생각 : '나는 사람들 앞에서 주저앉게 될 거야.'

느낌/감정: 불안, 창피를 당하는 것에 대한 두려움을 느낀다.

느낌/신체적 감각: 심장박동이 빨라지고 얼굴이 달아오른다.

그는 자신이 넘어지지 않을 것이라는 사실을 결코 깨닫지 못하며, 이번엔 운 좋게 넘어지지 않았다고 생각한다. 그러므로 기존의 사고는 더욱 강화된다.

생각: '나는 사람들 앞에서 주저앉게 될 거야.'

공식화에는 선행 요소(왜 나한테?), 침전 요소(왜 지금?), 방어 요소(뭐가 도움이 되나?)에 관한 상담이 포함된다. 이 상담은 내담자의 주요 신념과 가정, 촉발 상황과 그로 인한 문제를 인식하는 데 도움이 된다. 또 내담자의 주요 사고, 감정, 신체적 감각과 행동을 식별하는 데 도움을 준다. 공식화는 인지행동치료사가 갖추어야 할 중요한 능력이다. 공식화에는 '유지 주기'를 고안하는 것도 포함되며, 이는 내담자와 공유된다(Simmons and Griffiths 2009 p. 75).

일지나 일기를 이용해 인식, 감정, 느낌, 행동 사이의 연결고리를 분석하는 것은 치료의 중요한 부분이다. 일지는 사고, 느낌, 행동, 신체적 변화, 사건, 타인의 행동을 도식화해 보여줄 수 있으며(Somers and Querée 2007, p. 12) 치료 과정의 한 부분으로서 (비록 즉시 사용되지는 않지만) 대응 전략이 정해진다.

> 공식화는 이 요소들이 어떻게 결합되었는지를 살펴보고, 무엇이 문제를 지속시키는지 설명한다. 예를 들어 편집증이 있는 사람은 모르는 사람이 쳐다볼 경우(타인의 행동) '저 사람이 날 공격할 거야'라는 생각이 촉발되면서 곧바로 도망친다(행동). 그러나 모르는 사람이 자신을 쳐다볼 때마다 그 자리에서 도망친다면 '사람들은 그저 지나쳐 갈 뿐'이라는 사실을 영영 깨닫지 못할 것이며 계속해서 두려움에 떨게 된다. 치료 과정에는 그런 사람들이 느끼는 공포를 이겨내고 타인을 직시하는 과정이 포함된다. 이 사람은 몇몇 사람들이 자신을 공격하지 않는 것을 관찰한 후에 점차 타인에 관한 자신의 사고나 믿음에 근거가 없음을 깨닫게 된다. 만약 이 사람에게 하나 이상의 문제(우울증이나 대중공포증 등)가 있다면 하나 이상의 공식화가 있을 수 있다. (Somers and Querée 2007, p. 12)

일기를 통한 자기감시는 행동을 측정하기 위해 자주 사용되며(가령, 강박증을 가진 사람이 오븐이 꺼졌는지 몇 번이나 확인했는지를 기록하는 식으로), 그 행위에 수반된 감정의 강도를 측정하는 데도 사용된다. 시몬스와 그리피스(2009, p. 53)에 따르면, 일기는 보통 치료사의 개입이 이미 이루어지는 상황에서 사용되는 경향이 있지만 새로운 공식을 만드는 데도 사용될 수 있다.

공식화는 치료 과정에서 내담자가 자신에 관한 새로운 정보와 경험을 밝히면서 달라진다(Somers and Querée 2007, p. 12). 실제 상담은 대개 엄격한 구조에 따라 이루어진다.

상담이 시작될 때마다(혹은 다음 상담을 준비하면서) 공인 인지행동치료 사와 내담자는 가장 먼저 치료 목적을 설정하고, 어떤 주제를 다룰 것인지를 정한다. 실제 치료는 이 작업이 끝난 후에야 비로소 시작된다. 또 상담 사이의 기간 동안 어떤 치료를 할지가 내담자의 희망사항을 고려해 구조화되며, 이는 내담자가 원하는 치료 목적을 달성하기 위해 긍정적으로 기능하게 된다. 이러한 구조를 사용함으로써 치료의 신뢰성과 조직성을 높일 수 있으며, 이는 궁극적으로 내담자의 치료를 앞당긴다. (Somers and Querée 2007, p. 48)

전술한 대로, 일지는 치료 과정에서 중요한 역할을 한다.

내담자는 일지에 그들의 ('나는 재미없는 사람이야'와 같은) 믿음이나 그 믿음과 관련된 ('나는 사랑받지 못하고 있어'와 같은) 감정, 믿음을 뒷받침하는 ('나는 내 동생보다 친구가 적어, 그건 사람들이 날 재미없는 사람이라고 생각한다는 의미야'와 같은) 증거와 그것에 반하는 ('내겐 많지는 않지만 나를 주기적으로 만나고 싶어 하는 가까운 친구들이 있어. 그들은 날 재미있는 친구라고 생각하는 게 틀림없어'와 같은) 증거를 지속적으로 기록하길 요구받는다. (Somers and Querée 2007, p. 11)

다음은 사고 평가 질문지에 포함된 질문의 예시이다.

- **상황**: 당신은 어디에 있었습니까? 누구와 함께 있었습니까? 무엇을 하고 있었습니까? 그것은 언제였습니까?
- **감정**: 그때 어떤 기분을 느꼈습니까? 그 기분을 얼마나 강하게 느꼈습니까? (0–10)
- **생각/이미지**: 그 생각을 얼마나 신뢰하십니까? (0–10)
- **생각을 뒷받침하는 증거**: 그 생각을 직접적으로 지지하는 증거로 무엇이 있습니까?
- **생각에 반하는 증거**: 그 생각에 반하는 직접적인 증거는 무엇이 있습니까?
- **대안적인(균형 잡힌) 생각**: 이 대안적인 생각을 얼마나 강하게 신뢰하십니까? (0–10)

(Simmons and Griffiths 2009, p. 137)

인지행동치료의 내담자는 이 간단한 질문지를 통해 '부정적인 자동적 사고(NAT)'를 찾아내고 그것을 반박할 수 있게 된다. 이 질문지는 인지행동치료 상담에서 사용되며, 만약 증거에 관한 4번 항목에 또 다른 NAT가 기재된다면 같은 식으로 반박될 것이다. 내담자는 5번 질문에 응답하면서 그들의 부정적 사고를 반박할 것을 강요받으며, 6번 질문에서는 부정적 사고를 좀 더 균형 잡힌 사고로 대체하게 된다. 사실 수많은 사람들이 반사적으로 이런 행위를 한다. 가령 어떤 사람이 주방이 난장판인 것을 볼 때 다음과 같은 행위가 일어난다.

'내가 게으름쟁이가 되어가나 봐. 잠깐, 자신을 너무 심하게 대해선 안 되지. 내 주방은 보통 티끌 하나 없이 깨끗하다고. 많은 사람들이 내 주방이 얼마나 멋진지 칭찬한단 말이야, 그러니 보기 좋을 것임이 틀림없어. 그래,

그게 사실이야.'

심리치료 과정에서 내담자는 자기비하적인 말을 한 직후에 그것을 정정하는 특수한 훈련을 반복하게 되며, 심리치료사는 내담자에게 자기비하적인 믿음을 반박하는 증거(counter-evidence)를 찾게끔 촉구한다(심지어 내담자에게 반박 증거를 직접 제공하기도 한다). 또 심리치료사는 내담자에게 자신에 관한 부정적 자기대화를 숙고해보게 한다. 이 질문지를 이용해 내담자는 부정적 사고에 대한 반박 증거를 찾고, 습관적인 자기비판을 멈추는 방법을 배우게 된다. 또 이 질문지는 실제 치료에서 내담자에 관한 균형 잡힌 평가를 제공해 NAT를 교체하는 것을 돕는다.

다음은 NAT의 평가를 위해 권장되는 질문이다.

- 나는 매사에 부정적인가?
- 나는 내가 완벽하길 기대하는가?
- 친구가 이런 생각을 하고 있다면 뭐라고 말할 것 같은가?
- 절친한 친구가 이에 관해 뭐라고 말할 것 같은가?
- 이 사고방식이 현실을 받아들이는 유일한 방식인가?
- 이 사고방식이 현실을 받아들이는 올바른 방식인가?
- 나는 내 잘못이 아닌데도 나를 탓하는가?
- 이 사고방식의 장점과 단점은 무엇인가?
- 나는 현실에 자포자기하고 있는가?
- 이 생각의 근거는 무엇인가?
- 내 생각에 오류가 있는가?
- 나는 어떤 기분일 때 이런 식으로 생각하는가?
- 나는 기분에 따라 현실을 다르게 받아들이는가?

- 현실을 다르게 받아들인 시기나 상황이 있었는가?

- 이 생각이 잘못된 것으로 판명된 경험이 있는가?

(Simmons and Griffiths 2009, p. 138)

이 질문들은 내담자가 설정한 목표를 달성하기 위해 사용된다. 과업은 단순하고 달성 가능한 것으로 시작되어야 하며 구체적이어야 한다. '나는 더 이상 부끄러움을 느끼고 싶지 않다'와 같은 과업은 구체적이지 않지만, '나는 휴식 시간 동안 동료 한 사람에게 말을 걸 것이다'는 좀 더 구체적이다. 과업은 긍정적 지향성을 가져야 하며, (부정적 결과를 '회피'하는 것보다는) 원하는 목표를 달성하는 방향으로 설정되어야 한다. 이를 통해 내담자의 목표는 현실적으로 달성할 수 있게 구조화된다. 목표는 기록되어 시간의 흐름에 따른 진척 사항을 확인할 수 있어야 하며, 측정 가능해야 한다(이를 위해 일지와 일기에 기록한다). 또 목표 달성에 시간제한을 두어야 한다. 가령 '나는 다음 달 안에 슈퍼에 장을 보러 가고 건물의 복도를 걸어갈 거야'라는 목표처럼 말이다. 정리하면, 목표는 다음과 같아야 한다.

- 평가되어야 한다.

- 구체적이어야 한다.

- 긍정적이어야 한다.

- 측정할 수 있어야 한다.

- 현실적이어야 한다.

- 시간제한이 있어야 한다.

(Simmons and Griffiths 2009, p. 85)

인지행동치료의 다른 중요한 부분으로 심리교육(psycho-education)이 있다. 심리교육에는 다양한 종류의 편향적 사고에 관해 생각해보는 것이 포함되며, 이는 내담자의 NAT를 인지하는 데 도움을 준다. 가장 일반적인 형태의 사고장애는 다음과 같다.

대참사 가정하기(Catastrophising): 발생 가능한 최악의 상황을 예상하고 과장하는 것
- '실수하면 직장에서 해고당할 거야.'
- '심장박동이 빨라지는 게 느껴져, 난 죽게 될 거야.'

독심술하기(Mind-reading): 타인의 생각을 추측하는 것
- '저 사람들은 내가 바보 같다고 생각하나 봐.'
- '그녀는 나랑 별로 마주치고 싶지 않았나 봐.'

예언하기(Fortune-telling): 증거도 없이 암울한 미래를 예상하는 것
- '이건 아무 소용 없어, 난 어차피 시험에서 떨어지게 될 거야.'
- '난 항상 이런 식일 거야.'
- '날 사랑해줄 사람은 어디에도 없어.'

흑백논리로 생각하기(All-or-nothing (black and white) thinking): 극단적인 결과만 볼 뿐 회색 지대를 보지 못하는 것
- '100점이 아니면 난 실패한 거야.'
- '그가 매일 내게 전화하지 않는다면 날 사랑하지 않는 거야.'

긍정적인 부분을 평가절하하기(Discounting the positive): 긍정적인 부분

을 무가치하다거나 의미 없다고 생각하는 것

- '그는 겉치레로 그런 말을 한 것뿐이야.'
- '이건 누구나 할 수 있는 일에 불과해.'
- 긍정적인 정보에 대해 '그건 그래, 하지만~' 같은 반응을 자주 보이
  는 것.

과하게 일반화하기(Overgeneralisation): 하나의 부정적 사건이 모든 일에
영향을 미친다고 보거나, 모든 일이 잘못될 신호라고 생각하는 것

- '버스가 안 오잖아. 만사가 잘못될 조짐임이 틀림없어.'
- '케이크를 태워버렸어. 이 파티는 재앙이 될 거야.'

개인적으로 받아들이기(Personalisation): 잘못된 일의 원인을 자기 탓이
라고 생각하는 것

- '사람들이 즐거운 시간을 보내지 못하는 건 내 잘못이야.'
- '그들이 여행을 취소한 건 나랑 같이 가는 게 싫기 때문이야. '

(Simmons and Griffiths 2009, p. 128)

인지행동 미술치료

부정적인 이미지는 여러 가지 장애를 일으킬 수 있다. 왜곡된 신체 이미
지는 섭식장애를 비롯해서 사회공포증을 일으킬 수 있다. 예를 들면 다음
과 같다.

심리상담 이론과 미술치료

만약 섭식장애를 가진 어떤 여성이 자신을 뚱뚱하고 추한 역겨운 존재로 여긴다면 이 이미지는 자신에 관한 믿음과 연결되어 자신을 용납할 수 없고 무가치한 사람이라고 생각하게 할 것이다. 이런 이미지가 지속적으로 반복되면 장애를 일으키는 강력한 요인이 될 수 있다. 마찬가지로 사회공포증을 가진 어떤 남성이 처음 만난 사람과 얘기하는 자신의 모습을 땀을 뻘뻘 흘리면서 얼굴을 붉힌 모습으로 이미지화한다면 사회적 교류를 두려워하게 될 것이다. 이 이미지는 타인에게 감추고 싶은 겁에 질린 자신의 모습을 나타내며, 동시에 남들이 이 사실을 알게 된다면 자신을 거부하고 모욕할 것이라는 믿음을 담고 있기 때문이다.

정서적으로 장애를 가진 많은 사람들은 자기를 나타내는 특정 이미지와 마찬가지로, 그들이 두려워하는 특정 상황에 관한 이미지를 가지고 있다. 이 이미지는 트라우마가 된 과거 사건의 생생한 기억부터 뱀이나 거미같이 두려워하는 대상의 이미지에 이르기까지 다양하다. 이 이미지에서 자기가 직접적으로 드러나지 않는다고 해도 이 이미지가 가진 개인적 의미와 중요성은 자기에게 부정적인 영향을 미치기 쉽다. 가령 외상후 스트레스증후군(PTSD)을 가진 사람에게 트라우마에 관한 이미지가 계속해서 떠오른다면 그는 자신이 미쳐버리거나 통제 불가능한 상태에 빠질 거라고 두려워하게 된다. (Stopa 2009, pp. 65-66)

미술치료는 미술재료를 이용해 회화적인 방식으로 이미지를 탐구할 기회를 제공한다. 가령 쉐베리엔(Schaverien 1998)은 미술작품이 어떤 식으로 '이전에 두려워하던' 이미지를 제작자 자신의 것으로 동화시키는지에 대해 논의한다. 그녀는 '미술작품 제작이란 제작자가 평소 지니고 있던 이미지를 체화하는 과정이며 …… 이때 이미지는 일시적이나마 생생하게 현실로서 경험될 수 있다'라고 했다(p. 167).

인지행동치료에서는 이를 '이미지 노출'이라고 부를 것이다. 내담자가 두려워하는 자극이나 상황에 노출시키는 것은 행동치료의 중요한 요소로 두 가지 형태, 즉 '생생한 방식(in vivo, 생생한 자극에 노출하는 것)'과 '이미지 노출' 방식으로 사용될 수 있다. '이미지 노출'은 상상력을 통한 노출이며, 일반적으로 시각화를 통해 이루어진다(Stopa 2009, p. 72). 이를 위해 이미지 유도가 이루어질 수 있는데, 어떤 이야기를 들려준 후 내담자에게 그 장면을 이미지화할 것을 요구하는 것이다.

이미지는 다양한 감각을 일으킬 수 있으며 기억 속의 소리나 맛, 신체반응 등을 상기시킬 수 있다. 예를 들어 외상 후 스트레스증후군 증상은 종종 특정 냄새로 인해 촉발되곤 한다. 외상 후 스트레스증후군 치료사는 종종 두려운 상황을 설명하라고 요구하고, 내담자는 이를 그림으로 나타낼 수 있다. 스토파(Stopa)는 다음과 같은 레이덴(Layden) 개방형 질문을 예로 든다; 눈에 보이는 그림이 있습니까? 무언가를 보고 있습니까? 마음속에서 반짝이는 무언가가 있습니까? 이 이미지 속에서, 당신은 어디에 있습니까? 그곳에 다른 사람이 있습니까? 당신은 무엇을 하고, 말하고, 생각하고, 느끼고 있습니까?(Stopa 2009, p. 69).

성격장애 환자들은 상상훈련을 할 때 심각한 고통과 흥분을 겪는다고 알려져 있다. 논란의 여지가 있지만, 미술재료를 사용하는 것은 내담자가 시각적 탐험의 완급을 조절할 수 있게 하며, 이미지에 압도되어 트라우마가 재생산되는 것을 방지할 수 있다(레이덴 개방형 질문은 게슈탈트 기법과도 유사한 점이 있으며, 이는 책 후반부에서 언급될 것이다). 인지행동치료사는 고통스러운 기억에 대처하는 방법을 여러 개 가지고 있다. 가령 '안전지대(safe space)'를 만드는 것은 상상훈련이 끝난 다음이나 내담자가 훈련을 멈추고 싶을 때를 대비한 것이다. 이것은 세부 감각에 심도 있게 집중하는 것이다. 그러므로 스토파는 '상상훈련을 시작할 때 안전지대를 만드는 것은 환자에게 자신감을 갖게 하며, 그가 상상 속에서 강력한 피난처를 만들 수 있다는 사실을 알게 한다'라고 평가한다(Stopa 2009, pp. 70-71).

인지행동치료에는 심상을 이용해 새로운 정서적 반응과 존재 방식을 상상해보는 전통이 있다. 이것을 '심상으로 기억 고쳐 쓰기(imagery rescripting)'라고 부른다.

> 이 기법의 핵심은 내담자의 기억을 상상의 이미지를 이용해 바꾸는 것이다. 이는 몇 가지 방법을 통해 이루어질 수 있으며, 여기에는 어떤 사건의 결말이 달라지는 것을 상상하거나 유년기에 학대받은 경험 속에 다른 성인을 불러들이는 것이 포함된다. …… 희생자와 가해자의 외형을 바꾸는 방법 또한 사용될 수 있다. 어린아이의 몸집을 크게 부풀려서 성인으로 만들거나, 학교의 불량배와 같은 가해자들을 쭈그러뜨리는 식으로 말이다. …… 이미지의 의미는 바뀔 수 있다. 기억의 본질을 바꾸기 위한 지속적인 시도는 결국 응답받게 되며, 기억의 의미는 상상 속에서 가공된다. 또 이미지의 의미는 치료사가 내담자를 유도해 이미지에 노출시키고, 내담자가 해결책을 찾으면서 변하게 된다. …… 치료사의 역할은 내담자가 스스로 결심하게 만들어 문제를 해결하도록 하는 것이지, 내담자를 구출하기 위해 가상의 시나리오를 직접 제시하거나 처방하는 것이 아니다. (Stopa 2009, p. 85)

심상으로 기억 고쳐 쓰기 과정이 끝나면 내담자와 치료사는 새롭게 생성된 인식을 탐구할 수 있다.

미술치료는 이 과정을 돕는 도구로 사용될 수 있다. 내담자는 종종 다른 상황에서 다르게 행동하는 것을 상상하도록 요구받으며, 이는 상상력과 미술재료를 사용해 이루어지기 때문이다.

부정적 사고와 이를 촉발하는 인자는 식별된다. 부정적인 자동적 사고(NAT) 혹은 부정적 자기대화는 전후 관계와 상황에 따라 식별되고 반박된다(Corey 2009). 미술은 이 구조 속에서 활용된다. 가령 트라우마가 된 사건을 탐구하고 그 의미를 재구성하는 데 활용되는 것이다. 인지행동치료의 과정에서 내담자는 내면의 이미지를 이용해 그가 다르게 행동하고 생각하고 느끼는 것을 상상해보라고 요구받는다. 미술재료를 이용해 내담자는 실제로 이미지를 만들 수 있으며, 일단 만들어진 이미지도 이러저러한 모습으로 다시 조작할 수 있다(Malchiodi and Rozum 2012). 말키오디와 로줌(Malchiodi and Rozum)은 미술치료사에게 내담자로 하여금 문제에 대한 목록보다는 차라리 이미지를 만들게 하는 것으로 치료를 시작하라고 권한다. 그 후에는 내담자가 자신의 문제를 정의하는 데 도움을 주는 다음과 같은 질문을 하라고 한다.

- '무엇이 문제입니까?'
- '이 이미지는 보는 사람에게 무엇이 문제라고 말합니까?'
- '이 이미지를 만들면서 무슨 생각이 들었습니까?'
- '지금 무슨 생각을 하고 있습니까?'

(2012, p. 92)

그들은 치료에서 아래의 방식으로 이미지를 사용할 것을 추천하며, 미술치료사들은 아래의 일부나 전부를 사용하길 권한다.

- **'스트레스 요인'의 이미지 만들기**: 부정적 감정을 유발하는 스트레스 요인을 찾아내는 것이 대응 전략을 만들고 이해하는 데 매우 중요하다. 치료사는 내담자에게 이미지 일기를 만들어 부정적 행동이나 자기대화를 유발하는 사건이나 상황, 사람의 이미지를 기록하라고 지시할 수 있다.

- **'스트레스 요인에 어떻게 대처할지'에 관한 이미지 만들기**: 예를 들어 사회적 환경이 스트레스 요인이라면 내담자에게 '내가 할 수 있는 것' 혹은 '위기를 잘 대처한 나의 모습'을 나타내는 이미지를 만들라고 요구한다.

- **'문제의 단계별 관리'에 관한 이미지 만들기**: 어떤 사람에게는 문제나 스트레스 요인을 단계별로 구분해서 해결책을 만드는 것이 적합할 수 있다. 하나 혹은 일련의 이미지를 만드는 것은 내담자의 문제를 작게 나눠서 좀 더 쉽게 해결할 수 있는 부분이나 요소를 구분하는 데 도움을 주며, 내담자가 어려운 상황이나 문제가 되는 행동에 대처하는 방법을 배우는 것을 시각적으로 보조할 수 있다.

- **스트레스를 줄여주는 이미지 만들기**: 이미지를 만드는 활동은 (그림을 그리건 콜라주를 만들건 간에) 부정적인 경험으로부터 '타임아웃'을 선언하는 데 사용될 수 있으며 이완 작용을 일으키는 데 도움이 된다. …… 또 치료사는 내담자에게 위안을 주는 이미지를 모으라고 제안할 수 있다. 이 이미지는 잡지나 기타 출처에서 모아온 것으로, 이들을 합쳐 시각적 일기로 만들거나 중요한 장소에 비치해 정기적으로 볼 수 있게 하는 용도로 사용된다.

(Malchiodi and Rozum 2012, pp. 92–93)

미술기법은 인지행동치료에 통합되어 유용하게 사용될 수 있다. 치료 과정에서 휴식 시간으로 사용되거나, 마음을 달래주는 음악과 결합하거나, 부드러운 점토나 유토를 매만지고 조작하거나, 혹은 호흡 연습을 하면서 큰 붓으로 붓놀림을 하는 식으로 사용된다(Lusebrink 1990; Rosal 2001). 이미지는 '내면의 대화'를 검사하는 데 사용될 수 있으며, 내면의 대화를 그림으로 표현한 후 조작할 수 있게 한다. '인지행동 이론에 따르면 외부 메시지를 받아들이는 것은 내면의 조정이 더 쉽게 일어나게 한다'(Rosal 2001, p. 217).

말키오디와 로줌은 세션 간의 '과제'를 시각화할 수 있다고 주장한다(2012, p. 93). 내재화된 자기메시지는 회화적으로 기록될 수 있다. 내담자는 과제의 일부로서 역기능적인 생각과 감정을 시각적인 도표로 만들게 되며(표준 과제), 추가적으로 매일 최소한 한 개의 이미지로 그날 느낀 가장 주된 생각을 표현하게 된다(2012, p. 93). 부정적인 사고를 깨달은 다음에 정신적 스키마를 식별할 수 있으며, 마지막에는 이를 반박할 수 있다.

로잘(Rosal)은 인지행동 미술치료의 형태로 미술작품을 만들 수 있다고 주장한다. 그녀는 인지행동치료가 내담자의 사고에만 집중한다는 오해로 인해(전술했다시피 그들은 정신적 이미지 또한 중시한다) 더 많은 미술치료사가 인지행동치료 모델을 받아들이지 않고 있다고 생각한다. 그녀는 '미술치료 과정에서 인지 작용이 사용될 때 내담자가 경험한 감정은 단순히 포함되는 정도를 넘어 내담자의 인지 체계에 완전히 통합된다'라고 주장했다(Rosal 2001, p. 213). 로잘은 다음의 내용도 덧붙였다.

미술치료는 특히 인지행동치료에 적합하다. 그 이유는 미술작품을 만드는 것이 본질적으로 인지적인 과정이기 때문이다. 미술작품을 만들

때 제작자는 내면의 이미지와 메시지를 노출하며, 기억을 회상하고, 의사결정을 내리며, 해결책을 만든다. 그림이든 조각이든 미술작품을 만드는 것은 즉각적인 피드백을 주는 행위로, 만족스러운 행동을 지속적으로 강화한다. 도화지에서 붓을 놀릴 때마다 다음 붓놀림을 촉구하고(피드백) 즐거움을 얻게 된다(강화). 미술작품을 제작했다는 것은 내담자의 내적 작용을 구체적으로 기록했음을 의미한다. 내담자는 이 기록을 만족스러울 때까지 논의하거나, 수정하거나, 다시 그릴 수 있다. 또 미술작품은 과거의 사건을 회상하고 긍정적인 감정을 불러일으키는 기념품이 될 수 있다. (Rosal 2001, p. 217)

말키오디와 로줌은 다음과 같이 말한다.

'치료사가 어떻게든 내담자로 하여금 자신의 사고와 스키마를 분석하게 만들었다면 내담자는 미술작품에 나타난 부정적인 이미지를 물리적으로 바꾸는 실험을 하면서 점점 더 긍정적인 가정을 만들게 된다'(2012, p. 93).

비록 이 모델이 영국보다는 북미와 캐나다에서 더 발전되었지만, 근거 중심 치료와 단기 개입을 중시하는 기조가 생김에 따라 이 모델은 더욱 발전되고 영국에서도 받아들여질 가능성이 크다.

시몬스와 그리피스(2009, p. 100)는 '인지행동치료의 일환으로 마음챙김이 사용될 수 있으며 특정한 질감을 가진 미술재료를 다루거나 소리를 듣는 것, 방의 색깔을 관찰하는 것과 같은 형태로 마음챙김 훈련이 사용될 수 있다'고 시사했다. 이는 7장에서 논의될 것이다.

해결 중심 단기미술치료

해결 중심 단기미술치료(SFBT)는 철학적으로는 구성주의에 속하지만, 본질적으로 행동주의 요법이며 내담자로 하여금 자신의 삶에서 바꾸고 싶은 부분을 식별하도록 하는 데 그 의미를 둔다. 치료사는 질문을 통해 내담자가 취할 수 있는 해결책과 그것을 달성할 수 있는 수단을 찾아내게끔 돕는다. 이 요법에서는 내담자가 성취하고자 하는 것에 초점을 맞추며, 내담자가 가진 능력과 강점을 활용하려고 시도한다. 내담자의 강점을 찾기 위해서 때때로 내담자가 성공적으로 해결한 과거의 상황이나 사건을 분석하지만, 이 요법은 대체로 미래 중심적이고 목표 지향적이다. 종종 단계적인 접근법이 사용되며, 작고 다루기 쉬운 단계부터 치료가 이루어진다.

여기에 깔린 가정은 '작은 변화는 더 큰 변화로 이어지며 궁극적으로는 중대한 차이를 만들어내지만, 작은 변화만 이루어지기 때문에 내담자에게 큰 혼란을 야기하지는 않는다'는 것이다. 그러므로 긍정적인 방향으로 한 걸음 한 걸음 내딛도록 해서 내담자가 원하는 삶을 향해 점진적이고 우아하게 다가가도록 하며, 결과적으로 내담자를 치료를 종결시키기에 충분한 상태로 만들어준다(Shazer and Dolan 2007, p. 2).

이 치료법의 또 다른 핵심 개념은 '해결법이 반드시 문제와 직접 연결되어야 할 필요는 없다'는 것이다. 많은 접근법이 문제에서 해결책으로 이어지는 과정을 따르지만, 해결 중심 접근법은 해결책을 만드는 과정에서 문제가 해결된다면 무엇이 달라질지 먼저 생각하도록 내담자를 유도한다. 쉐이저와 돌란(Shazer and Dolan 2007)은, 해결 중심 치료에서는 내담자의 과거를 돌아보거나 (역기능이나 정신병리와 같은) 문제의 기원을 찾는 데 별 관심이 없다고 설명한다. 치료에는 긍정적인 언어가 사용되며, 문제에 관해 직접적으로 말하는 것이 금지된다. 해결 중심 치료법에서는 대부분의 문제를 '본질적으로 일시적이며 사람의 존재 방식이나 상호작용 패턴이 반드시 고정된 것은 아니다'라고 간주하기 때문이다. 이 점에서 해결 중심 치료법은 인지행동치료의 핵심인 공식화와 거의 정반대의 입장을 취한다. 즉 미래는 만들어질 수 있고 고정되어 있지 않으며 사람은 자신의 운명을 스스로 결정할 수 있다는 희망찬 관점을 가지고 있으며, 인간을 역경을 이겨낼 수 있는 존재로 여긴다. 과거는 이전에 사용된 해결책이 다시 사용되거나 새로운 해결책에 반영될 때에 한해서만 고려된다.

다른 형태의 치료법과는 달리 해결 중심 치료는 해석을 제공하지 않으며, 내담자의 생각을 반박하거나 문제의 근원이 아닌 것으로 보이는 부분을 파헤쳐 마음속 깊이 감춰진 의미와 구조를 찾아내려는 시도를 하지 않는다. 질문지는 이 치료법에서 사용되는 가장 중요한 도구로, 현재나 미래에 초점을 맞춘 질문이 사용된다. 특히 내담자가 지금 무엇을 하고 있으며 어떤 삶을 살고 싶은지가 강조된다. 치료사는 내담자가 잘하는 일을 칭찬하고, 그의 문제가 얼마나 어려운지를 인정하고 격려해주며, 내담자의 말에 귀를 기울이고 처지를 잘 이해하고 있다는 사실을 강조한다(Shazer and Dolan 2007, p. 5). 무엇보다 분명한 목표를 설정하는 것이 중요하다.

'척도 질문'은 내담자 스스로 자신의 삶의 여러 측면에 관해 평가할 수 있게 한다. 척도 질문은 0점에서 10점으로 평가되는데 10점은 모든 목표가 달성된 경우를, 0점은 상상할 수 있는 최악의 시나리오가 발생한 경우를 의미한다. 해결 중심 단기치료를 받는 내담자는 자신의 현 상태를 척도점수로 평가하고, 치료가 충분히 이루어졌음을 나타내는 목표점수를 설정한다. 이 모델에서는 치료의 궁극적 목표에 대해 정의할 수 있다(Iveson 2002). 이 접근법은 '기적 질문'과도 밀접하게 연관되어 있다. 기적 질문은 다양한 형태가 있으나 여기서는 쉐이저와 돌란(Shazer and Dolan)에 의해 재생성된 버전을 소개하겠다.

조금 이상하게 들릴 수 있는 질문을 하겠습니다. 우리의 대화가 끝난 뒤에 당신은 일터로(혹은 집이나 학교로) 돌아갈 것이며 남은 시간에 오늘 해야만 하는 일을 하게 되겠지요. 애를 보거나 저녁을 만들거나 TV를 보거나 아이들을 목욕시키는 것과 같은 일을요. 그리고 나면 잠잘 시간이 될 겁니다. 당신의 가족은 모두 곯아떨어졌으며, 당신은 평화롭게 잠을 자고 있습니다. 한밤중에, 갑자기 기적이 일어나서 당신이 오늘 제게 말한 문제가 모두 해결되었습니다! 하지만 당신은 잠을 자고 있었기 때문에 한밤중에 기적이 일어나서 당신의 문제가 해결되었다는 사실을 알 수 있는 방법은 없습니다.

그렇다면 다음 날 아침에 눈을 떴을 때 '세상에 무슨 일이 생겼음이 분명해. 모든 문제가 사라졌잖아!'라고 당신 스스로에게 말하게 될 작은 변화는 무엇이 있을까요?

(Berg and Dolan 2001, p. 7, cited in Shazer and Dolan 2007, p. 6)

혹은 다음과 같이 표현할 수도 있다.

당신이 잠든 동안 기적이 일어나서 당신을 여기 오게 만든 모든 문제를 사라지게 했습니다.

하지만 이 일은 당신이 잠든 동안에 일어났으므로 당신은 어떤 일이 일어났는지 알 수 없죠.

당신과 그리고 당신과 가까운 사람들이 어떻게 해야 기적이 일어났음을 알 수 있을까요?

(Shazer and Dolan 2007, p. 38)

심사숙고할 시간이 충분히 주어진다면 대부분의 사람들은 결과가 달라졌을 일들을 여러 가지 찾아낼 수 있으며, 그 차이를 발견하면 목표를 설정할 수 있다. 일부 목표는 그림으로 그려질 수 있다. 기적 질문은 '현실 질문'으로도 불리는데, 무언가가 실제로 바뀌었음을 구체적으로 보여주는 것을 내담자가 스스로 생각해내야 할 필요가 있기 때문이다. 기적 질문은 단순한 희망적 상상이 아니며, 내담자가 스스로 해결책을 찾을 능력이 있고 목표를 설정하고 목표 성취를 위해 노력할 수 있음을 전제한 치료 과정이다(Shazer and Dolan 2007, p. 38).

이 장에서는 인지행동치료의 철학적, 이론적 기반을 명확히 하고 심리적 스키마라는 개념을 설명했다. 이어서 인지행동치료의 실제 치료를 살펴보고 공식화에 관해 서술했다. 인지행동치료가 사용되는 다양한 형태를 명료히 설명하며 촉발 인자와 목표, 유지 주기, 자기평가를 위해 사용되는 일지와 일기에 관해 설명했다. 이미지가 인지행동치료에서 어떤 식으로 사용되는지 살펴본 후 인지행동 미술치료가 어떤 식으로 이루어지는지에 관한 몇 가지 예시도 살펴보았다. 해결 중심 단기미술치료(SFBT)라는 인지행동적 치료법에 관해서도 살펴봤는데 이 방법은 인지행동치료에 포함되어 사용되거나, 다른 방법과 차별되는 치료법으로서 쓰일 수 있다. 7장에서는 인지행동치료와 마음챙김 기법 간의 유사성이 서술될 것이다.

제3장

정신분석적 미술치료

Psychoanalytic
art therapy

정신분석학의 기본 원칙

정신분석적 인지 도식(스키마)에서 사람의 마음은 바다에 떠 있는 빙산과 자주 비유된다. 수면 위에 떠 있는 빙산의 일각이 의식이다. 그 바로 아래에는 전의식(pre-conscious)이 있으며, 그 아래 깊숙한 심연 속에 무의식이 있다.

사람의 인격(혹은 정신)은 초자아(super-ego), 자아(ego), 이드(id)라는 세 가지 구성요소의 결합으로 이루어졌으며, 이 구성요소들은 항상 역동적인 긴장 상태로 존재한다고 여겨진다. 초자아는 정신의 도덕적인 부분으로 사회적 요구를 만족시키기 위해 만들어졌으며 양심, 규율, 절제, 헌신과 같은 개념을 포함한다. 초자아는 학습되는 것이며, 발달 과정의 후반부에 형성된다. 초자아는 무의식적으로 받아들여진 부모의 가치관이 위치한 부분이다. 프로이트(Sigmund Freud, 1856~1939)는 초자아의 자기관찰(self-observation) 기능은 부모의 표상을 내재화하는 과정이나 그 표상의 일부를 분리하는 대상표상(object-representations)의 과정에서 발달한다고 보았다. 이렇게 분리된 부모의 표상은 내적 대상(internal objects)이 된다(Rycroft 1968, p. 160). 내적 대상은 정신을 구성하는 중요한 부분이며, 외부 현실의 중요한 대상을 대상표상한 것이다. 혹은 내적 대상은 외적 대상(혹은 부분 대상)의 정신적 표상이며, 외적 대상이나 부분 대상을 내면에서 경험한 것이라고 할 수도 있다. 이는 내사(introject), 내사된 대상(introjected object), 내적 대상(internal object) 등의 다양한 용어로 표현되며 상징의 형태로 나타날 수 있다(Rycroft 1968, p. 77).

초자아라는 개념은 자아를 각색해 만들어졌다. 초자아는 '자기비판'과

'자기분석'을 즐긴다. 프로이트는 '양심은 초자아의 기능 중 하나이다. 자기관찰은 양심적 판단을 내리기 위해 사전적으로 필요한 기능이며, 초자아의 또 다른 기능이다'라고 했으며(Freud 1973, p. 91). 초자아를 '비판적이고 통제력을 가진 특수한 행위 주체'라고 서술했다(1973, p. 57).

자아(ego)는 정신의 의식적이고 합리적인 부분으로, 정신의 다른 부분들 사이를 중재하고 충돌하는 욕구들 사이에서 타협을 끌어내는 부분으로 여겨진다. 자아는 합리성과 상식을 대변한다. 자아가 충분히 강하다면 이들 사이의 균형을 유지하는 데 성공하겠지만, 그렇지 못할 경우에는 정신적 균형이 깨져 초자아나 이드가 과도한 영향력을 행사할 수 있다.

프로이트는 과도한 영향력을 행사하는 초자아의 모습을 아래와 같이 묘사하며 이것이 우울증 환자의 사례와 관련이 있다고 믿었다.

> 너무나도 가혹하게 행동하며, 불쌍한 자아를 학대하고, 모욕하고, 부당하게 대하며, 끔찍한 처벌을 내리겠다고 위협하고, 당시에는 문제 삼지 않았던 까마득히 먼 과거의 행동을 가지고 비난한다. 마치 지금까지 기다린 것은 혐의를 포착하고 유죄 선고를 내리기 위한 충분한 힘을 기르기 위해서였단 듯이 말이다. 초자아는 적용할 수 있는 가장 가혹한 도덕적 기준을 적용해 무력한 자아를 심판한다. (1973, p. 92)

프로이트는 이 내용에 대해 '자아가 산산조각 난 것'으로 볼 수도 있다고 했다(1973, p. 90).

자아는 균형을 유지하기 위해서 재량껏 사용할 수 있는 다양한 '방어기제'를 가지고 있다. 가령 '억압'은 고통스러운 기억을 무의식 깊숙이 숨기려는 자아의 시도로, 고통스러운 기억을 효과적으로 망각하기 위한 기제다(이런 기억이 나중에 되살아나 문제가 될 수도 있다). 또 다른 중요한 방어기제인 '투사'는 자기 생각을 타인이나 다른 대상에게 전이시키는 것을 의미한다. 프로이트는 많은 방어기제가 정신적 에너지의 흐름과 내면의 충돌과 관련된 역할을 한다고 보았다.

정신의 세 번째 부분은 이드(id)라고 불린다. 이드는 자기의 원초적인 부분이다. 본능적인 행동과 기본적 욕구는 이드에 의해서 생긴다. 이드는 즉각적인 만족과 쾌락을 추구하며 욕구를 충족시켜 희열을 얻기를 원할 뿐 도덕성에는 별 관심이 없다. 따라서 초자아와 충돌한다. '무의식적인 사고(thought)를 포함한 이드'라는 말은 잘못된 표현일 수 있다. 이드는 그저 정신적인 에너지로서 의식적인 실체가 아니기 때문에 비록 무의식적이라는 접두사가 붙더라도 사고(thought)라는 단어를 사용해 정의할 수 없다. 이러한 점에서 프로이트는 이드를 '은밀하고 접근 불가능하며, 체계적이지 않고, 감정적이며, 때와 장소를 구분하지 못하고, 통제받지 않으며 통제할 수도 없는 것'이라 묘사했다. 여러 측면에서 이드는 자아와 대조적이다. 이드는 쾌락 원칙(pleasure-principle)에 지배당하기 때문에 이드에 과도하게 지배받는 사람은 반사회적이고 부도덕한 경향이 있다.

발달 과정상 이드는 유아기에 나타나며(성인이 되어도 유아적이다), 그다음으로 자아가 발달하고, 마지막으로 초자아가 발달한다. 이 이론적 구조는 인간의 정신을 유동적 혹은 역동적으로 바라보는 관점을 탄생시켰으며, 이후로도 매우 큰 영향력을 행사해왔다. 정신적 주체들은 끊임없이 활동한다는 점에서 역동적이다. 정신분석은(그리고 정신분석에서 파생된 정신역동 이론은) 내면의 정신적 마찰을 스트레스의 한 형태로 보고, 이것이 정신적 동요를 일으킬 수 있다고 보았다.

프로이트는 자신의 사상을 여러 차례에 걸쳐 수정했으며, 그의 사상은 이후에 수많은 논의와 논란을 불러일으켰다. 정신분석 이론을 한 챕터 안에서 정확하게 설명하는 것은 불가능할 것이다. 그러나 나는 독자들이 고도로 복잡한 프로이트의 사상을 이해할 수 있게 노력할 것이다. 프로이트의 사상은 매우 심오하며, 20세기 사상 전반에 스며들어 있기 때문이다.

정신분석에서 무의식의 중요성

정신분석적 접근법에서는 인간의 행동을 결정짓는 정신적 에너지를 앞에서 이미 말한 방식으로 구조화한다. 이 에너지는 인간 행동의 기저에 깔려 있으며, 대개는 드러나지 않은 방식으로 영향을 미친다. 의식할 수도 없고 상기할 수도 없는 억압된 생각은 '이 세상의 것이 아닌 것 같은' 행동과 경험을 하게 만든다고 여겨진다(Frosh 2002, p. 15).

'무의식적인 상태'에 대한 사전적 정의는 '사물의 존재나 생성을 인지하지 못하며 일시적으로 어떤 것도 느끼지 못하는 상태'이다(Oxford Dictionaries 1973, p. 2406). 반면에 정신분석학 이론에서 무의식은 정신의 한 부분으로, 의식적인 접근이 거의 불가능하고 억압되거나 전의식적인 것을 의미한다(전의식적인 것은 억압된 것보다는 쉽게 의식할 수 있다). 무의식은 우리의 행동에 깊은 영향을 미친다.

한마디로, 무의식은 정신의 쓰레기통이 아니다. 무의식은 우리의 행동을 결정짓는다. 무의식은 행동의 근본적인 원인이 되며, 우리가 어떤 존재인지를 결정짓는다(Frosh 2002, p. 13). 게다가 억압된 것은 무의식의 영역을 벗어나기 위해 분투하며, 그 과정에서 프로이트가 '전위(displacement)'라고 부른 방어기제에 의해 왜곡된다. 전위란 에너지(카섹시스cathexis)가 하나의 심상에서 다른 심상으로 옮겨지는 작용이다(Rycroft 1968, p. 35). 이는 상징에 관한 정신분석 이론의 매우 중요한 개념으로, 차차 자세히 논의할 것이다. 억압(Repression)은 전술한 대로, 용납할 수 없는 충동이나 생각을 무의식화하는 방어기제이다. 억압은 에너지를 전위시켜 위협적인 충동이나 생각을 덜 위험한 형태의 에너지로 변환시킬 수 있다(승화sublimation). 현대 정신분석학자들 사이에서 무엇을 억압된 것으로 정의할지에 관한 합의가 이루어지진 않았다. 억압은 적응기제로서 상황에 적응할 수 있게 하고, 자아가 발달할 수 있게 한다. 라이크로프트(Rycroft)는 '억압은 강물을 막고 있는 댐과 같다'라고 말했다(1968, p. 142). 하지만 억압이 과도할 경우 자아의 발달에 문제를 일으킬 수 있으며, 에너지가 승화되지 못하고 다른 증상으로 나타날 수 있다. 다음은 그러한 경우를 보여주는 예시이다.

> 억압은 무의식적인 기제이기 때문에 하나 혹은 일련의 증상으로 자신을 나타내며, 때때로 '억압된 무의식의 회귀'라고 불리는 현상으로 드러나기도 한다. 가령 억압된 성적 욕구는 신경질적인 기침이나 말실수의 형태로 외부에 표출될 수 있다. 비록 환자가 이러한 욕구를 의식적으로 알아차리거나 콕 집어서 말하지는 못하더라도 환자의 몸에는 금지된 욕망이 증상으로 뚜렷하게 나타난다. (*New World Encyclopedia* 2013)

대략적으로 표현하면, 무의식은 은유적이며 의인화되어 사용되는 개념으로 자신의 존재를 알리지 않은 채 자기에게 영향을 미치는 행위 주체이다(Rycroft 1968, p. 173). 1920년대에 프로이트는 정신의 의식적인 부분을 '자아'라고 개명했으며 무의식적인 부분을 '이드'라고 개명했다(무의식과 이드를 구분하는 것은 잠재적으로 중요한 가치가 있다). 이드는 전술했다시피, 본능적 에너지 및 생리적 욕구의 충족과 연관이 있다. 자아는 좀 더 교양 있고 사회적이며 문명화된 정신의 부분이다. 라이크로프트는 '무의식'이란 용어를 사용하는 것이 문제를 일으킬 수 있는 이유를 다음과 같이 설명했다.

> 첫째, '무의식'이란 용어는 이 정신적 부분의 특징을 완전히 무시하는 식으로 사용될 수 있으며, 이미 그렇게 사용되어왔다. 가령 비자발적/자발적, 비의도적/의도적, 비자의적/자의적 등의 표현에서 '비자발적, 비의도적, 비자의적'은 그 특징이 무시된 채 사용된다. 둘째, 이 용어의 사용은 내담자를 회의적이고 혼란스러운 상태로 만들 수 있다. 어떤 환자가 그에게 무의식적 동기가 있다는 일반적인 주장을 받아들인다면 그 후로는 자신에 관한 특정 명제를 무조건적으로 받아들이게 될 위험이 있기 때문이다. 의식적으로 생각할 때 어떤 명제가 완전히 틀린 것이라 하더라도 그 명제가 자신의 무의식적인 동기와 관련된 것일지도 모른다는 가능성을 부정할 수 없게 되는 것이다. 결과적으로 어떤 명제(혹은 해석)를 전혀 믿지 않거나 동의하지 않음에도 그 명제를 공식적으로 인정하게 된다. (1968, p. 173)

이러한 이유 때문에 미술치료사가 사건을 해석해주는 것은 잠재적으로 문제를 일으킬 수 있다. 내담자가 치료사의 해석을 부정하기는 쉽지 않으며, 특히 무의식적 동기에 관한 해석은 반박하기 매우 어렵기 때문이다. 라이크로프트는 또 다른 잠재적 문제로 '내담자가 자신의 무의식적 동기에 관해 설명하는 무수히 많은 수의 가설을 옳고 그름을 따지지 않고 맹목적으로 받아들이는 것'을 들었다(1968, p. 173). 이것은 미술작품의 해석이 내담

심리상담 이론과 미술치료

자에 의해 이루어져야 하며, 내담자가 내면의 감정과 사고를 점차 의식해감에 따라 이루어져야 한다는 내 주장의 근거가 된다. 내담자의 행동 기저의 '무의식적인' 동기에 초점을 맞추는 것을 지양해야 하는 또 다른 중요한 이유는 라이크로프트가 위에서 언급했다시피, 이 방식이 너무나도 조잡하며 내담자를 도와 그의 정신적인 동기와 마음의 복잡 미묘함을 탐구하게 하는 다른 여러 활동을 방해하기 때문이다(Hogan 2012a). 나는 정신분석학자들의 편향을 고치려는 것이 아니다. 그보다는 이 용어와 관련된 개념적인 문제를 지적하려는 것이다. 내담자와 담론하거나 미술작품을 해석하면서 무엇이 무의식적인 것인지 가정하는 것은 잠재적으로 문제의 소지가 있으며, 미술치료사는 이에 대해 경계해야 할 필요가 있다(Hogan 2012a, 2014).

상징

정신분석적 미술치료를 제대로 이해하려면 상징(Symbolism)이 무엇인지 이해해야만 한다. 상징이 미술용어이고 여러 미술치료사에게는 이미 친숙한 개념이므로 여기에서는 비유와 직유, 상징의 차이에 관해 설명하고자 한다.

상징과 직유, 비유는 종종 잘못 이해되곤 한다. 직유는 유사하지 않은 두 사물을 직접 비교하는 것이다. 예를 들어 '그녀는 장미와 같다'처럼 말이다. 비유는 두 사물을 대응시킨다. 어떤 개념을 좀 더 친숙하지만 비슷하거나 다른 개념을 이용해 설명하는 것이다. 가령 심장과 피스톤 펌프의 관계를 예로 들 수 있다. 비유는 직유의 연장선상에서 이해될 수 있을 것이다(Baldick 2001).

이와는 대조적으로 상징은 유형의 사물로 무형의 것을 나타내며, 문장이나 표시, 기호로 표현된다. 상징은 암시를 이용해서 개념이나 분위기를 표현하며, 이는 상징을 사용하지 않았다면 표현이나 이해가 불가능한 성질의 것이다. 상징은 수많은 비유들의 만남의 장이다(*Macquarie Dictionary* 1981, p. 1720).

즉 상징은 '(정확한 유사성이 아닌 모호한 암시를 통해서, 혹은 대상 사이의 전통적이거나 우연한 관계를 통해서) 다른 무언가를 대신하거나, 대변하거나, 나타내는 것'을 의미한다. 특히 물질적 대상을 이용해서 비물질적이거나 추상적인 대상을 표현하거나, 반대로 비물질적이고 추상적인 대상을 이용해서 물질적인 대상을 표현하는 것을 말한다(Oxford Dictionaries 1973, p. 2220). 결혼반지가 결혼을 상징하는 것을 예로 들 수 있다.

정신분석 이론에서 상징은 내면의 정신적 마찰의 결과로 나타난다고 여겨진다. 우리의 정신은 용납할 수 없는 것을 억압해 무의식에 묻어버리는 경향을 가진 반면, 억압된 것은 어떻게든 탈출해서 의식으로 표출되고 싶어 하기 때문이다. '오직 억압된 것만이 상징으로 나타나며, 오직 억압된 것만이 상징으로 나타날 필요가 있다'(Jones 1916, cited in Rycroft 1968, p. 162)는 표현은 정신분석학의 핵심 개념이며, 나아가 '상징화되는 대상이나 행동은 이론적으로 기초적이고 본능적이며 생물학적인 이해관계를 가지고 있다'는 것을 의미한다(p. 163). 상징은 특정한 정신적 물질로 만들어진다고 여겨진다. 그러므로 '상징적'이란 말은 정신분석학파 저술가들 사이에서 특정한 방식으로 사용된다. 또 정신분석학 사상에는 응축(condensation)이라는 개념이 있으며, 이는 한 단어나 이미지가 복수의 개념이나 이미지를 나타내는 것을 의미한다. 응축에는 여러 가지 의미가 있으며 점차 더 많은 의미를 내포한다.

상징적 표현은 (단순히 정신분석적 미술치료에 국한된 것이 아니라) 모든 종류의 미술치료에서 엄청나게 중요하다. 말로는 표현하기가 거의 불가능한 생각과 감정을 상징과 은유를 이용해서 표현할 수 있기 때문이다. 상징은 종종 '불가사의할 정도로 불확정적'이다. 상징 속 의미는 여러 가지로 해석될 수 있으며, 모두 각각 해석이 가능한 한편, 동시에 가능한 해석일 수도 있기 때문이다. 발딕(Baldick)은 문학적 상징에 관해서 말했지만, 그의 논점은 상징적 이미지에도 동일하게 적용될 수 있다. '일반적으로 어떤 개념을 대변하는 문학적 상징을 이미 고착된 의미를 전달하는 편리한 수단쯤으로 여기는 것은 너무나도 단순한 생각이다. 일반적으로 문학적 상징은 실질적인 이미지와 같으며, 다양한 해석을 통해서 그것의 의미를 더 깊이 탐구할 수 있다'(Baldick 2001, p. 252). 그렇게 상징은 풍부하고 복합적인 의사소통을 가능하게 한다.

상징에 관한 정신분석 이론

전술했다시피 상징은 첫째, 무의식적인 억압 성향과 해방되고 싶어 하는 억압된 것들 사이의 마찰에서 생성된다고 여겨진다. 둘째, 오직 억압된 것만이 상징화되며 셋째, 그러므로 상징은 정신 내적인 갈등의 결과물이다. 상징은 유아기의 욕구 가운데서 억압된 것에 의해 생성되며, 특히 유아기의 성적인 부분과 관련되어 있다. 이러한 유아기의 경험은 서로 영구히 결합해 실현되지 못한 본능적 바람이 되고, 평생 동안 꿈을 만드는 에너지로 사용된다(Freud 1973, p. 58). 이 실현되지 못한 소망은 다른 억압된 사건들을 자극할 수 있다. 이런 사건이 의식 위로 솟구칠 때 바닷물에 떠오른 부표처럼 다른 사건들과 연결되어 다 함께 떠오르게 된다. 이를 프로이트는 '억압된 소망이 의식의 수면을 향해 강력하게 솟구칠 때 다른 고통스러운 사건들과 함께 떠오르게 된다'라고 표현했다(Freud 1973, p. 58).

억압된 것은 전위작용(위협적인 충동을 나타내는 내면의 이미지를 '보다 덜 위협적인' 이미지로 치환하는 작용으로 위협적인 충동을 쉽게 의식화한다)을 통해 의식화된다고 알려져왔다. ('1차 작용'이라고 불리는) 전위는 개념적 장치의 일종으로 한 이미지가 다른 것을 상징할 수 있게 한다. 그러나 전위의 결과로 만들어진 상징은 의식적 사고가 아닌 무의식에 의해 만들어진다고 여겨진다. 일부 이론가는 상징이 전위 과정에서 '생성'되는 게 아니라고 가정한다. 왜냐하면 상징은 이미 무의식 안에 존재하고 있기 때문이다. 이들은 전위를 '상징의 형태와 내용을 변형시키는 장치'로 보았다.

이 스키마에서 상징은 무의식적으로 생성되며 다른 무언가를 '대체'한다.

이 접근법은 종종 '회귀적' 특성을 보인다고 정의된다. …… 여기에서 중요한 것은 상징화 작용의 무의식적인 속성과, 상징화된 것의 '1차적인' 속성이다. …… 프로이트에 의해 표현되고 존스(Jones)에게 지지받았듯이, 고전적 정신분석학에서는 상징이란 용어를 주로 무의식적으로 이루어지는 대체 작용이며 방어기제와 관련된 것으로 한정해 사용했다. …… 상징과 상징화 작용은 억압되는 것과 억압하는 힘 사이에서 이루어지는 절충의 결과로 나타난다. (Petocz 1999, p. 10)

프로이트는 저서 『새로운 정신분석 강의』(1932~1933)에서 억압된 본능적 충동이 어떻게 환영이 될 수 있는지에 대해 논했다. 이 충동은 내담자가 잠든 동안에는 행동으로 나타날 수 없으며, 따라서 '감각적 이미지와 시각적 장면의 집합'으로 변형된다(1973, p. 48). 이런 감각적, 시각적 장면은 환영이라고 불린다.

또 프로이트는 이미지를 해석하는 것이 매우 어려운 작업임을 인정했다. 그 이유로 무의식적인 억압 행위가 이미지의 해석을 적극적으로 방해하기 때문이라고 생각했다. 그의 표현을 빌리면, 특정 대상이나 작용을 표현하는 데 수많은 상징이 사용되면서 이를 의식적으로 이해하는 것은 점차 불가능해지고 있으며, 방어기제의 하나인 퇴행과 조화를 이루고, 자기검열을 요구하는 내면의 목소리에 잘 부합하게 된다(Freud 1973, p. 49). 억압과 상징의 관계는 항상 명확하게 관찰되는 것은 아니며, 프로이트는 1930년대에 꿈속에서 사방에 퍼져 있는 상징적 이미지로 인해 곤란을 겪고 있음을 시인했다.

> 잘 알려졌다시피 정신분석학의 과업 중 하나는 유년기의 기억을 가리고 있는 망각이란 베일을 걷어내는 것이며, 그 기억 속에 숨겨진 유년기의 성적 욕망을 의식적 기억으로 불러내는 것이다. 이로써 유년기의 성적인 경험은 고통스러운 인식과 결합해 불안, 금지, 실망, 처벌을 나타낸다. 우리는 이러한 기억이 억압받았음을 이해할 수 있지만, 이것이 어떻게 꿈속을 자유롭게 드나드는지는 이해하지 못한다. (Freud 1973, p. 58)

프로이트는 곧바로 이러한 불확실함을 설명할 가설을 제시한다. 가설의 내용은 '소망을 성취하는 꿈은 현실의 고통을 완화하고 좌절된 욕망을 충족된 것으로 전환하는 작용을 한다'는 것이다.

정리 및 논의

상징은 갈등하는 정신적 충동이 있을 때 생성된다. 그러므로 수용되지 못한 무의식적 욕망은 (전위를 통해) 상징으로 나타나거나 (전환conversion 작용을 통해) 육체적인 증상으로 나타날 수 있다. 상징이 형성되었음을 보여주는 예시로 꿈속의 이미지와 환자의 증상을 들 수 있으며, 이 둘은 유사한 작용을 거쳐 만들어진다. 나아가 일부 정신분석학자들은 이러한 정신적 구성물은 사람에 따라 고유하게 만들어진다고 보았다.

'진정한' 혹은 정신분석적인 상징이란 은밀하게 만들어진다는 점에서 꿈을 꾸는 것이나 증상이 형성되는 것과 유사하다. 이것의 의미는 사전이나 사회적 관습을 통해 알아낼 수 있는 것이 아니며, 오직 내담자의 개인적인 경험을 통해서만 알아낼 수 있다. (Rycroft 1968, pp. 162-163)

전술한 라이크로프트의 주장과 (이후에 융에게 받아들여진) 프로이트의 의견 사이에는 약간의 마찰이 있다. 프로이트는 상징이 계통발생학적으로 전해지며 문화적 유산의 일종이라고 생각했기 때문이다. 이러한 생각은 프로이트와 그의 지지자들로 하여금 상징이 가진 일정하고 영구적인 의미를 찾게 만들었다. 프로이트는 『꿈의 해석』(1901)에서 이에 관한 무수히 많은 독단적 예시를 들었다. 두 생각은 모두 프로이트의 저서에서 뚜렷하게 나타난다. 그러나 프로이트는 자신의 후기 연구에서 '연합(associative)' 기법에 관해 저술하며 '상징을 단순하게 해석할 수 있는 경우는 거의 없다'고 기록했다. 따라서 그가 상징을 더욱 개인적인 방식으로 해석하는 방식을 고려했음은 명백하다. 비록 그 상징이 집단적으로 사용되는 상징적 언어의 낡은 유물에 불과하더라도 말이다. 상징은 원시적 사고의 찌꺼기이자 '유전되는, 낡은, 원시적인, 퇴행하는 표현의 형태'로 받아들여졌다(Petocz 1999, p. 29).

1890년대에 프로이트는 원시적 행동에 관한 연구와 신경증적 행동에 관한 연구 사이에서 공통점을 발견했다(Wallace 1983, p. 22). 1900년의 저서에서는 '원시적' 혹은 '격세적(atavistic)' 성향을 병적인 것으로 분류했으며, '신경증 환자의 꿈에서는 수많은 상징이 공통적으로 나타난다'고 했다(Freud 1900, p. 343, cited in Wallace 1983, p. 26). 『정신분석학 입문』(1916~1917)에서 프로이트는 '꿈에서 나타나는 상징은 원시적 형태의 표현'이라는 개념을 정립했다(Wallace 1983, p. 12). 그는 언어학자인 한스 스퍼버(Hans Sperber 1912)의 연구에 영향을 받았으며, 스퍼버는 이 연구에서 성적 욕구가 인류의 언어 발달 과정에서 중요한 역할을 했음을 시사했다. 인류 최초의 연설은 화자가 짝짓기의 대상을 부르기 위해 이루어졌으며, 이후에는 점차 다른 용도로도 사용되었지만 계속해서 성적인 의미를 내포한다는 것이다. 그러므로 '성적 기호가 직업에 영향을 미친다'는 말이 계속해서 강조된다(Freud 1963, p. 167). 프로이트는 이 생각을 꿈의 상징화에 접목해서 이론화했다.

우리는 꿈속에서 왜 유년기의 일이 보존되어 나타나는지, 왜 이토록 많은 수의 성적 상징이 나타나는지, 어째서 무기나 연장이 남성성을 상징하는 반면 어떤 물질이나 물건은 여성성을 나타내는지를 이해해야 한다. 대상 사이의 상징적 관계에는 역사적으로 생성된 언어적 정체성이 포함되어 있다. 가령 어떤 사물이 한때 '성기'와 같은 이름으로 불린 적

이 있다면 꿈속에서 성기를 나타내는 상징으로 쓰일 수 있다. (Freud 1963, p. 167)

이는 현대의 독자들이 공감하기에는 다소 허황되게 들릴지도 모른다.

상징의 형성에 관한 프로이트의 이론은 『꿈의 해석』에서 서술되었다시피 매우 복잡하다. 그러나 꿈속의 상징은 일반적으로 '지연된 사고'의 '위장된 표현'으로(Freud 1977, p. 280), 특히 '소망의 실현'으로 받아들여진다(Freud 1977, p. 280). 프로이트는 '무의식은 억압된 성적인 병증과 결합해 꿈속에서 시각적 형태를 이룬다'고 주장했다(Freud 1977, pp. 470–473). 이런 이미지는 1차 작용에 의해 '유아기의 소망을 담은 충동 중에서 파괴되거나 억제될 수 없는 것'을 포함하며, 이러한 '비이성적인' 1차 작용은 결국 2차 작용의 억압적 성향과 정면으로 충돌해 결국 '무의식에서 풀려난 에너지와 함께 돌격하게 된다'(Freud 1977, pp. 763–768). 프로이트는 꿈속에서 표현되는 생각이 가진 회귀적이고 원시적인 속성에 관심이 많았다(cited in Forrester 1980, pp. 469–470).

광기와 미술적 상징 사이에 '유추(아날로지analogy)'가 있다는 사상이 점차 확립되었다. 이러한 이론은 부정적인 의미를 내포할 수밖에 없으며, 결과적으로 미술작품이 병적인 상태를 표현한 것이라는 함의가 도출되었다(Hogan 2001). 이는 프로이트 생전에 끔찍한 결과로 나타났다. 나치가 '타락한 예술'로 규정된 미술품을 공적인 것과 사적인 것을 가리지 않고 파괴한 것이다(Hogan 2001). 그럼에도 정신분석학자들은 상징의 탐구를 통해 정신병을 분석한 선례를 남겼으며, 이는 현대 미술치료의 개발에 공헌했다.

정신분석학에서의 상징에 관한 탐구는 훗날 '자유연상(free association)' 이라고 불리는 기법을 활용해 이루어졌다. 자유연상은 환자의 마음속에 떠오르는 생각을 무조건적으로, 의식적으로 집중하려고 시도하지 않으면서 말하게 하는 기법이다(정신 집중을 위한 어떤 시도도 하지 않는 것은 내담자의 저항resistance을 최소화하기 위한 것이었다). 이 기법은 '자유연상 작용을 통해 중요한 것이 드러날 것이며, 정신 건강을 위한 욕구가 치료의 방향에 영향을 줄 것'이라는 전제하에 만들어졌다. 이 기법은 방어기제의 검열 기능을 자극하지 않는다고 여겨졌으며, 치료사의 역할은 내담자가 생각을 표현하도록 돕는 것으로 간주되었다.

상징주의 미술(c.1885–1900)에서는 상상과 환상의 중요성을 강조한다. 그러므로 작품을 그릴 때 느낌과 감각에 집중하며, 주관적 마음의 상태를 시각적 형태로 자아내는 것을 목표로 한다(Chipp 1968, p. 49). 이러한 사상을 확장한 형태인 표현주의는 21세기를 대표하는 저명한 미술사조가 되었다. 표현주의에서는 주관적이고 자연스러운 자기표현이 매우 중시되었으며, 이는 현대 미술사조의 전형이 되었다(Hogan and Coulter 2014). 초현실주의는 자유연상에 호응해 만들어졌으며, '순수한 심리적 자동기술법(pure psychic automatism)'이라고 불린 기법을 이용해 지성이란 이름의 족쇄에서 풀려날 것을 촉구했다. 이 기법은 1924년 앙드레 브르통(André Breton)이 『초현실주의 선언』에서 설명한 것으로 '화가가 말이나 글 등 여타의 수단으로 진정한 정신 작용을 표현하는 것이며 지성에 의한 어떠한 통제나 미적·도덕적 선입견 없이 이루어지는 것'이라고 소개되었다(Hogan 2001, p. 94). 이 기법을 실행하는 것은 몹시 어려운 일이지만, 여기에서 프로이트 학파의 사상이 어떻게 미술사조에 영향을 주었는지 알 수 있다. 비록 이 미술사조가 치료를 주목적으로 만들어진 것은 아니지만 말이다.

대상관계 이론

많은 포스트 프로이트 학파 사이에서 대상관계(object-relations) 이론으로의 전환이 있었다. 전술했다시피, 프로이트는 자기관찰 기능은 부모의 표상을 내재화하는 과정이나 그 표상의 일부를 분리하는 대상표상이 작용해서 발달한다고 보았다. 이렇게 분리된 부모의 표상은 내적 대상(internal objects)이 되거나(Rycroft 1968, p. 160), 혹은 실제로는 부분 대상(part objects)이 될 수 있다. 부분 대상은 유아적 본능에서 태어나며 보호자의 '일부'로 받아들여진다. 만약 어떤 부분 대상이 구강 욕구의 일부로 발전된다면 이 부분 대상은 어머니의 유방일 수 있다. 혹은 노출 충동으로 발현된 부분 대상은 어머니를 '온전한' 사람이 아닌 관찰자로서 대상화한 결과일 수 있다(Greenburg and Mitchell 1983, p. 41). 또 다른 중요한 개념으로 분열(splitting)이 있다. 분열은 한 대상에 관한 두 가지의 대조적인 감정이 있을 때 이것을 서로 분리해서 그중 하나에만 의미를 부여하는 것을 의미한다. 이 이론은 다른 학자들에 의해 더욱 발전되었는데, 특히 멜라니 클라인(Melanie Klein)에 의해 발전되었다.

자기표상은 중요한 타인의 내적 표상과의 관계를 통해 자신을 어떻게 받아들이는지를 나타내며, 많은 미술치료사들이 치료에 사용하는 개념이다. 일부 이론가들은 프로이트의 연구를 변형해서 사용하지만, 다른 이론가들은 프로이트의 충동 이론을 대신해서 대상관계 이론을 만들었다. 이 이론은 '근본적으로 다른 개념적 구조이며, 타인과의 관계가 개인의 정신적 삶을 결정짓는 근본 요소'라고 주장한다. 타인과 관계를 만들거나 관계를 재현하거나 특정한 관계를 맺음으로써 인간 행동에 동기를 부여하는 것이 무엇인지 설명할 수 있으며, 이 주제에 관한 충동 이론의 설명을 대체할 수 있다(Greenburg and Mitchell 1983, p. 3).

대상관계 이론은 초기 발달 과정을 지나치게 강조하고, 그 시절의 기억을 특정한 방식으로 해석해서 어머니를 비난한다고 비판받아왔다. 유아기의 트라우마(특히 극도로 무시된 기억)가 정서 발달에 영향을 미친다는 사실은 의심의 여지가 없다. 그러나 대상관계 이론에서는 어머니와의 지속적이고 '충분히 좋은' 관계가 반드시 내면화되어야 하며, 그렇지 못하다면 이후의 발달 과정에서 장애가 나타난다고 보았다. 이는 결정론적인 관점에 가까우며 종종 여성혐오적인 언어로 표현된다. (어머니가 성실하고 아이에게 잘 반응했음에도) 어머니에게 무조건적으로 문제가 있다고 여기는 것은 어머니로 하여금 '똑같이 심각한 상처를 받게 하거나', '아이를 과도하게 싸고돌게 하거나', '아이와 거리를 두면서 친밀한 관계를 만들지 못하게' 할 수 있다(Kavaler-Adler 2011). 심지어 어떤 어머니는 아이를 '너무 잘 대해주어서' 그 시기에 필수적으로 겪어야 할 '좌절'을 경험하지 못하게 하기도 한다(Hopkins 1996, p. 410). '아이가 너무 잘 이해받을 수 있다'는 것은 이론적으로 '세상에 충분히 좋은 어머니 따위는 존재하지 않는다'는 것을 의미한다. 나는 이 사실이 엄마 노릇을 잘 못하고 있다고 자책하는 초보 엄마들의 정신 건강을 위해 시사하는 바가 있다고 주장해왔다(Hogan 2012b, p. 79). '충분히 좋은 엄마'라는 것은 허상에 불과하다.

오늘날의 많은 미술치료사들은 정신분석학과 대상관계 이론을 통합한 정신역동적 모델을 치료에 사용한다. 다른 미술치료사들은 이후에 언급될 더욱 개방적인 통합 모델을 사용한다.

정신분석적 미술치료

근본적으로 정신분석학은 숨겨진 의미를 밝혀내기 위한 이론이며, 행동과 의식의 표면 아래에 있는 무의식이 가진 혼란스러운 요소를 밝혀내는 것을 목표로 한다(Frosh 2002, p. 74). 분석가의 역할은 환자의 자기표현을 촉진시키는 것이며, 현대의 정신분석적 치료에는 '환자가 자발적이든 그렇지 않든 연상의 흐름은 결국 감정이 담긴 기억에 도달하게 되며, 이러한 기억은 과거의 중대하고 의미심장한 사건들로 뒤덮여 있다'는 믿음이 깔려 있다(Sandler et al. 1973, p. 105). 프로시(Frosh)는 '연상의 결과로 환자는 자아에 대한 지식을 언어적 형태로 만들 수 있으며, 이를 통해 경험을 더욱 잘 통제하게 된다'라고 시사했다(Frosh 2002, p. 81).

정신분석학 용어는 혼란스럽게 사용되는 경향이 있다. '정신분석'이란 용어와 '정신역동'이란 용어가 혼용되었기 때문이다. 앞에서도 얘기했듯이, 이 두 용어는 동의어가 아니다. 데이비드 에드워즈(David Edwards)는 현대 정신분석학에 치우친 치료사들은 '무의식'이란 용어를 '의식적이지 않은 마음 상태'를 의미하는 용어로 맥락이나 상황을 고려하지 않은 채 사용하고 있다고 지적했다. 그는 다음과 같이 주장했다.

실제로 미술치료에서는 종종 보이지 않고 알 수도 없는 '내면의 세계'에 대해 그리고 내면의 세계가 어떻게 내담자와 외부 세계 사이의 관계에 영향을 미치는지에 대해 관심을 가진다. 미술치료사의 치료 방식은 이미지와 대상. 즉 미술작품을 만드는 것을 통해 그리고 미술치료사와 내담자와의 관계를 통해 내담자의 마음속 깊은 곳에 감춰진 갈등과 감정이 표현될 수 있다는 믿음에 기초를 두고 있다. 미술치료사가 제공한 안락한 환경 속에서 내적 경험들이 드러나도록 해준다는 것은 내담자에게 자기를 더 잘 이해할 수 있는 계기가 주어지는 셈이다. 내적 경험을 외부로 표출함으로써 내담자는 내적 경험으로부터 초연해지며, 이에 관해 생각해보고 실제로 변화시킬 수 있게 된다. 정신분석학은 미술치료의 발전에서 중요한 역할을 담당해왔다. 정신분석학이 무의식과 접촉하고 그것을 이해하는 기법과 이론 체계 모두를 제공했기 때문이다. (Edwards 2004, p. 44)

많은 미술치료사들이 고전적인 정신분석학보다는 정신역동 이론에 가까운 관점을 가지고 있으며, 정신분석학의 전제인 상징이 억압된 무의식적 갈등의 결과로 나타난다는 생각을 거부한다. 그들은 수잔 랭거(Suzanne Langer)의 관점을 따라 상징을 근본적이고 내재적인 자기표현의 한 형태로 본다. 가령 밀너(Milner)는 '상징은 경험을 통합하고 변형시키는 능력을 갖추고 있으며, 긍정적인 것으로 간주해야 한다'고 주장했다. 안나 프로이트는 밀너의 저서에 관해 다음과 같이 말했다.

그림을 그리는 것을 방해하는 장애물을 자신으로부터 제거하기 위한 저자의 시도를 따라해보는 것, 그리고 자유로운 미술적 표현을 만들어내기 위한 진지한 노력을 자유연상 및 정신분석적 치료의 핵심이 되는 무의식의 탐구를 위한 노력과 비교해보는 일은 독자에게 매우 흥미로운 경험이 될 것이다. (Freud 1957, preface to Milner 1957, p. xiii)

그레이스 페일소프(Grace Pailthorpe)는 대상관계 이론에 기초해 멜라니 클라인(Melanie Klein)의 작품을 해석한다. 그녀는 '하나하나의 점과 형태, 모든 색은 무의식적인 의도를 가지고 있으며 고유의 의미가 있다'라고 말했다(Pailthorpe 1938–1939, p. 16). 어떤 그림을 상상해보자. 이 그림은 언덕 위에 있는 집을 묘사했으며, 집의 정면에는 잎사귀가 없는 큰 나무가 있고 이 나무는 오른쪽으로 기울어져 있다. 작고 어두운 출입구에는 대칭 형태의 하얀 공이 웅크리고 있다. 출입구의 왼편에는 발코니가 있으며 그 위에 출입구를 향해 걷거나 뛰고 있는 것으로 보이는 사람의 형상이 있다. 이 그림의 해석은 실제 그림의 내용과는 거의 상관없이 이루어진다.

> 집은 어머니를 상징한다. 그는 공을 훔쳤으며, 공은 유방을 상징한다. 아버지 나무는 쫓아와서 그의 도둑질을 벌하려 한다. 공을 향해서 뻗은 나뭇가지는 아버지의 손을 상징하며, 아버지는 공(유방)을 향해 손을 뻗어 만져보려 한다. 그가, 다름 아닌 아이가 공을 망가뜨렸는지 알아보려고 하는 것이다. (Pailthorpe 1938–1939, p. 11)

안타깝게도 이러한 해석은 대상관계 이론을 환원적이고 교조적인 형태로 적용할 경우 그림의 내용에 압도당할 수 있다는 사실을 보여준다. 미술치료사는 미술재료를 사용할 것을 권장하며 이미지와 관련된 대화를 촉진하려 한다. 대부분의 현대 미술치료사들은 작품을 해석하려 하지 않으며, 특히 위와 같은 방식으로는 해석을 시도하지 않는다. 미술치료사의 해석을 보여주는 또 다른 예시를 살펴보겠다.

> 이것은 본래 '내적 대상'의 나쁜 부분을 분리하려는 그녀의 생각에서 태어났다. …… 패디(Paddy)는 무시무시한 눈초리로 날 쏘아봤고 마치

사악한 마녀를 대하는 것처럼, 마치 유아 시절에 자신을 혼내던 엄마를 대하는 것처럼 대했다. 내가 그녀에게 이 말을 했을 때 그녀는 겁에 질린 채 책상에서 일어나 방구석으로 도망쳤다. …… 마녀 같은 엄마의 이미지가 현실이 된 것이다. 핍박받는 기분에서 벗어나기 위해 패디의 자아는 그녀의 상상 속 대상으로부터 '투사된 가학성'을 전이하려고 시도했다. (Weir 1987, p. 112)

다음은 위 해석에 대한 나의 비평을 그대로 옮긴 것이다.

'패디의 공포는 치료사의 이상한 해석으로 인해 생겼을 수도 있다. 치료사는 패디가 정말로 표현하고 싶어 한 것이 무엇인지에 별 관심이 없었던 것 같다'(Hogan 1997, p. 41).

나는 다른 논문에서 특정한 스키마를 기반으로 한 환원적이고 교조적인 해석이 비생산적임을 지적했으며, 이런 해석이 나타난 수많은 바람직하지 않은 사례를 소개했다(Hogan 1997, 2001, 2003, 2012a, 2012b, 2013a). 나는 프로이트 이론에 관한 상세한 비평이 담긴 연구를 진행했으며(Hogan 1997, 2001, 2012a) 대상관계 이론에 근거를 둔 해석이 어떤 문제를 일으킬 수 있는지를 비판했다(2012b. 이 문제에 관해 더 자세히 살펴보고 싶다면 해당 비평을 참조하길 바란다).

많은 미술치료사들이 해석에 입각한 치료 방식을 비판해왔으며, 그중에서도 데이비드 맥라간(David Maclagan)의 비판이 가장 논리정연하다. 그는 다음과 같이 주장했다.

(적어도 초기의 프로이트 학풍의) 정신분석학자들은 의식을 대신하는 '무의식적' 지향성이라는 허황된 개념을 감쪽같이 만들어냄으로써 미술작

품에 숨겨진 의미를 설명하는 여러 장치를 만들어냈다. 그러나 이러한 장치는 정신분석학자가 창의적 작품을 해석할 수 있다는 거짓된 주장을 뒷받침하는 데 사용되었을 뿐이며, 그들 사이의 치졸한 경쟁을 위한 도구였을 뿐이다. …… 정신분석학이 작품의 무의식을 해석하는 특권을 가지고 있다는 생각은 작품 '외면의' 심미적 표현을 내면의 무의식적인 의미와 분리하는 결과를 초래했다. (2001, p. 13)

프로시(2002) 또한 해석이 문제가 될 수 있음을 인정했다.

'어떤 사람의 해석이 좋은지 나쁜지를 어떻게 알 수 있는가? 그것이 옳은지 그른지는 차치하더라도 말이다. 이는 심각한 문제를 유발할 수 있다'(p. 82).

결국 그는 칼 메닝거(Karl Menninger)의 의견에 동의하게 된다.

정신분석학자란 예언가가 아니며, 마법사도 아니고, 언어학자도 아니고, 탐정도 아니며, 특별히 지혜로운 사람도 아니다. …… 꿈을 '해석'하는 사람은 그저 조용한 관찰자이자 듣는 사람이며, 가끔 해설자 역할을 하는 사람이다. …… 그는 꼭 필요한 경우에만 적극적으로 참여하며, 이는 '개입'이란 말로 표현된다. 개입은 무언가를 해석하는 것일 수도 있고 아닐 수도 있다. 개입은 중단을 위한 행위가 될 수도 있고 그렇지 않을 수도 있다. 개입이란 분석가가 치료를 돕기 위해 말할 때 이루어지는 것이다. (Menninger 1958, cited in Frosh 2002, p. 82)

제4장

분석심리학적(융 심리학) 미술치료

Analytical(Jungian) art therapy

분석심리학은 '융 심리학'이라고 볼 수 있다. 분석심리학은 칼 구스타프 융(Carl Gustav Jung, 1875~1961)의 연구에서 비롯되었으며, 정신분석학이라 불리는 프로이트 심리학과는 중요한 차이가 있다. 융은 1913년에 프로이트와 결별해 그때부터 자신만의 이론을 발전시켰다. 이 장에서는 융의 이론과 접근법의 발전 과정을 살펴볼 것이며, 특히 융 심리학 분석가로서 미술 중심 접근법을 창시한 아이린 챔퍼노운 박사(Dr. Irene Champernowne, 1901~1976)의 이론을 중점적으로 살펴볼 것이다. 프로이트의 정신분석학과 융의 분석심리학은 이미지를 대하는 태도에서 큰 차이가 있으며, 이는 두 접근법을 구분하는 근본적인 차별점이 된다(Hogan 2001). 리비도(libido, 인간이 기본적으로 지닌 성본능, 성충동)에 관한 융의 생각은 프로이트의 생각과 달랐으며, 그 결과 상징을 인식하는 방식에 있어 두 학파 간에 중요한 차이가 생기게 되었다. 퓌르트(Furth)는 융의 리비도를 아래와 같은 유추를 통해 설명했다.

융이 말한 리비도란 정신적 에너지를 의미하며, 격렬한 정신 작용으로서 고유한 심리적 가치를 지닌다(Jung 1976, pp. 455–456). …… 융은 정신적 에너지의 점진적인 속성을 물의 흐름에 비유했다. 본질적으로 흐르는 물은 멈출 수 없고 물은 위에서 아래로 흐른다. 이론적으로, 충분한 양의 물이 고여 정체된다면 우리는 퇴행을 경험하게 된다. 물은 다른 장소와 연결되어 서서히 흘러갈 수도 있고 계속해서 고일 수도 있지만, 결국에는 한계치에 도달하고 새로운 방향을 향해 터져나가게 된다. 이는 심리학에서 말하는 점진적인 발달 과정에서도 동일하게 나타난다. 리비도에는 발달과 퇴행이 모두 필요하다. 극과 극이 존재하므로 서로 균형을 이루는 것이다. 둘 중 하나가 없다면 다른 것도 존재하지 못한다. ……

치료사는 경각심을 가지고 환자의 무의식적인 에너지의 흐름을 주시해야 한다. 이 흐름은 무의식적인 이미지를 통해 확인할 수 있다. (Furth 2002, p. 4)

보상적 에너지는 상징 속에서 생성되며, 보상적 상징은 유용한 것으로 여겨진다. 이 모델에서 회화적 상징은 무의식에서 만들어지며, 의식을 보상하거나 보충하는 기능을 하고, 어떤 사람이 삶에서 간과하는 부분을 잠재적으로 돌아보게 한다. 상징에 관한 이러한 태도에는 중요한 의미가 있으며, 이를 통해 분석심리학적 미술치료의 이론과 실제가 어떤 식으로 형성되었는지 알 수 있다. 따라서 융의 보상 이론을 자세하게 살펴볼 것이며, 실제 미술치료와 어떻게 연관되는지도 살펴볼 것이다. 프로이트와 마찬가지로 융 또한 방대한 저술을 남겼으며 그 저술에 관한 수많은 논란이 현재까지도 이어지고 있다. 그러므로 이 장에서는 분석심리학적 미술치료사들에 의해 받아들여진 융의 사상에 초점을 맞춰 미술치료사들이 어떤 식으로 융의 이론을 받아들이고 그것을 기반으로 미술치료 기법을 만들었는지를 살펴볼 것이다.

분석심리학적 미술치료
모델의 발전사

위디미드(Withymead)는 영국 최초의 미술치료 공동체였다. 1940년대부터 1950년대에 영국에서 미술치료에 깊은 관심을 가진 사람들은 모두 위디미드에 대해 알고 있었다. 그렇기 때문에 분석심리학적 미술치료의 발전사를 살펴보기 위해서는 당연히 위디미드를 먼저 살펴보아야 한다. 미술치료사라는 별개의 직업이 탄생하던 그 시절에 분석심리학적 미술치료는 그 시기를 대표하는 이론적 스키마였다. 위디미드는 1942년에 자발적으로 설립되었으며, 이후에 엑시터시티가 심각하게 폭격을 받아 파괴되었으나 달리 돌아갈 곳이 없는 일부 환자들은 계속 남아 있었다. 위디미드의 설립자인 아이린 챔퍼노운(Irene Champernowne)에게는 개인 치료실이 있었는데, 당시의 심각한 전쟁 상황을 생각해볼 때 그것은 매우 실용적인 발명품이었다(비록 그 시기에 의료 공동체에 관한 실험이 진행되곤 했지만). 챔퍼노운은 초창기 미술치료에 전문성을 부여했으며, 국립정신건강협회(the National Association of Mental Health: NAMH)가 주관하는 일부 연구에도 참여했다. 위디미드는 이 시기 영국에서 미술치료의 발전을 주도한 가장 중요한 기관이었으며, 논란의 여지는 있지만 미술치료사라는 직업이 탄생하는 데 크게 기여했다.

위디미드의 직원이 되려면 심도 깊게 융 학파의 정신분석을 받아야 했다. 위디미드에 도움을 청하러 온 사람이 충분히 분석을 받고 나서 직원이 되어 다른 사람을 돕는 일이 비일비재했다(Hogan 2001, pp. 220-231). 치료사나 예술가와 같은 전문가도 위디미드에서 정신분석을 통해 작업에 관한 깊이 있고 창의적인 통찰을 얻고자 했다. 그렇다 보니 위디미드에서는 초기 형태의 미술치료 교육과정을 비공식적으로 제공하게 되었다(Champernowne and Lewis 1966, p. 164). 챔퍼노운은 '이 표현법(미술치료)이 지닌 치유의 힘을 직접 경험해보지 않고선 진정한 치유사나 미술치료사가 될 수 없다'고 강조했다(1963, p. 104). 환자와 치료사를 특별히 구분하지 않았던 것은(그곳에 거주하는 사람들은 모두 '거주인'이라고 불렸다) 위디미드만의 특징이었으며, 분석심리학 기관들의 공통된 특성이었다. '분석 대상자(analysands)'는 취리히 심리학 클럽(1913~1948)의 모임에 참여할 수 있었으며, 이는 위디미드에서도 마찬가지였다(Hogan 2001, p. 231). 또 위디미드는 런던의 분석심리학 클럽과도 친밀한 관계를 유지했다.

위디미드 공동체의 작업은 매주 열리는 직원위원회를 중심으로 이루어졌다. 이 회의에서는 환자들에 대한 논의가 이루어졌으며, 모든 직원들의 참여 하에 '환자의 위기나 문제의 심각성'이 공동체의 사정과 연관되어 논의되었다. 이 회의의 기저에는 '환자의 인격 내 서로 다른 부분들이 여러 구성원들과 맺은 각각의 관계를 통해 나타나며 이러한 전이(transference)는 관찰 가능하다'는 전제가 깔려 있었다. 즉 어떤 사람의 전체상을 파악하려면 그 사람과 타인 사이의 관계를 반드시 살펴보아야 한다. 사람 사이의 거래와 같은 관계까지도 고려해서 말이다. 회의 참여자들의 자유로운 논의는 환자의 개인적인 어려움을 해결하기 위한 방법으로 간주되었으며, 그 어려움을 알아차리지 못한다면 환자에게 악영향을 미칠 수 있다고 여겨졌다(Champernowne and Lewis 1966, p. 165).

라틴어 trans(트랜스)를 '횡단(across, 이 경우에는 사람 사이에 일어난 횡단)'의 의미로, transact(처리하다)를 '문제를 관리하고 매듭짓는 것'으로 간주한다면 직원위원회는 공동체의 감정적인 문제를 관리하고 매듭짓는 공간이라고 볼 수 있을 것이다. '전이의 발전은 그들의 인격을 온전히 표현하기 위한 수단으로서 장려되었다. 전이는 긍정적인 신호로 받아들여졌으며, 직원 사이의 긴밀한 소통을 통해 환자의 전체상을 그리는 데 사용되었다'(Hogan 2001, p. 249). '사람과의 관계에서 감정 요소를 바꾸면 그 사람을 변화시킬 수 있다', 미술치료는 이 틀 안에서 발전했으며 정신역동적 분석은 그 틀의 핵심이었다.

이론의 축: 보상 이론

스튜디오(치료실)에서 미술치료가 어떤 식으로 기능하는지를 온전히 이해하려면 무의식의 '보상 기능'이라고 불리는 개념을 정확하게 이해해야 한다. 보상 기능은 '유기체의 자동 조절(항상성homeostasis) 기능이라고 정의되어 왔다. 보상은 균형, 조정, 보완을 의미한다'(Samuels et al. 1986, p. 32).

퓌르트는 보상의 기본 개념에 관해 다음과 같이 설명했다.

> 가령 어떤 느긋하고 온화하며 자아정체성이 없고 가끔 무시당하며, 그래서 때때로 무의식적으로 분노를 느끼는 사람을 예로 들어 설명할 수 있다. 이 사람은 결코 분노를 표현하지 않지만 말없이 분노를 갈무리한다. 후에 그는 싸우고, 때려 부수고, 꿈속에서 사람들을 해치는 꿈들을 꾼다. 이러한 꿈들은 보상 기능을 수행한다고 볼 수 있다; 이 꿈들은 의식 차원에서 지나치게 소극적인 태도를 보상해주고 분노의 에너지를 잘 흐르게 해 그의 정신이 균형을 유지하게 한다. (2002, p. 9)

코리(Corrie)는 융의 주요 지지자로서, '의식 차원에서의 과도해진 성격적 특질은 무의식 차원에서 그와 정반대되는 것들에 의해 보상될 것이다'라고 말했다(1927, pp. 14-15).

융은 '마음속에서 억압된 것은 환자의 의식적 노력에 의해 배제되고 억제되지만 무의식 속으로 침전되어 의식과 정반대되는 것을 형성한다고 믿었다. 그는 무의식에서의 보상 행위란 의식에서의 불균형적인 성향을 균형 상태로 만들어주는 행위를 의미한다고 보았다'(Samuels et al. 1986, p. 32). 그러므로 의식적 억압이 심해질수록 무의식적인 반발이 심해지는데, 이는 언젠가는 결국 의식 속으로 뚫고 올라온다.

> 무의식적인 반발은 의식적 성향이 강해질 때마다 강화되며, 결국 의식적인 행동 자체를 방해한다. 그리고 무의식에서 억압된 것은 충분히 강화되어 꿈이나 자발적인 이미지나 증상으로 나타난다. 보상 작용의 목적은 두 정신세계를 잇는 가교 역할을 하는 것으로 보인다. 이 가교는 바로 상징이다. 상징은 의식적으로 그것을 인정하고 이해해야 보상 작용으로서의 효과가 발휘된다. 즉 상징이 효과적이려면 의식에 동화되고 통합되어야 한다. (Samuels et al. 1986, p. 32)

상징이 두 정신세계를 잇는 가교 역할을 하면서 정신세계의 균형을 이루는 데 도움이 된다고 생각한 것으로 보아 상징에 대한 분석심리학의 관점은 긍정적이다.

콩스탕스 롱(Constance Long)은 융의 초기 연구의 주요 지지자로서, 융의 무의식에 관한 관점을 설명하면서 '정신분석학에서는 상징이 소망 실현과 관련된 원시적 본능이라는 협소한 범위 안에서 작동한다고 본다. 반면 융은 상징, 즉 창의적인 마음(creative mind)이 기능하는 보다 광범위한 범위에서 이루어지는 균형 잡기'라고 지적한다.

> 그는 상징을 창의적인 마음 상태를 유지하기 위한 것, 균형 잡기의 경향이 있는 것으로 생각했다. …… 억압은 성적이거나 원시적인 본능만이 아니라 생각과 감각, 직관 등 다양한 정신 작용에서 무시되고 평가 절하된 모든 것들과 관련이 있다. (Long 1920, p. iv)

샴다사니(Shamdasani 1995)는 '롱과 코리(Long and Corrie)의 작업이 합쳐져 영국에서 융의 이론을 이해하는 방식이 되었다. 이는 그 당시 영국에서 융의 이론이 어떤 식으로 이해되었는지를 반영한다'라고 했다.

롱은 융의 분석심리학과 프로이트의 정신분석학의 차이를 설명한다. 프로이트의 관점에서 무의식은 소망의 실현을 제외한 어떠한 것도 알지 못하며 오직 '원시적 성향'을 보일 뿐이다. 반면 융의 관점에서 꿈과 신경증을 포함한 모든 정신적 현상은 정신적 에너지 혹은 리비도의 발현이다(융은 리비도를 특별한 의미로 사용했는데, 대략 '생명 에너지'라고 정의할 수 있다. Corrie 1927, p. 19). 무의식은 중요한 정보를 제공하며 '의식의 일방성'을 보상할 수 있다고 여겨졌다(Jung 1953, p. 73).

위디미드 공동체에서는 직관형, 감정형, 감각형, 사고형 등 사람의 성격유형에 관한 연구도 이루어졌다. 이 연구에서는 전체 성격 중에서 덜 의식적인 부분이 꿈이나 미술작품에 나타날 수 있다고 했다. 융은 자기의 무의식적인 부분에 귀를 기울이는 것이 건강(good health)을 위한 최선의 방법이라고 생각했다. 만일 억압되지 않았더라면 무의식은 자아를 적절히 규율하는 기능을 수행할 수 있었기 때문이다. 코리는 성격의 어떤 부분이 너무 오랫동안 무시당하게 되면 '무의식의 밑바닥으로 침전해 원시적 상태의 문화가 되며', 그래서 '파괴적 힘'이 될 수 있다고 했다(1927, p. 56).

현대의 분석심리학적 미술치료사들 역시 이러한 보상 개념을 사용한다. 다음은 보상이 치료에서 어떤 의미를 가지는지에 관한 퓌르트의 설명이다.

융의 보상 이론은 그의 대립 이론을 기초로 만들어졌다. 치료사는 내담자에게 어떤 행동도 강요해선 안 되며, 환자의 무의식적인 여행의 길동무가 되어야 한다. 내담자의 정신적 자기조절 기능이 필요한 경우에 스스로 균형과 조정 작용을 할 것이라고 믿어야 하며, 내담자의 무의식이 스스로 삶에 대처할 것이라 믿고 지켜봐야 한다. 융의 보상 이론에서는 '무의식이 의식을 보충하거나 보완한다'고 암시하며, 그래서 항상 균형을 이루기 위해 필사적으로 노력한다고 말한다. (Furth 2002, p. 8)

퓌르트는 이미지에 관한 분석심리학의 관점을 다음과 같이 설명했다.

> 무의식적인 상징은 의식과의 관계에서 항상 보상이나 보충 기능을 한다. 만약 의식의 태도가 편파적이어서 삶의 어떤 부분에는 깊이 관여하는 한편 다른 부분은 배제한다면 보상 에너지가 무의식적인 상징으로 나타나게 된다. 보상적 상징은 이 무시된 부분을 대변하며, 꿈이나 환상을 통해 나타나든 그림으로 나타나든 무시되던 부분에 대해 의식적인 관심을 촉구하고 의식의 태도를 바꾸려고 노력한다. 무시된 부분은 항상 어떤 식으로든 관심을 갈구한다. 그러므로 상징은 치유 효과가 있으며, 삶의 균형과 완전성을 위해 분투한다. (Furth 2002, p. 9)

이 설명은 상징의 역할에 관한 정신분석학과 분석심리학의 관점에 커다란 차이가 있음을 보여주고, 넓게는 무의식을 바라보는 관점이 서로 다름을 의미한다. 융의 모델에서 미술작품에 드러난 무의식은 삶의 질을 높이는 긍정적인 것이지만, 정신분석학에서는 부정적인 것으로서 소망 실현이나 해소되지 않은 성적 욕구와 관계있다고 본다. 이는 프로이트의 사상에서도 마찬가지이다. 그러므로 분석심리학의 관점은 프로이트 학파의 관점에 비해 미술작품의 제작에 훨씬 우호적이라고 할 수 있다(Hogan 2001, p. 239).

이는 분석심리학과 정신분석학 간에 환자의 이미지를 받아들이고 이론화하고 해석하는 접근법 사이에 근본적으로 양립할 수 없는 차이가 있음을 보여준다. 코리는 '프로이트와 융의 관점은 전체적으로 양립할 수 없다'고 했다(1927, p. ix).

기저 이론:
집단적 의미와 상징주의

초기 분석심리학 미술치료사들은 상징의 의미에 관한 연역적 해석을 거부했다. 비록 일반적인 상징을 원형적(보편적으로 나타나는 신화적 이미지를 담고 있는 것)이라고 여기긴 했지만 말이다. 그러나 프로이트와 융은 모두 상징의 집단적 의미에 관해 고찰했다. 프로이트는 초기 정신분석학 연구에서 이에 관한 수많은 교조적 해석을 남겼으며, 이 해석은 연역적 가정에 기반을 두고 있었다. 『꿈의 해석』에서 프로이트는 발기한 남성의 성기는 나무줄기, 우산, 칼, 단검, 창과 같은 형태로 상징화될 수 있다고 했다(1977, p. 470). 이와 유사하게 여성의 자궁은 상자, 보관함, 금고, 찬장, 오븐 등의 형태로 나타날 수 있다고 보았다(Freud 1977, p. 471). 이러한 일반화에는 '꿈속의 방은 보통 여성을 의미한다'와 같은 것도 포함된다. 이 터무니없는 일반화야말로 프로이트의 상징 해석에 관한 연구에서 가장 의문의 여지가 남는 부분이다. 다음은 1900년에 처음 발간된 『꿈의 해석』에서 발췌한 예시다.

침실, 욕실, 주방, 거실 등이 붙어 있는 스위트룸으로 들어가는 꿈은 매음굴이나 하렘을 방문하는 꿈과 같다. …… 계단, 사다리, 이와 유사한 모든 오르내리는 행위는 성행위를 상징한다. 남자가 꿈속에서 (종종 몹시 불안한 채로) 오르는 매끄러운 벽이나 그가 타고 내려오는 집의 정면은 발기된 남자의 신체에 해당하며, 어린 시절 부모나 유모를 올라타던 것을 회상하는 꿈에서 아마도 반복적으로 나타난다. 이 '매끄러운' 벽은 남성이다. …… 책상이나 음식이 차려진 식탁, 판자는 여성을 나타낸다. …… 여성의 모자는 종종 성기를 의미하는 상징으로 해석될 수 있다. 남성의 꿈에서 넥타이는 종종 남근의 상징으로 나타난다. (Freud 1977, pp. 471-473)

이와 유사하게 프로이트는 거세가 이발, 참수, 이 빠지는 것과 같은 상징으로 묘사된다고 주장했다. 이는 무의식적 상징에 관한 롱의 주장과는 전혀 다른 접근법이다. 롱은 '상징에는 정해진 의미가 없다'고 말한 반면 프로이트는, 비록 후기에 그의 이론을 수정했지만, 상징을 교조적으로 해석했으며 그의 추종자 중 일부는 여전히 그 방식을 따르고 있다(Hogan 1997).

융 학파에서도 환원적인 해석의 몇몇 증거를 찾을 수 있지만 롱은 이렇게 주장한다. '스위스 학파에 있어서, 꿈속 상징의 의미는 개인적이며 다양하게 해석된다. 비록 상징 중에 많은 것들은 세상 어디든 등장하는 전형적인(typical) 것들이지만 의미가 절대 변하지 않는 상징은 존재하지 않는다. 여러 상징 중에서 세상 모든 곳에 존재하는 공통적인 상징, 즉 전형적인 상징이 바로 원형(archetypes)이다'(Long 1920, p. 120).

이 주제에 관해 광범위한 토론이 이루어졌지만 여기에서 그 내용을 모두 요약하는 것은 불가능하다. 독자들을 수많은 이론과 개념의 늪에 빠뜨리는 것을 바라지 않기에 여기에서는 분석심리학 개념들 간에 생길 수 있는 마찰, 즉 꿈속의 상징은 '개인적'이지만 동시에 '원형적'이며 '집단적'이라는 상호모순되어 보이는 개념에 대해 살펴보고자 한다(Hogan 2001, p. 241). 원형은 인류의 '원시적 역사'와 연결된 '민족적 역사'의 일부로 볼 수 있으며, 집단무의식(collective unconscious)에 포함되어 있는 '원시적 이미지와 본능들'과 연결되어 있다(Long 1920, p. 200). 코리는 집단무의식을 '조상 대대로 이어온 수없이 많은 세월 동안 반복된 경험들의 저장고'로 이해했으며 '뇌에 각인된 채 대대로 전해졌으며, 꿈속에서 다시 나타날 수 있다'고 했다(Corrie 1927, p. 16). 그러므로 유아의 뇌는 백지 상태(tabula rasa)가 아니며, 그 속에는 신화의 '원시적 이미지'나 '원형'이 각인되어 있다고 보았다.

상징이 문화적 맥락에서 의미를 가지고 있다는 생각은 적어도 표면적으로는 합리적인 것처럼 보인다. 그러나 일부 이론가들은 집단무의식의 의미를 너무 확대해 사용하는 경향이 있다. H. G. 베인즈(H. G. Baynes)는 융의 주요 지지자로서 원형의 범주에 속하는 '모성애'나 '영웅적 투쟁'과 같은 정신 상태가 어떻게 이미지를 통해 나타나는지를 연구했다. 이러한 형태의 일반화에 분개한 에른스트 크리스(Ernst Kris)는 융이 '저급한 개념적 틀'을 가지고 연구한다고 비난했다(Kris 1953, p. 15).

상징적 물질이 원형의 의미를 증명한다고 여기지 않았던 챔퍼노운은 이미지에서 문자 그대로의 '의미'와 '개인적인 의미'를 밝혀내려고 지속적으로 노력했다(Henderson 1980, p. 2). 그러므로 챔퍼노운이 '융과 분석자인 토니 볼프(Toni Wolff)를 모두 납득시키는 데 성공한 것을 사소한 사건으로 받아들여선 안 된다. 챔퍼노운은 두 사람에게 자신의 그림이 자신과 볼프 사이에 존재하는 무의식적인 부분을 나타내는 중요한 의미가 있다고 납득시켰다'(Henderson 1980, p. 2). 만약 이것이 사실이라면 융과 볼프는 미술치료가 사실적인 정보와 개인적인 정보를 모두 제공할 수 있다는 점을 인정했다고 볼 수 있다(Henderson 1980, p. 1). 다시 말해, 융은 미술작품 속 상징의 원형적 속성에 관한 생각과 확충 이론을 재고하려고 했다. 확충 이론은 융의 상징 해석 방법론으로 상징의 개인적 맥락을 신화적 주제들과 연관 지음으로써 은유적 상징의 의미를 보다 명확하게 만드는 것(혹은 풍부하게 만들어 확충하는 것)을 말하는데, 경우에 따라 이러한 확충 작업이 적용되지 않을 수도 있음을 인정했다는 의미다.

비록 융은 이미지가 집단무의식에서 파생된 신화적 모티브를 가질 때 원시적 속성을 띨 수 있다고 믿었지만, 동시에 개인적 이미지가 존재할 수 있음을 인정한 것이다. 이에 대해 융은 '개인적 이미지는 원시적인 성격이나 집단적인 의미가 없다. 무의식적인 내용물이나 개인적으로 의식한 상황을 나타낼 뿐이다'라고 서술했다(Jung 1976, p. 443).

그러나 상징적 물질이 개인적일 수도 있다는 관점은 당시의 융 학파 기관들이 받아들이지 않은 것으로 보인다. 융은 이때 일생의 마지막 무렵을 보내고 있었으며, 해당 기관들과 별다른 교류가 없었기 때문이다(Hogan 2001, p. 242). 위디미드가 확충의 개념을 어떤 식으로 받아들였는지는 다음 부분에서 서술될 것이다. 이는 롱(1920)의 관점으로 '절대불변의 의미를 가진 상징은 없다'는 것이 주요 내용이다. 이 관점은 초기 분석심리학 미술치료사들 사이에 널리 퍼져 있었다. 더 나아가 이러한 관점의 차이는 그들이 '확충'이란 용어를 사용한 방식에 반영되어 있다.

퓌르트는 상징에 숨겨진 의미를 이해하는 것에 대해 다음과 같이 말했다.

상징은 너무나 심오하고 복잡하기 때문에 태생적 한계를 가진 의식으로는 그 의미를 즉각적으로 이해할 수 없다. 그런 관점에서 볼 때 상징은 알지 못하고 알 수도 없는 요소를 동반하며, 형언할 수 없고, 종종 신령

스러운 성질을 가지고 있다. 그러나 중요한 사실은 상징은 존재 그 자체로 우리에게 상징 속에 감춰진 의미의 일부를 알려주거나 느끼게 한다는 것이다. 아는 것과 모르는 것 사이의 마찰은 의식과 무의식 사이에 존재하며, 그 속에는 엄청난 정신적 에너지가 흐르고 있다. (Furth 2002, p. 9)

스튜디오 미술치료 접근법

치료에 예술을 활용하려는 도전적인 시도는 융에게서 시작되었다. 융은 정신분석에 대해 '치료가 중요하지만 환자의 창의성을 계발하는 것이 더 중요한 문제'라고 말했다(1963, p. 16). 그래서 위디미드의 스튜디오는 미술재료를 사용해 인간 고유의 본성에 대한 실험 작업이 이루어지는 곳, 즉 자기계발을 목적으로 한 '영혼을 위한 체육관'으로 간주되었다. 이 작업을 거주자들은 '완전히 새로운 종류의 경험을 하는 것'으로 생각했다(Stevens, BBC Radio 1984, cited in Hogan 2001, p. 238). 융은 예술을 단순한 활동이 아니라 대단한 활동으로 생각했고, '예술 작업에 몰입하는 것은 자신의 진정한 성향에 관해 고찰하는 유동적 상태이며, 외적으로 고정되거나 속수무책으로 고착화된 상황에서 벗어나 성장하고 변화하는 심리 상태를 만들어내는 것'이라고 생각했다(Jung 1954, cited in Champernowne 1963, p. 98). 미술활동의 '자아를 강화하는 기능' 역시 강조되었는데, 스튜디오에서 작품을 제작함으로써 '화가는 자신을 하나의 개체로 새롭게 인식하고 …… 그의 신경증은 사라졌다. 그리고 자존감과 자립심을 배우게 된다'라고 표현되었다. 더 나아가 미술작품을 만드는 것은 환자 자신에게는 '삶의 기념비를 만드는 것'과 같다고 간주되었다(Champernowne and Lewis 1966, p. 6).

이 접근법은 챔퍼노운이 애지중지한 개념인 무의식이 미술작품을 통해 '말할 수 있다'는 것을 기초로 한다. 그녀는 미술을 이용해 언어적 심리치료에서 나타나는 과도한 지적 분석을 피할 수 있으며, 자아와 '무의식의 목소리'를 직접 연결할 수 있다고 생각했다(Champernowne, BBC Radio 1975, cited in Hogan 2001, p. 238). 융은 이 관점을 지지했으며, 미술작품에 나타난 상징적 내용물의 세세한 모든 점들을 자아가 완전히 의식하지 않고서도 이를 자신의 것으로 소화해낼 수 있다고 말했다. 어떤 사람이 자신의 미술작품에 나타난 세부적 사항들을 이해하지 못한다면 그것은 자아 때문일 수도 있다는 점을 시사했다.

> 그러한 일이 일어나는 경우는 자아가 미술작품의 상징의 의미를 명확히 해주는 데 필요한 이론적 전제들과 관점, 개념을 제대로 사용하지 못할 때다. 이러한 경우에는 말없이 많은 것을 암시하는 감정을 느끼는 것으로 만족해야 하며, 이는 똑똑한 대화보다 더 값지다. (Jung 1916, cited in Hogan 2001, p. 238)

미술작품은 꿈에서 유래할 수 있다. 챔퍼노운은 종종 심리치료 회기에서 거주자 한 사람에게 '돌아가서 그림을 최대한 많이 그릴 것' 혹은 '그림을 (만드는 것을) 통해 꿈을 크게 확대해서 볼 것'이라고 말하곤 했으며, 혹은 '꿈의 파편들을 떼어내서 그 꿈을 종이 위에 그림으로, 시로, 춤으로, 마임 동작으로, 모형 만들기로, 음악으로 다시 꿈꾸어볼 것을 제안했다.

챔퍼노운은 '창의적 매체를 통한 자기표현은 꿈과 유사하며, 여기서 분명하게 표현되는 것은 사람들의 삶에 관한 상징이지만 많은 경우에 삶의 이면을 나타내는 상징이며, 이러한 개인의 감춰진 무의식적인 측면을 보상하거나 보충하는 기능을 한다'라고 했다(Hogan 2001, p. 239).

이 모델에서는 예술작품이 자아의 여러 측면들 사이에서 가교 역할을 수행할 수 있다. 융은 상징을 '의식에 의해 파악되지 못한 복잡한 진실을 표현할 수 있는 최선의 수단'으로 생각했다(Jung 1953, p. 75). 챔퍼노운의 생각인 '도화지 위에서 꿈을 꾸는 것'은 융의 생각과 매우 유사하며, 실제로 그녀는 이 구절이 융의 생각에서 따온 것이라고 말했다(Champernowne 1973, p. 22). 융은 꿈을 그리는 것의 가치에 관해 다음과 같이 말했다.

> 모호한 내용물을 명확하게 이해하기 위해 그것을 시각적 형태로 표현할 필요가 있다. 그림을 그리거나 모형을 만듦으로써 말이다. 많은 경우에 우리의 손은 지성이 풀지 못한 수수께끼를 푸는 방법을 알고 있다. 우리는 형상을 만드는 것을 통해서 깨어 있는 상태에서 더 자세히 다시 꿈꿀 수 있으며, 만들어진 작품은 처음에는 이해할 수 없는 고립된 사건이지만 전체 인격(정신)의 영역에 통합된다. 비록 그것이 처음에는 이해하기 어려운 무의식적인 상태에 머물러 있을지라도 말이다. 이를 미학적으로 공식화(formulation)하려는 것, 즉 작품의 미적 가치를 따짐으로써 그 의미를 한정시키는 것, 자세히 말하면 감춰진 의미를 발견하려는 그 어떤 생각도 포기하게 만드는 것과 같다. (Jung 1953, p. 87)

이 말은 미술작품을 만드는 것이 잠재적인 치료 효과가 있으며, 대화를 통한 분석이 수반되지 않을 때도 치료 효과가 있다는 점을 시사한다. 융은 감정장애를 시각적인 형태로 표현하는 것이 활력을 주는 효과가 있다고 했으며, 이는 장애를 일으키는 감정을 구체적이거나 상징적인 형태로 재생산하기 때문이라고 했다(Jung 1953, p. 82). 그는 다음과 같이 서술했다.

> 그림에 재능을 가진 환자는 다양한 표현 방식으로 그들의 기분을 표
> 현할 수 있을지도 모른다. 그러나 그림이 기술적으로 혹은 미적으로 훌
> 륭하느냐는 전혀 중요하지 않다. 그저 가능한 모든 것이 표현되었느냐가
> 중요할 뿐이다. …… 작품은 의식과 무의식 모두에 영향을 받아 창조되
> 는데, 빛을 보기 위해 열망하는 무의식의 치열한 노력을, 그리고 구체화
> 되기를 바라는 무의식의 치열한 노력을 가시화한 것이다. (pp. 82-83)

'능동적 심상화(active imagination)'라는 용어는 1935년 융에 의해 처음
사용되었으며, 눈을 뜬 채 꿈을 꾸는 과정을 의미한다. 환자는 특정한 기
분이나 그림, 사건에 집중하며 떠오르는 일련의 공상을 따라가게 된다. 공
상의 내용은 그려지거나 기록될 수 있다. 이미지는 그 자체로 생명을 가지
고 있으며 자신의 논리에 따라 발전해간다(Samuels et al. 1986, p. 9). 1932
년에 화가 피카소에 관한 에세이에서 융은 자신의 관점을 다음과 같이 서
술한다.

> 의식의 뒤편에는 절대적인 공허가 존재하는 게 아니라 무의식이 존재
> 하며, 이는 의식에 안팎으로 영향을 준다. …… '안에서의 영향'은 보이
> 지 않으며 상상조차 할 수 없는 것이지만 그럼에도 자아에 명백한 영향
> 을 미친다. 나는 '안에서의 영향'으로 고통받는 환자들을 유도해 이를 그
> 림의 형태로 최선을 다해 나타내도록 했다. 이 표현 기법의 목표는 무의
> 식적 내용물에 접근해 환자가 이를 이해할 수 있게 하는 것이며, 치료 효
> 과는 의식과 무의식이 분리되는 위험한 상황을 방지하는 것이다. 의식과

무의식의 분리는 증상으로 발전될 수 있기 때문이다. (Jung 1964, p. 136)

융에 의하면, '전면으로 드러나지 않는' 정신 작용을 그림으로 표상하는 것은 당장은 알지 못하는 것의 의미를 거칠고 개략적으로 표현하는 방법이다(Jung 1964, p. 136).

이러한 생각이 미술치료에 반영되면서 미술치료는 근본적으로 비지시적이며, 미술치료사는 내담자의 자연적 치유 과정을 돕는 사람으로 간주되었다. 에드워즈(Edwards)는 이것을 '불간섭의 원칙'이라 불렀다. 미술치료사는 '치료 과정을 촉진하는' 역할을 수행할 뿐 '무언가를 놓칠 위험'이 있더라도 개입해선 안 된다고 생각되었다. 달리 말해, 치료사의 통제적인 자세가 환자 스스로 치유하는 것을 방해한다면 치료사가 개입하지 않는 것이 더 낫다는 것을 의미한다. 이 기저에는 '현재의 문제는 내버려두어도 머지않아 전면에 안전한 방식으로 드러날 것이다. 이것은 치료사가 간섭하는 것보다 더 안전하다'는 가정이 깔려 있다(Lyle 1995, cited Hogan 2001, p. 245). 미술치료 스튜디오는 치료를 촉진하는 환경의 일부이며, 융은 스튜디오를 '유년기의 순수성을 간직한 안정감을 주고 도피처가 되고 상호간의 사랑이 이루어지는 믿음과 신뢰의 공간'으로 만들라고 권장했다(Jung 1930, p. 82, cited in Hogan 2001, p. 249). 융 심리학의 분석가이기도 한 챔퍼노운은 미술치료사의 역할을 '미술작업을 분석하지 않고 작업 과정이나 대화에 참여하지 않음으로써 지속적으로 표현하도록 돕는 것'으로 보았다. 점진적으로 의식적 이해가 이루어져야 하지만 미술작품을 만드는 행위 그 자체가 치유 과정이라는 것이다(1963, p. 99). 위디미드에 소속된 미술치료사인 리하르트 프리체(Richard Fritzsche)도 이와 동일한 관점을 가지고 있었다. 그는 미술치료를 '자연스러운 것'이며 '자연스러운 언어의 형태'라고 생각했다. 그는

심리상담 이론과 미술치료

미술치료가 그림의 내용이 완전히 의식에 동화되지 않았을 때에도 효과적이라고 여겼으며, 치료 과정을 '그림이 사람에게 말을 건다. …… 그림은 자신의 잊힌 부분과 접촉하려는 것이다'라고 묘사했다(Fritzsche 1995, cited in Hogan 2001, p. 258).

이러한 기법에 크게 감명받은 도로시 엘름허스트(Dorothy Elmhurst)는 위디미드에 관해 다음과 같이 서술했다.

> 나는 이 기법이 예술치료 분야에 새로운 발전을 불러올 열쇠가 될 것임을 강하게 느낀다. 무의식에는 질병뿐만 아니라 치료법도 함께 들어 있으며, 예술이 사람의 인식되지 못했거나 억압된 측면을 자발적으로 묘사하는 언어를 제공해준다는 사실은 매우 분명하다. (1952, cited in Young 1982, p. 213)

미술치료사인 엘리자베스 콜리어(Elizabeth Colyer)는 그녀의 접근법을 다음과 같이 설명했다.

> 당신이 누군가의 그림에 관해 말하는 것은 그 그림에 담긴 영혼이 당신에게 말하는 것에 비하면 별로 중요하지 않다. 나는 모든 그림에는 제작자의 고유한 표현이 담겨 있음을 잊지 않으려 노력한다. 그 사람이 아니었다면 누구도 그러한 그림을 그리지 못했을 것이다. 모든 작품은 고유한 창작물로서 대접받아야 한다. (cited in Stevens 1986, pp. 4-5)

또 다른 미술치료사인 노라 고드프리(Norah Godfrey)는 그림을 '개인 성장의 일부'라고 서술했으며 '보다 전인적인 인격을 만들어내는 수단'이라고 표현했다(cited in Hogan 2001, p. 259). 마이클 에드워즈(Michael Edwards)는 위디미드에서는 모든 미술작품을 존중했다는 사실을 강조했다. 그는 다음과 같이 말했다.

> 때로는 당신이 그림에 관해 아무 말을 하지 않더라도 상관이 없다. 그림의 존재를 느낄 수 있으니까 말이다. 이 말이 뉴에이지 풍의 허튼소리처럼 들릴지도 모르지만 그것과는 분명 다르게 느껴질 것이다. …… 당신이 그림 속에서 뭔가 말하고 있다는 사실을 깨닫게 됨으로써 당신이 말하는 방식이 바뀌게 된다. (Edwards 1995, cited in Hogan 2001, p. 259)

고드프리는 미술치료사의 역할을 '위디미드의 거주자를 도와 그들 내면의 치유 작용인 자기조절 작용이 이루어지게 하는 것'으로 분명히 했다. 즉 거주자들은 자기조절 작용을 통해 '겉으로 난 상처가 자연스럽게 치유되듯' 내면의 상처도 치유되며, 치료사들은 이 과정을 서둘러선 안 된다고 했다. 그녀는 무의식이 '막대한 힘'을 가지고 있다고 여겼다(Godfrey 1995, cited in Hogan 2001, p. 261). 미술치료를 권장한 정신과 의사 커닝햄 댁스(Cunningham Dax)는 화가(혹은 미술치료사)가 수동적인 역할을 해야 한다고 말했다(1948, p. 11). 그러나 전술한 바와 같이 정신역동적 모델을 사용하는 미술치료사들은 치료를 촉진하기 위해 적극적으로 개입하며, 따라서 수동적이지 않다. 그렇지만 정신역동적 미술치료사들도 강도 높은 치료를 할 때만큼은 조심스럽고 극도로 세심하게 접근한다. 미술 매체를 이용해 무의식 혹은 하부 의식의 이미지를 외부로 표출시키는 것은 정신적 물질을 상징적 형태 안에 집어넣는 것으로 여겨진다.

창작자는 의식의 이미지를 더욱 의식적으로 경험할 수 있으며, 이 이미지와 관계를 맺고 함께 살아갈 수 있게 된다. …… 맹목적인 인식은 더 이상 존재하지 않는다. 내면에 있던 것이 이제는 외부에 존재하기 때문이다. …… 그러나 여전히 그것이 창작자 자신에게 속해 있다고 느끼고 싶어 한다. (Champernowne 1963, p. 98)

내면의 물질을 외부로 표출하는 행위는 자신과 내면의 물질 사이에 거리감을 만들지만 이를 통해 내면의 물질의 영향을 명확하게 느낄 수는 있다. 비록 그것을 완벽하게 이해하진 못하더라도 말이다.

상징은 또한 물질적 자기표현의 수단으로서 상징이 아니고서는 어떤 방식으로도 표현할 수 없는 것을 표현할 수 있다. 1951년에 쓰인 아이린(Irene)의 분석에서 그녀는 '나는 당신이 계속해서 그림을 그리길 바랄 뿐입니다. 이러한 경험을 표현할 다른 구체적 방법이 없다는 사실이 분명하기 때문입니다'라고 말했다(Wolff 1951, cited in Champernowne 1963, p. 19).

고드프리는 직관 기능과 감각 기능이 대체로 평가절하되고 있다고 생각했다. 내향성과 외향성의 중요성을 인식하는 것 또한 그러하다. 고드프리는 내향적인 사람에겐 '외부 세계의 지식도 필요하지만 내면의 낯선 세계, 오늘날에는 거의 버려진 영적인 세계에 관한 지식도 필요하다'고 했다(1996, cited in Hogan 2001, p. 279). 프리체는 성향의 차이를 인식하는 것은 '사람들과 그들의 욕구를 연관 지어 생각할 수 있게 한다는 점에서 가치가 있다'고 했다(Fritzsche 1996, cited in Hogan 2001, p. 276). '균형(balance)'에 관한 담론은 유행했고, 그림은 '사람의 내부에서 작동하는 자기치료적 자동조절 기제'로 간주되었다(Champernowne 1949, p. 14).

치료적 개입

이미지를 만드는 것은 자연스런 과정이며, 이미지는 그 자체로서 존중되어야 함에도 불구하고 미술치료사들은 교묘한 방식으로 개입을 해왔다 (Edwards 1995, cited in Hogan 2001, p. 259). 위디미드의 모든 직원들은 기능의 유형에 관한 융의 사상을 잘 이해하고 있었으며, 그 가운데는 앞서 설명한 보상 기능이 포함되었다. 어떤 사람의 정신 유형은 그가 제작하는 미술작품의 종류에 영향을 미친다고 여겨졌다. 의식의 기능을 나타내는 네 가지 유형은 사고 기능(사물이 무엇인지 알아내는 기능), 감정 기능(사물이나 관점, 견해의 가치를 평가하는 기능), 감각 기능(감각에 반응해 그것이 무엇인지 알아내는 기능), 직관 기능(의식적인 증거 없이 무엇이 일어날지 가늠하는 기능)을 의미하며 '어떤 사람의 의식 유형과 성향이 내면과 외부 세계에 영향을 미친다'고 간주되었다(Samuels et al. 1986, p. 153). 네 가지 의식의 기능 유형은 종종 네 개의 사분면을 가진 다이어그램으로 표현되며, 네 가지 기능 모두 꼭 필요한 것으로 간주된다.

이 기능들은 모두 자의식에서 비롯된다. 하지만 하나의 기능이 습관적으로 사용되어 다른 기능을 배제할 수 있다. 배제된 기능은 미숙하거나, 발달하지 않거나, 유치하거나, 원시적인 상태로 남아 완전히 무의식적으로 변하거나 자아로 통합되지 않을 가능성이 있다. 그러나 각 기능은 식별되며, 제한적이긴 해도 통합될 수 있다. (Samuels et al. 1986, p. 155)

이 생각은 미술치료의 전제가 된다. 달리 말해, 어떤 사람의 의식 기능의 형태가 어느 한 쪽으로 치우쳐 있다면 미술작품을 만드는 것을 통해 다른 기능을 전체 인격에 통합시킬 수 있다. 즉 미술활동이 보상 행위로 사용될 수 있다.

또 공동체 차원에서 정신역동성이 강조되었다. 가령 스튜디오에서의 실용적인 작업(점토로 공동체에서 사용할 컵이나 그릇을 만드는 것 등)이 강조되었으며, 이는 내면의 동요를 크게 겪는 환자에게 도움이 된다고 여겨졌다. 이 경우에 미술치료는 언어적 분석을 보충하는 기능을 한다고 볼 수 있다. 달리 말해 언어적 분석은 환자를 지나치게 격앙시킬 수 있으므로 미술치료를 함께 사용해 '외부' 현실을 이해하는 것이 중요하다는 것을 더욱 강조할 수 있다. 이때 초상화, 정물화, 풍경화 등을 사용할 수 있다. 미술치료는 이런 식으로 '내면의 엄청난 소요'를 보충하거나 균형을 잡아주는 수단으로 사용될 수 있다.

미술치료사는 그림에 관해 말하는 것으로 내담자와 담론을 할 수 있으며, 이는 확충(여기에서의 확충은 분석심리학에서 정의된 것과는 미묘한 차이가 있다. 원형의 식별이 주목적이 아니기 때문이다)의 형태로 이루어진다. '환자는 마음속 물질을 즉시 받아들이고 실험적 관점에서 논의할 수 있다. 이는 사용된 상징을 지적으로 해석하는 것과는 다르다'(Champernowne 1949, p. 14). 예시를 하나 보자. 열네 살 소년이 침몰하는 배를 그렸다. 소년은 그림을 통해 가라앉는 배가 다름 아닌 자신이라는 사실을 알았다. 비록 자신의 끔찍한 상황을 직접 말로 표현하진 못했지만 말이다. 그림의 '언어'에 들어가는 것, 그림의 색조에 녹아드는 것은 아이린에 의하면 '구명정이 구조를 하는 것'과 같다. 그녀는 이 행위를 소년의 '연극(drama. 외부 현실을 인식하는 소년의 주관적 현실)'에 참여해서 '공상 속의 소년(the boy in fantasy. 소년의 자기 self)'을 안심시키는 것으로 보았으며, 이는 '소년의 문제에 감정적으로나마 공감해줌으로써' 이루어졌다(Champernowne 1974, p. 22). 이 기법은 '확충'이라 불리며, 오늘날에도 분석심리학 성향의 미술치료사들 사이에서 사용된다(McNiff 2004, p. 79).

다음은 프리체가 어떤 미술작품에 관해 자세히 서술한 기록이다. 이 기록은 이미지에 대한 환기적이고 구체적인 반응을 보여주므로 비록 긴 설명이지만 인용할 가치가 있다. 이 기록은 초기 융 학파 미술치료사가 어떤 식으로 이미지를 대했는지 잘 보여준다.

환자는 자신이 한밤중에 도시 위에서 꽁꽁 묶인 채 둥둥 떠 있다고 묘사했다. 금색 띠가 그녀의 왼손에서 오른손으로 움직이며 그녀의 몸을 휘감았다. 그녀의 머리카락은 이상하게도 기괴한 푸른빛을 내뿜었으며, 그녀의 머리를 중심으로 사방으로 뻗쳐 있어 마치 선풍기가 회전하는 것처럼 보였다. 이는 공기 속에 뿌리와 같은 무엇인가가 존재하며, 그것에 의해 그녀가 꼼짝 못 하게 된 상태임을 나타낸다. 그녀는 바람에 실려 아래쪽에 위치한 인간 세상 밖으로 날아왔다. 바람과 공기는 영혼의 세계와 자연스럽게 연결되어 있었다. …… 그녀의 눈에선 붉은 광채가 뿜어져 나왔고, 그 속에서 강렬한 열망과 열정이 그녀의 지성과 어우러져 살아 있는 것처럼 소용돌이쳤다. 이 모든 것은 그녀가 묘사한 자신의 상태와 연관되어 있다. 그녀의 육체는 묶여 있으며, 점차 잊혀지고, 육신의 욕망은 실현되지 않고 있다. 또한 그림의 배경이 밤이기 때문에 우리는 수많은 별과 우주 그 자체를 보게 된다. 일상의 평범한 세계는 영혼 세계의 어두운 배경 속으로 자취를 감추었다. 환자는 풀려나 다른 세계로 향하게 된다.

이 그림은 그녀가 태어나기 전의 상태로 돌아간 것을 암시한다. 그녀의 몸은 껍질 속의 씨앗처럼 묶여 있으며 그 속에서 생명의 싹이 자라고 있다. 씨앗은 곧 땅에 떨어져 삶의 새로운 단계를 시작할 것이다. 만약 그렇게 된다면 우리는 '천상'과 '지상'의 힘 모두를 회귀적 충동으로 이해할 수 있을 것이며, 하나는 영혼의 세계에 속한 것으로, 다른 것은 본능의 세계에 속한 것임을 알게 될 것이다. (Fritzsche 1964, cited in Hogan 2001, pp. 271-272)

챔퍼노운은 이 여성에게 이런 말을 했다고 회상했다.

'당신은 계속해서 우주를 떠돌 순 없습니다. 반드시 지구로 내려와야만 합니다'(Fritzsche 1996, cited in Hogan 2001, p. 272).

프리체의 기록을 읽어보면, 위디미드에는 다음과 같은 영적인 믿음이 있었음을 알 수 있다.

이 이미지를 영적이지 않은 방식으로 해석하는 것은 그다지 어렵지 않은 일이었을 것이다. 가령 그녀는 자신이 여성의 역할에 묶여 있다고 느끼고, 그녀 아래의 남성우월적인 도시에서 살 권리를 박탈당했다고 해석한다든가, 그녀의 붉은 눈동자로 억압된 분노를 나타내고 있다든가 하는 식으로 말이다. 그렇기에 프리체의 분석은 영적인 재탄생에 관한 것으로 받아들일 수밖에 없다. (Hogan 2001, p. 272)

이 믿음은 스튜디오에서 이루어지는 작업의 형태에 반영되며 제작자의 '영혼'에도 반영된다. 내담자는 치유 작용의 일환으로 그의 영적인 측면에 접촉하길 권장받았지만, 영적인 측면은 실제로는 치유 과정에서 무의식으로부터 생성되는 것인지도 모른다. 환자의 미술작품은 '영적인' 무의식적 작용을 나타낸다고 생각되었으며, 그림은 '영적인 소재'로 만들어진다고 생각되었다(Fritzsche 1996, cited in Hogan 2001, p. 289). 위디미드에서 무의식은 영혼, 심지어 신과 동의어로 사용되었던 것이다.

이 장에서는 분석심리학 모델의 주요 개념을 명확히 설명하려고 시도했다. 가령 '보상', '능동적 상상', '원형', '기능 유형'과 같은 것을 설명했으며 상징에 관한 이론을 보상의 의미와 연관 지어 살펴보았다. 이는 초창기 분석심리학 미술치료사들의 그림에 관한 믿음을 보여준다. 그림이 어떤 식으로 내담자의 무의식에 관한 구체적이고 개인적인 정보를 나타내는지를 말이다. 그리고 이러한 관점의 차이를 통해 그들이 전통적인 정신분석학에서 다소 일탈했음을 살펴보았다. 그러나 융은 이 주제에 관한 자신의 관점을 스스로 수정한 것으로 보인다. 미술치료는 자연적 치유 작용의 일부로 받아들여졌으며, 근본적으로 영적인 죽음과 재탄생에 관한 것으로 여겨졌다. 위디미드에서 무의식은 경애의 대상인 동시에 두려움의 대상이었으며 잠재적으로 위험한 것으로 여겨졌다. 그러나 미술치료사가 섬세한 방법으로 개입한다면 거주자의 자기표현을 도울 수 있으며, 그들이 무의식에 압도당하는 것을 막을 수 있다고 생각되었다. 분석심리학적 미술치료가 영적인 색채를 지니고 있음은 부정할 수 없으며, 대체의학을 표방하는 반문화운동(counter-cultural movement)의 일부로 볼 수도 있을 것이다.

분석심리학 치료사들 사이에서는 상징을 의식적으로 이해하는 것이 치료에 필요한지에 관한 논란이 있다. 일부 치료사들은 상징이 일체의 의식적인 이해 없이도 통합될 수 있다고 생각하는 반면, 다른 치료사들은 상징을 의식적으로 해석해야 한다고 주장한다.

상징의 치유 능력을 어떻게 해야 활성화시킬 수 있을까? 우선 이를 의식화하고 상징적 에너지가 흐르게끔 해야 한다. 그렇게 하려면 상징에 시간을 투자해야 한다. 상징을 그림으로 표현하거나, 일지에 적거나, 의식적 차원에서 연상하고 확충하는 것이 상징의 치유 능력을 활성화하는 수단이다. (Furth 2002, p. 11)

전술했다시피 퓌르트는 '상징적 물질은 비록 느껴지기는 하지만 그 의미가 명확하지 않을 수 있다'는 사실을 분명하게 인정했다.

'자연적' 작용을 통한 치료라는 분석심리학적 미술치료의 개념은 현대에 지배적인 치료 방식으로 자리 잡은 의학 사조인 전인적(holistic) 치료 방법의 일환으로 이해할 수 있다. 실제로 항상성과 균형은 전인적 치료의학의 중요 개념으로서 이는 융의 보상 개념 도식의 핵심 개념이기도 하다. 현대 분석심리학 미술치료사들은 '예술이 치료한다', '창의성이 영혼을 낫게 한다'고 외친다. 비록 정신을 드러내는 더 난해한 다른 치료 방식이 여전히 '삶을 긍정하는 목적'을 가지고 있다고 믿어지지만(McNiff 2004, p. 97).

제5장

게슈탈트 미술치료

Gestalt art therapy

게슈탈트(gestalt)에 대해 정의하기는 쉽지 않다. 다양한 접근법과 치료법을 통합해 만들어졌기 때문이다. 게슈탈트는 우선 불교의 종파인 선종(Zen Buddhism)의 영향을 받았으며, 모레노(Moreno) 심리극의 영향도 받았다. 로어 '로라' 펄즈(Lore 'Laura' Perls 1905~1990)와 프레데릭 '프리츠' 펄즈(Frederick 'Fritz' Perls 1893~1970)는 게슈탈트 치료법의 대표적인 옹호자였으며 심리학 및 사회심리학 연구를 진행했다.

프리츠 펄즈는 본래 의학을 전공했으나 이후에 비엔나에서 정신분석학을 배우고 1928년에 학위를 마쳤다. 유대인이었던 그는 나치의 박해를 피해 처음에는 남아프리카로 향했으나 이후에 미국으로 이주한다. 그는 '인간관계 심리학'에 관심을 두고 프로이트의 이론에 찬성하거나 반대한 수많은 이론가들의 연구에 관심을 갖게 되었다. 여기에는 아들러(Adler), 프롬(Fromm), 설리반(Sullivan), 라이히(Reich) 등이 포함되었는데 이들 중에서 라이히는 후기 연구에서 카타르시스를 강조했다. 곧이어 프리츠 펄즈가 장 이론(Field theory, 사람과 환경 사이의 상호작용 패턴을 살펴보는 이론)과 지각(perception) 이론에 관심을 두었는데 그것은 로라 펄즈(당시에는 로어 포즈너Lore Posner)의 영향이었으며, 1930년에는 그녀와 결혼까지 한다. 그녀는 프랑크푸르트대학교에서 게슈탈트 심리학 박사학위를 마쳤으며 현대 게슈탈트 치료법의 상당 부분은 그녀의 사상에서 비롯되었다고 할 수 있다(Sills et al. 2012). 그녀는 특히 '문답식' 치료 기법을 만드는 데 기여했으며, 이는 게슈탈트 접근법의 독창적인 특징이 되었다. 이 기법은 치료 과정에서 어떤 일이 벌어지는지에 관해 말하는 것으로, 일반적인 상황에 관한 것이 아니라 그 순간의 현실에서 일어나는 것들에 대해 얘기한다(Houston 2003, p. 20).

배경 이론:
전체성(wholeness)을 추구하는 경향

게슈탈트 심리학자들은 인간의 전체적 기능에 관심을 갖는다. 독일어 gestalt(게슈탈트)는 '전체 형상이나 모습', '조직화된 전체(organized whole)', '전반적 형태' 등으로 다양하게 번역되지만 정확한 번역은 존재하지 않는다. 이 이론은 '장 이론'이라고 불린 20세기 연구에 기원을 둔다. 장 이론은 의미를 만들어내는 맥락의 중요성을 강조한다(Lewin 1935, 1951). 코브와 공저자들(Korb et al. 1989, p. 1)은 중요한 핵심적 요소로 사건(things), 사건의 맥락(context)이나 상황(enviorment), 그들 사이의 관계를 꼽았다. 맥락과 사건은 모두 눈으로 볼 수 없는 것들이다. 실즈와 공저자들(Sills et al)은 다음과 같이 말했다.

> 사람은 하나의 전체이며 신체, 감정, 사고, 감각, 행동, 지각(perception), 맥락으로 이루어져 있다. 이 모든 기능들이 서로 연관되어 전체를 만들어낸다. 이러한 사고는 정신-신체, 머리-심장, 개인-집단, 인간-환경 등의 이원성을 강조해온 서양식 사상의 반대 명제이다. (2012, p. 11)

우리는 관계의 망 혹은 '장'에서 태어나며(Ullman and Wheeler 2009), 장은 서로 연결되어 있다. 우리는 매 순간 끊임없이 '상호경험'을 만들고 있다. 실즈 외의 학자들(2012)은 이 분야의 선구자인 커트 르윈(Kurt Lewin)의 이론을 인용해 이를 더욱 깊게 설명한다.

'사람은 환경과 관계를 맺는 동시에 환경에 포함되어 있다. 우리가 환경을 어떤 식으로 인식하고 경험하느냐는 그 순간의 필요(needs)에 의해 결정된다. …… 장에서 일어나는 작은 변화가 장 전체를 바꾸게 된다'(p. 71).

현대의 복잡계(complex system, complexity system) 이론가 외의 여러 사람들은 '우리는 사람들과 계속해서 상호작용하며, 관계 속에서 패턴을 만드는 동시에 그 패턴에 의해 만들어진다'고 말한다(Sills et al. 2012, p. 71).

맥퀸(Mackewn)은 게슈탈트 장 이론의 주요 원칙을 다음과 같이 요약했다.

1. 인간을 개별적으로 이해할 수는 없다. 사회·문화적 배경과 생태적 환경과 연관된 통합적이고 상호작용적인 전체로서 이해해야 한다.

2. 장은 개인과 환경 사이의 모든 상호작용적인 현상들로 구성되며, 장의 모든 측면은 잠재적으로 중대한 의미를 지니고 서로 연결되어 있다.

3. 인간의 행동은 하나의 원인에 의해 결정되지 않는다. 그보다는 장 속에서 맞물리는 힘(interlocking forces)에 의해 결정된다.

4. 장과 장 속에서 작동하는 힘은 유동적인 상태로 존재한다. 그러므로 우리는 자신이 속해 있는 장을 꾸려나가고 이해하는 방법을 매 순간 변화시킨다. 즉 인간은 장에 관한 자신의 관점을 계속해서 바꾼다.

5. 인간은 그의 상황(혹은 장)에 관한 관점을 적극적으로 구성하거나 재구성한다. 이는 장의 어떤 측면은 중시하고 다른 측면은 배경으로 돌리는 과정, 또는 그 정반대의 과정을 지속적으로 거치면서 이루어진다. 필요나 이해관계에 따라 장을 구성하는 것이다.

6. 인간은 경험하는 사건에 개별적인 의미를 부여한다.

7. 이러한 방식으로 인간은 자신의 환경을 만드는 데 기여하며 그 속에서 삶을 경험한다(사람들은 함께 장을 만들며 자신의 삶에 관한 실존적 책임을 갖게 된다. 최소한 자신의 삶의 의미를 결정지을 수 있게 되는 것이다).

8. 인간의 행동과 경험은 현재에 일어나며, 어떤 사람의 행동은 그 순간의 장을 통해서만 설명될 수 있다.

9. 장의 모든 부분은 서로 연결되어 있으므로 어느 한 부분에서 일어나는 변화는 전체 장에 영향을 미치게 된다.

(1997, p. 49)

게슈탈트 심리학은 지각(perception)에 관한 여러 이론들에 의해 크게 발전했다. 특히 '완성을 위한 무의식적 충동(urge to complete)'이라고 상정된 아포페니아(apophenia)라는 현상을 밝히는 데 기여했다. 아포페니아는 서로 무관한 현상들 사이에서 패턴을 찾아내려는 경향성을 의미한다 (Mackewn 1997, p. 15). 인간에겐 천성적으로 '지각적 자극에 의미를 부여하려는' 충동이 있다(Mackewn 1997, p. 15). 예를 들어 원형으로 늘어진 점을 볼 때 우리의 마음은 원을 보게 된다. 이러한 '구멍을 메우고 싶어 하는' 경향은 인간이 천성적으로 불완전한 것에 만족하지 못함을 나타낸다. 실즈 등은 이 과정에 관해 다음과 같이 말했다.

우리가 상황이나 게슈탈트가 가진 여러 요소 가운데 오직 일부만을 보게 된다면 나머지 부분을 보고 완성하고 싶은 자연스러운 욕망을 마음에 품게 될 것이다. …… 가령 '코끼'라는 단어를 본다면 당신은 아마 자동적으로 '리'를 마음속에 떠올리게 될 것이다. 우리는 불완전한 것, 끝나지 않은 사건에 만족하지 못한다. (2012, p. 4)

우리는 이 개념을 은유적으로 확장해 우리의 정서적 삶을 설명할 수 있다. 이 개념은 '우리는 정서적 삶을 완전하게 만들거나 의미를 부여하려는 강력한 선천적 본능을 갖고 있다'고 가정한다. 실제로 우리는 마무리되지 않은 감정적인 사건 때문에 심란해한다(Mackewn 1997, p. 15). 이러한 현상은 이를 최초로 발견한 심리학자의 이름을 따서 '자이가닉 효과(Zeigarnick effect)'라고 불린다.

> 그것들(끝나지 않았거나 불완전한 것들)이 어떤 형태인가는 중요하지 않다. 사건이든 대화, 감정 혹은 자의식이든 간에 그것은 우리의 개인적, 직업적 삶에 끊임없이 영향을 미치며 그 순간 벌어지는 일에 온전히 집중하는 것을 방해한다. (Sills et al. 2012, p. 4)

중요한 것은 우리는 해결되지 않은 감정적인 사안을 마무리하고 싶어 하는 선천적 충동을 가지고 있다는 것이며, 치료사의 역할은 내담자가 마무리 짓지 못한 일에 대처할 수 있게 돕는 것이다.

자기조절 유기체

한 비평가가 '제 정신이 있는 정신분석학(sane psychoanalysis)'이라고 부른 프리츠 펄즈(Fritz Perls)의 초창기 연구는 프로이트의 연구와 기법을 개정한 것으로, 인간 유기체가 균형이나 안정 상태를 유지하려고 필사적으로 노력한다고 가정했다. 이 이론의 주요 개념은 '유기체는 균형의 유지를 위해 끊임없이 노력하지만 이 균형은 우리의 욕구로 인해 끊임없이 깨지고, 욕구의 만족 혹은 제거를 통해 복구된다'는 것이다(Perls 1947, p. xvii). 그리고 이러한 소요는 우리의 내부나 외부 모두에서 비롯될 수 있다고 보았다.

이 개념은 부분적으로는 신체의 항상성 과정에 근거를 둔다. 항상성은 끊임없이 신체를 재조정함으로써 유기체를 안정시키려는 작용이다. 가령 우리는 체온을 유지하기 위해 땀을 흘린다. 이는 무의식적으로 이루어지는 신체 현상으로, 인간은 이러한 자기조절 기능을 가지고 있다고 간주되었다. 현대 게슈탈트 치료사들이 인지한 것처럼 하나의 지배적인 욕구가 생성되는 것이 아니라 여러 가치나 욕망이 서로 경쟁을 할 것이다. 비록 펄즈는 지배적인 욕구는 항상 한 가지라고 일관되게 주장해왔으나, 하나 이상의 욕구들 사이에서 망설임이 있을 수 있다는 점을 인정했다. 이러한 '유기체에서 일어나는 복합적인 사건들'은 '본능적'인 것들이다(그렇지만 펄즈는 '본능적'인 것을 가장 중요한 요인으로 보는 기존의 관점에 반대했다). 이 모델은 각 유기체마다 서로 다른 욕구를 가지고 있다는 점에 있어서는 개인주의적이다.

> 유기체가 작동하는 과정에서 어떤 사건은 매 순간 유기체의 균형을 어지럽히는 경향이 있지만, 균형을 되찾으려는 경향도 동시에 일어난다. 우리는 이러한 경향을 강도에 따라 갈망, 본능적 충동, 욕구, 욕망, 열정 등으로 부를 수 있으며 이를 주기적이고 반복적으로, 그리고 효과적으로 실현하게 되는 것을 습관이라고 부른다. (Perls 1947, p. 29)

펄즈는 내적 소요에 관해 다음과 같은 예시를 들었다.

1. 나는 소파에 누워 졸고 있다. 이때 유기체는 휴식 상태에 있다.
2. 재미있는 무언가를 읽고 싶다는 욕구가 의식을 뚫고 올라온다. 이는 소요를 일으키는 요인이 된다.

심리상담 이론과 미술치료

3. 나는 어떤 서점을 기억해낸다. 펄즈는 이를 이미지의 생성(the creation of image)이라고 부른다.

4. 나는 그 서점에 가서 책을 산다. 이는 소요에 대한 '응답(answer)'이다.

5. 나는 책을 읽고 있다. 이 욕구의 '충족(gratification)'은 내면의 긴장을 완화시킨다.

6. 나는 충분히 만족했다. 책을 옆으로 치운다. 이는 유기체가 원래의 균형 상태로 돌아간 것으로 볼 수 있다.

(Adapted from Perls 1947, p. 43)

치료의 관점에서 충족된 욕구는 퇴각하는 것으로 보는데, '종결(closure)'의 느낌을 준다. 욕구의 종결은 만족·통합·통찰·완성 또는 슬픔·통찰·포기 등의 감정을 동반한다(Mackewn 1997, p. 16). 욕구가 충족되지 못했음을 인정하고 그와 관련된 감정, 예컨대 좌절이나 실망 같은 감정을 표현하는 행위 또한 욕구 종결에 해당한다. 코브를 비롯한 공저자들은 이 과정을 다음과 같이 묘사했다.

발생한 순간에 즉시 성공적으로 해결되어 완성된 경험은 다른 욕구들이 전경(foreground)에 등장해 해결되기를 요구하면서 그 사람의 경험의 배경(background)으로 사라져간다. 어떤 경험이 확실하게 해결될 때마다 게슈탈트 기능을 만들고 완성시키는 과정이 매우 순조롭게 일어난다. 인생이란 사람들이 현재를 온전히 인식하고 현재 속에서 충분히 기능하는 것, 즉 게슈탈트를 만들고 완성시키는 일련의 과정인 것이다. (1989, p. 5)

징커(Zinker 1977)에 의해 유명해진 게슈탈트 주기(Gestalt cycle)는 그것의 시작이 외부이건 내부이건 일종의 감각적 충격(sensory impact)의 형태로 시작해 강도가 점점 세지면서 자각(awareness)되며, 이윽고 정서성(emotionality)으로 이어진다. 정서성은 정서의 해소를 위한 탐색(search)이나 행동(action)을 위한 계획에 의해 뒷받침되어 결국 실질적인 행동이나 세계와의 접촉(contact)으로 이어진다. 그리고 최종적으로 통합이나 학습이 이루어지며, 이는 다시 정지와 완성(completion)으로 이어진다(adapted from Houston 2003, p. 16).

이러한 자기조절의 원칙은 인간의 모든 활동을 설명할 수 있으며, 지루할 때는 자극을 추구하는 욕구를 발현시키고 과도하게 자극받았을 때는 물러서는 행동을 하는 것 등도 포함된다. 그러나 균형을 추구하는 과정은 역동적이며 끊임없이 유동적이다.

> 외부 사건의 변화와 새롭게 나타난 욕구는 계속해서 변화를 만들며 한 균형점에 오랜 시간 머무는 것을 불가능하게 만든다. …… '평형 유지하기(equilibration)'라고 불리는 균형 레퍼토리의 발달은 규칙적으로 지식이나 행동을 구성하는 새로운 방법을 만들어 기존의 인지 체계에 통합시키는 균형 작용을 통해 이루어진다. …… 항상성을 위한 접근법의 기저에는 '삶은 항상 변화할 뿐 행위의 완성이나 종결에 도달하는 것이 아니다'라는 사실이 깔려 있다. (Korb et al. 1989, pp. 12-13)

게슈탈트 이론에서는 자아에 대해 항상 '진행형'이라고 말한다. 우리는 맥락에 따라 적응하고 변화하는 존재이기 때문이다. 게슈탈트 이론에서 자아는 1927년에 하이데거(Heidegger)가 말했다시피 '다른 사람과 함께 사는 세상에서의 존재(being-in-the-world-with-others)'에 대한 현재의 경험인 것이다. 관계를 맺는 우리의 습관적 방식 또한 그 순간에 나타난다고 여겨진다.

> 어느 순간에 우리가 경험하는 자아는 필연적으로 과거부터 쌓아온 관계 맺기 패턴에 의해 지배되지만 현재의 욕구와 환경의 반응에도 영향을 받고 형태가 정해진다. 그러므로 자아로서의 우리는 맥락의(of) 그리고 맥락으로부터의(from) 발생물(emerges)이다. (Sills et al. 2012, p. 10)

달리 말하면, 게슈탈트는 과거와 미래 그리고 환경 사이에, 그리고 내부 세계와 외부 세계 사이에 관계를 맺어주는 것, 즉 장의 조직화(organization of a field)와 관련된 공식이다(Houston 2003, p. 15).

게슈탈트의 전체성은 인간이 '건강한 자기조절 패턴과 작용'을 유지할 수 있는 자원을 가지고 있다고 본다. 즉 인간이 개인적 건강과 균형을 추구하는 선천적인 욕구(thrust)를 가지고 있으며, 이 욕구는 일시적으로 '막히거나' '거의 죽어 있는 상태'일 수도 있으나 우리의 내면에 존재하는 것으로 간주된다(Korb et al. 1989, p. 12).

게슈탈트 치료 기법

프리츠 펄즈의 연구에서 나타나듯이 게슈탈트 기법은 '여기 그리고 지금에 존재하기(being in the here and now)'를 강조한다. 그는 명백한 것을 '인식하는' 것이 중요하지, 정신분석적 기법과 같이 숨은 의미를 '파헤치는' 것은 중요하지 않다고 주장했다(Perls 1969). 그의 생각은 이렇게 전개된다.

"'완결되지 못한 게슈탈트'가 있을 것이다. 과거 중요했던 것이 이윽고 제 모습을 드러낼 것이며, 가장 중요한 것은 가장 먼저 나타날 가능성이 크다"(Perls 1969). 또한 펄즈는 사람의 본질과 그가 처한 곤경을 빠르게 발견할 수 있다고 주장했다(Perls 1969).

펄즈는 내담자의 작품을 직접 해석하면 역효과를 낳을 수 있다고 보았으며, 말로 표현하는 것은 자기검열의 대상이 된다고 생각했다. 비언어적 표현이 더욱 진실에 가깝기 때문에 게슈탈트 기법에서는 내담자의 제스처에 집중하고 그 의미를 정교하게 해석하며, 심지어 제스처에 발언권을 주기도 한다. 가령 내담자가 특정 주제에 관해 말할 때 얼굴을 가리는 습관이 있다면 이 행동이 분석의 대상이 될 수 있다. 내담자의 손에 '발언권'을 주기도 한다. 가령 '나는 그의 얼굴을 가리고 있어. 왜냐하면 그가 얼굴을 보이고 싶어 하지 않기 때문이야. 비록 자신이 청중 앞에 있음을 스스로도 알고 있지만 말이야'와 같은 손의 응답이 나올 수 있다(Hess 2007).

게슈탈트 치료사들은 상담 평가를 할 때 자신을 향해 현상론적인 질문을 할 것을 권장받는다. 실즈 등은 여기에 사용되는 질문을 다음과 같이 구분했다(2012, pp. 80-81).

1. 관찰 가능한 접촉(contact) 기능
2. 접촉의 범위
3. 경험(experience)의 주기
4. 자아와 환경적 지원
5. 장

다음은 '관찰 가능한 접촉 기능'에 관해 치료사가 자신에게 물어볼 수 있는 질문이다.

- 행동이나 제스처와 관련해 내담자는 어떻게 움직이는가? 뻣뻣하게? 편안하게? 내담자가 많이 움직이는가, 아니면 조용히 있는가?
- 내담자의 목소리와 관련해, 내담자의 목소리가 큰가, 아니면 부드러운가? 냉담한가, 아니면 열정적인가? 유창한가, 혹은 조심스러운가?
- 내담자가 눈을 마주치는가? 지속적으로 응시하는가, 아니면 힐끔거리는가?
- 내담자가 당신의 말을 편안하게 듣고 있는가? 당신의 말을 정확하게 이해하는가? 아니면 못 알아듣는 것처럼 보이는가?

'접촉의 범위'에 관한 질문의 예시는 다음과 같다.

- 내담자가 어떤 방식으로 당신과 접촉하는가?
- 구체적으로 어떠한 종류의 접촉인가?
- 내담자는 당신에게 즉각적으로 반응하는가? 아니면 산만하거나 냉담하게 반응하는가?
- 내담자가 언제, 어떤 식으로 당신과의 접촉에 변화를 주었는가?

'경험의 주기'에 관한 질문의 예시는 다음과 같다.

- 내담자는 감각이 있으며, 그것을 인지하고 있는가? 내담자는 자신의 욕구를 충족시키기 위해 에너지를 동원할 수 있는가? 내담자는 계획을 세우고 그것을 실천할 수 있는가? 내담자가 어떤 행위를 만족스럽게 마

칠 수 있는가? 그 후에 그 행위를 의식적으로 중단할 수 있는가?

- 접촉 주기에 관한 변화 가운데 당신이 알아차린 것은 무엇인가?
- 당신이 알아차리거나 내담자가 직접 말한 마무리되지 않은 일이나 고 정된 게슈탈트는 무엇인가?
- 내담자의 말 속에서 관계를 맺는 방식에 관해 어떤 패턴이 나타났는 가? 그와 타인과의 관계에 관해서? 그와 당신과의 관계에 관해서?

'자아와 환경적 지원'에 관한 질문은 다음과 같다.

- 내담자는 어떤 식으로 숨을 쉬는가? 깊고 편안하게 숨을 쉬는가? 자 기에 대해 믿으며 세상에 대한 믿음, 즉 자신을 위한 영양분을 공급할 환경의 능력을 믿는가?
- 내담자는 자신의 경험을 다스리고 조절할 수 있는가? 내담자가 자신 이 앉은 의자의 등받이를 편안하게 여기는가?
- 내담자가 당신의 피드백을 무시하는가? 혹은 지나치게 의존하는가?
- 내담자는 자신을 지지하는 친구나 가족의 네트워크가 있는가?

다음은 '장'에 관한 핵심적인 질문이다(실즈의 질문을 소폭 수정했다. 2012, pp. 80-81).

- 지금 이 순간, 내담자에게 영향을 미치는 상황은 무엇인가?
- 내담자의 상황에서 보이는 문화적, 사회적, 조직적, 성적 의미는 무엇 인가?
- 당신은 내담자를 대하면서 어떤 느낌이나 이미지를 갖게 되었는가?

- 당신은 내담자를 좋아하는가? 그 이유는 무엇인가?
- 당신이 그를 대할 때 당신의 몸은 어떻게 반응했는가? 당신이 관찰한 것이 확실하지 않을 수 있다는 사실을 잊지 말라.

휴스턴(Houston)은 평가에 관한 내용을 더욱 간결하게 요약했다.

> 내담자에게 필요해 보이는 것이 무엇인지 기록하는 것, 효과적일 것으로 보이는 개입은 무엇이고 비효과적일 것으로 보이는 개입은 무엇인지를 기록하는 것, 구체적인 상호작용의 내용을 기록하는 것, 그리고 위 목록에 적힌 모든 것들의 관점에서 치료사의 행동을 조정하는 것 등은 지속적으로 이루어져야 하는 평가 과정이다. 이러한 평가 과정은 유동적인 게슈탈트 형성 작업에서 더 분명하게 나타난다. (Houston 2003, p. 27)

논란의 여지가 있지만 휴스턴의 전체론적인 접근 방식이 실즈 등이 위에 제시한 여러 요소를 분리하는 방식(2012)에 비해 게슈탈트 철학에 더욱 부합한다. 내담자는 전체론적인 인간임에도 불구하고 실즈 등이 그와 관련된 모든 세부사항을 따로 떼어서 알아보고자 하는 이유는 이를 초보 연습생에게 설명할 때 긴장감이 유발되기 때문이다. 맥퀸(Mackewn)은 이 딜레마를 다음과 같이 요약했다. '당신은 내담자를 부분으로 나누어 연구하거나 치료할 수 없다. 이러한 행위는 반드시 당신이 파악하고 싶어 하는 그 사람에 대한 핵심적 실체를 무의미하게 만들어버리기 때문이다'(1997, p. 43). 실즈와 공저자들(2012)이 주장한 스키마에 대해서는 그들이 언급한 세부적 제안을 따르는 과정에서 내담자의 게슈탈트가 가진 의미를 놓칠 수 있다는 비판이 있다. 맥퀸은 다음과 같이 암시했다.

전체론적으로 작업하려면 내담자를 호기심과 경이감으로 바라볼 수 있어야 하며, 어느 정도는 아름다운 강가나 바닷가의 풍경을 보는 것처럼 바라볼 수 있어야 한다. 타인의 필요에 진정으로 응답하는 치료사가 되려면 전체론적 존재로서 내담자의 신비로움에 감화되도록 우리 스스로를 허용해야 할 필요가 있다. 이처럼 심오한 전체론적 관점으로 작업하는 것은 마치 명상하는 것과 같으며, 내담자는 물론 그가 당신에게 미치는 영향을 충분히 받아들이는 것이다. 이는 듣기에는 간단해 보이지만 전체로서 타인을 받아들이는 개방성을 개발하는 것은 쉽지 않다. 왜냐하면 우리 대부분은 추측하고 분류하도록 훈련받았기 때문이다. …… 우리는 종종 내담자의 문제가 무엇이고 어떤 해결책을 제시할지에 관한 생각으로 가득 차 있기 때문에 내담자를 전체로서 있는 그대로 받아들일 수 있는 여지가 거의 없다. (1997, p. 43)

게슈탈트 치료법에는 세 가지 주요 요소가 있다.

- **연결하기**(connecting): 초기 탐색, 치료의 주제를 만들고 협의하는 과정, 치료 관계를 형성하는 과정이 포함된다.
- **탐구하기**(exploring): '지금-여기'에서 생겨나는 현상들을 내담자의 과거 역사적 맥락과 연결 짓는 것이 포함된다. 내담자와 함께 치료 주제를 탐구하는 것, 실험을 이용해 내담자의 자기인식 수준을 높이는 것 등도 포함된다.
- **통합하기**(integration): 현실에서 지속적으로 실험하기, 신체적으로

내재화된 경험을 신뢰하도록 가르치기, 인격이 성장하는 것을 살펴보고, 검토하고, 인정해주기, 치료 관계를 마무리 지으면서 장래에 대한 지원 관계 만들기 등이 포함된다.

(Adapted from Sills et al. 2012, p. 84)

어떤 사람은 '고정된' 게슈탈트를 발달시켜왔거나, '불완전한' 게슈탈트를 가질 수도 있다. 그 고착된 인식의 결과로 놀라게 하고 싶은 욕구, 신선해 보이고 싶은 욕구, 반전을 꾀하고 싶은 욕구, 가장하고 싶은 욕구 등이 생길 수 있는데 이는 다양한 비언어적 방식으로 이루어진다(Houston 2003, p. 19). 라인(Rhyne)은 '미술작품을 만드는 것은 게슈탈트 치료법과 잘 어울리며, 통합적인 치료 기법'이라고 주장한다.

이때 게슈탈트적 미술활동은 당신이 당신만의 복잡하고 개인적인 미술품 형식을 만들어내는 행위이다. 사건으로서 당신이 창조하는 미술작품에 몰입하는 것, 당신의 작품활동을 관찰하는 것, 당신이 만든 그래픽 창조물을 통해 당신의 지금 모습뿐만 아니라, 당신이 원하는 미래의 모습을 만드는 데 있어 동원 가능한 대안적 방식을 인식하는 것 등이 게슈탈트적 미술활동이다. (Rhyne 1996, p. 9)

게슈탈트 미술치료

게슈탈트 미술치료에는 여러 가지 유형이 있다. 비지시적인 접근법으로서

'내담자와 함께 존재하기'를 강조하는 유형부터 좀 더 지시적인 접근법으로서, 가령 지금 내가 설명하려는 존 버치넬(John Birtchnell)에 의해 고안된 것과 같이 언어적 심리치료의 부속물이나 보조 장치로 사용되는 미술치료 기법도 있다.

존 버치넬은 자신이 고안한 치료 모델의 작동 방식에 관해 다음과 같이 말한다.

> 내가 고안한 미술치료 기법의 장점은 내담자의 삶에서 중요한 사람들을 종이 위에 외현화시킬 수 있다는 것이다. 이 방법을 이용해 내담자는 그들을 살펴보고 그들과 대화할 수 있다. …… 내 목표는 내담자가 즉석에서 최대한 빨리 스케치를 하는 것이다. 수많은 말이 그림을 둘러싼 채로 적혀 있는데, 그것은 중요한 사람에 관한 내담자의 말과 더불어 그 사람에게 자신이 했던 말이나 그들이 자신에게 했던 말들이 결합되어 나타난 것이다. 또 그림을 빠르게 그릴수록 더욱 정확한 그림이 만들어지는 경우가 많은 것 같다. 즉 사람들에 관한 연필 스케치를 하며, 빠르게 그릴수록 더욱 정확한 묘사가 이루어진다. 나는 '내적 나(inner me)'라는 용어를 자동적인 자아를 설명하기 위해 사용한다. 내적 나는 내가 간섭하지 않는 한 나를 대신해 그림을 그려준다. 나는 간섭하는 나를 '외적 나(outer me)'라고 부른다. (Birtchnell, personal correspondence, 10 April 2013)

버치넬(Birtchnell)은 말하는 것과 이미지를 만드는 것은 두 개의 다른 인지 작용을 포함한다고 지적한다.

일반적으로 시각은 사물 전체(wholes)를 향하지만, 말은 사물의 부분 (fragments)에 머문다. 그래서 어떤 사물에 관한 그림은 그것은 묘사한 말과는 사뭇 다르다. 파인애플 그림은 실제 파인애플과 많이 비슷하지만 파인애플을 말로 설명하는 것은, 비록 뇌에서 파인애플에 관한 심상을 불러일으키더라도, 파인애플을 시각적으로 보는 것과 같은 영향을 주진 못한다. 파인애플이 뭔지 몰라도 파인애플 그림을 힐끗 보는 것만으로 그것이 어떻게 생겼는지 명확히 이해할 수 있다. 그러나 파인애플에 관한 언어적 묘사는 장문으로 표현되더라도 파인애플에 관한 직접적이고 시각적인 경험에 비하면 한참 부족한 관념을 제공할 뿐이다.

당신은 어쩌면 파인애플에 관한 조잡한 스케치를 어떻게 파인애플에 관한 훌륭한 언어적 설명과 비교할 수 있느냐고 반문할지도 모른다. 하지만 나는 '조잡한 스케치라도 언어적 설명으로는 절대 표현할 수 없는 것을 전달할 수 있다'고 계속해서 주장할 것이다. 눈앞의 사물에 시각적으로 집중할 수 있다는 것은 잘 알려진 사실이다. 눈으로 보게 되는 것은 하나의 사물이고 하나의 감각적 입력일 뿐이지만, 스케치를 보는 순간 파인애플에 관한 완전한 경험을 하게 된다. 하지만 언어적 설명은 일련의 단어를 읽으면서 그 단어들을 합쳐 의미를 파악해야 한다. 그런 다음에야 비로소 그 의미가 나타내는 게 무엇인지를 마음속에 그려볼 수 있다. (Birtchnell 2003, p. 1)

치료가 집단적으로 이루어지더라도 버치넬의 치료 모델은 단일 내담자의 사고와 감정을 다루는 작업이며, 이에 관해서는 앞으로 서술할 것이다. 이 모델에는 치료사가 미술작품을 만드는 내담자와 앉아서 대화하는 것이 포함된다. 버치넬이 말했다시피 '내담자와의 대화가 권장되며 치료 과정 내내 대화를 유지한다. 그림을 그리는 것이 치료의 중요한 요소이지만 실제 치료는 대화를 통해서 이루어진다'(1998, p. 144). 그러나 버치넬은 그림 그리기의 의미와 효과에 대해 강력하게 주장한다.

> 그림은 최우선적인 관심 대상이 되어야 한다. 휘갈긴 선이나 대충 칠한 얼룩조차도 내담자가 말하고자 하는 내용을 용이하게 나타낼 수 있다. 작은 사각형은 내담자의 집을 나타낼 수 있으며, 내담자가 자신의 집에 관해 느끼는 감정이 그림을 그리는 동안 순식간에 스며들수 있다. 따라서 이것은 더 이상 단순한 작은 사각형이 아닌 것이다. 상담이 진행됨에 따라, 더 많은 휘갈김과 얼룩이 만들어짐에 따라 이것들은 모두 의미를 가지게 되며 내담자가 그림을 그리는 동안 말한 것을 표현하게 된다. 이것들은 더 이상 그 자체로만 볼 수 없고, 내담자의 내면을 상징하는 것으로 보일 것이다. (Birtchnell 2003, p. 1)

이 기법을 사용할 경우 집단 구성원 한 명당 10분에서 15분 정도 걸린다.

> 내담자들과 첫 상담을 하고 그들의 문제가 무엇인지 탐색하는 과정에서 한 구성원이 다른 구성원의 참여를 유발할 수 있으므로, 한 사람의 상담이 끝나면 다른 구성원 가운데 이 문제에 공감할 수 있거나 비슷한 처지에 있는 사람이 있는지를 묻는다. 그런 사람이 있다면 그 사람의 상담을 이어서 진행한다. 이러한 방법을 이용해 감정이 지속적으로 유지되도록 할 수 있다. (Birtchnell 1998, p. 144)

버치넬은 그 후에 전체 구성원과 구성원의 문제에 관한 탐색 결과에 기

심리상담 이론과 미술치료

초해 누구와 함께 더욱 심도 있는 상담을 할지를 결정하라고 말한다. 이는 치료의 매우 중요한 부분이다.

> 구성원 가운데 누구와 상담을 할지는 매우 중요한 문제다. 왜냐하면 만약 그가 심란한 기억을 털어놓을 경우 다른 구성원들의 심란한 기억도 함께 유발될 수 있으며, 구성원들이 진정으로 치료를 시작할 준비를 할 수 있기 때문이다. 만약 이 사람이 방어적이라면 다른 구성원들도 방어적으로 변할 것이고 치료는 난항을 겪게 될 것이다. …… 만약 누군가가 탐색 단계에서 감정을 드러내기 시작하면 나는 보통 그 사람과 함께 더욱 심도 있는 상담을 시작하는 편이다. (p. 145)

이는 매우 열띤 과정이다.

> 한 구성원과 자리를 잡고 편하게 앉고 나면, 최대 두 시간 동안 상담이 진행될 수 있다. …… 상담을 진행하는 동안 우리 두 사람은 가까이 앉아 조용히 대화를 하며, 시선을 눈앞의 종이에 고정한다. 다른 구성원들도 집중해 상담을 지켜보고 청취하며, 이 과정에서 벽에 기대거나 쿠션 위에 눕는 등 그들이 취할 수 있는 가장 편안한 자세를 취한다. …… 모든 구성원은 다른 사람들의 상담이 진행되는 동안 말을 해서는 안 된다는 것을 이해하고 있다. 대개 상담이 진행되는 동안 타인의 상담에 끼어드는 것은 어려운 일이기도 하고 바람직하지도 않은 일임이 명백하기 때문이다. (p. 145)

그림은 상담이 '한창일 때' 만들어진다(p. 146). 이 모델의 또 다른 특징은 그림에 말을 적어 넣을 수 있다는 것, 치료사 역시 키워드를 적어 넣을 수 있다는 점이다.

> 이는 우리의 주요 목적이 미술작품을 만드는 것에 있지 않기 때문이다. 그림을 그리는 것은 치료 과정을 진전시키고 돕는 수단일 뿐이다. 한 장의 종이는 우리가 함께 작업하는 작업장이다. (p. 146)

그러므로 버치넬의 모델에서 미술치료는 언어적 심리치료의 부속물이나 보조 수단으로 사용되며, 이미지는 언어로 치환되어 사용된다. 치료가 진행되다가 내담자가 차단되거나 억제되어 더 이상 치료가 진행되지 않는 지점에 다다를 수 있다. 우리는 이 지점에서 페인트를 흩뿌리며 카타르시스를 느낄 것이 아니라 이미지를 집중해서 사용해야 한다.

게슈탈트 치료 모델은 드라마 치료법과 함께 사용될 수 있다. 흔히 '빈 의자 기법'이라고 불리는 치료법과 함께 사용된다. 이는 모레노(Moreno)와 펄즈(Perls)에 의해 고안된 것으로, 드라마 치료사인 랜디(Landy 1994)와 다른 사용자들에 의해 유명해졌으며, 현재 널리 사용되고 있다. 우선, 빈 의자를 치료사와 내담자의 정면에 둔다. 치료사는 내담자에게 그의 어머니/아버지/학대자/형제·자매 등이 빈 의자에 앉아 있다고 상상할 것을 요구한다. 그다음에 내담자에게 의자에 앉은 상상의 인물에게 하고 싶은 말을 하라고 한다. '항상 사랑했어요'라든가 '당신이 미워요'라든가 '당신은 어린 시절의 날 학대했어요' 등 내담자가 말할 필요가 있는 어떤 말이든 상관없다. 그다음에 내담자는 의자를 바꿔 앉아 자신이 어머니/아버지/학대자/형제·자매 등이라고 상상한 후 그 사람으로서 자신에게 직접 말을 한다.

이와 유사하게 이미지도 대화를 유발할 수 있다. 존 버치넬이 '그림에게 말하는 것, 특히 '지금 여기'와 관련된 말을 하는 것이야말로 내가 아는 가장 강력한 장치다'라고 말했듯이 말이다(1998, p. 149).

'어머니/아버지/학대자/형제·자매 등을 그리십시오'라는 지시는 존 버치넬과 같은 치료사가 할 수 있다. '이제 전화기를 그리십시오. 이제 수화기를 드는 것을 상상하고 그들에게 하고 싶은 말을 하십시오'는 미술이 언어적 정신치료 요법의 하나로 사용될 수 있음을 의미한다. 이것은 본질적으로 드라마 치료 기법과 이미지 형성을 통합한 정신치료 요법이다.

게슈탈트 미술치료의 미술작품은 보통 간략한 스케치를 의미하며, 심미성을 중시한 한 점의 작품과는 거리가 멀다. 버치넬(2003)은 다음과 같이 말했다.

> 내가 사용하는 치료법(Birtchnell 1998)과 심리극(Moreno 1972) 사이에는 의미 있는 공통점이 있다. 내 치료법은 미술과 별 상관이 없으며 예술적 재능을 전혀 필요로 하지 않는다. 마치 심리극이 드라마와 상관이 없으며 연기 능력을 전혀 필요로 하지 않는 것처럼 말이다(Birtchnell, 2002b). 숙련된 예술가를 대상으로 이런 형태의 치료법을 사용할 때도 그가 만들어낸 시각적 생산물에는 그의 예술적 재능이 전혀 반영되지 않으며 심지어 예술작품처럼 보이지도 않는다. 이것이 실제로 예술작품이 아니기 때문이다. 나의 치료법과 전통적인 미술치료법의 관계는 심리극과 드라마 치료법의 관계와 유사하다.

중요한 것은 내담자가 자신을 표현하는 것이다. 그리고 이미지는 보조적인 텍스트를 제공하며, 담화를 대신해서 기능한다. 이 치료법에서는 미술작품을 만들 때 미적인 측면을 전혀 고려하지 않는다.

환자는 미술작품을 이용해 그만의 현실을 묘사하거나 상연한다. 이것은 독창적이지도, 창의적이지도, 상상력이 풍부하지도, 창조적이지도 않다. 그런 것은 전혀 중요하지 않다. 중요한 것은 미술작품을 만드는 과정을 통해 내담자가 하려는 말을 보충할 수 있다는 것이며, 그의 삶이 어떤지, 그가 특별한 사람들과의 관계에서 어떤 기분을 느끼는지를 시각적으로 표현해 명확하게 보여주고, 미술작품을 접하는 내담자와 치료사가 그것의 의미를 이해할 수 있게 돕는 것이다. 나는 드라마 치료사들과 마찬가지로 환자가 무언가를 창조하길 바라지 않는다. 창의성은 치료의 중요한 부분이 아니다. 나는 의도적으로 환자가 미술작품을 만들 충분한 시간을 주지 않는다. (Birtchnell 2003)

보다시피 이 접근법은 미술 제작 과정에서 심미적 측면에 집중하는 접근법과는 사뭇 다르다. 이 접근법과 융 학파 접근법의 근본적인 차이점은 환자가 가진 창의적 잠재력을 개발시키기보다는 환자의 치료에 초점을 둔다는 것이다. 따라서 이 두 접근법은 정반대처럼 보일 수 있다.

전술했다시피, 버치넬은 종종 집단치료에서 한 명의 내담자를 집중적으로 치료했으며, 다른 구성원들은 보조적인 역할을 했다. 그는 집중적으로 치료하는 내담자에게 일련의 이미지를 만들 것을 장려했으며, 계속해서 말을 할 것을 권했다. 게슈탈트 접근법에서는 내담자가 자신의 문제가 무엇인지 알고 있다고 간주하기 때문이다.

이러한 치료법에 적용되는 중요한 원칙은 작품을 그리는 내담자와 다소 거리를 유지하는 것이다. …… 내담자는 무엇이 문제인지 알고 있으나 치료사인 나는 그렇지 못하다. 오직 내담자만이 문제가 무엇인지 알려줄 수 있다. 나는 내담자 곁에 조용히 앉아서 주의 깊게 듣고 대답하며 종종 즐거움이나 놀라움을 표시한다. 나는 반드시 '엄마', '케빈', '아빠' 와 같은 단어들을 적합한 그림 아래에 적어야 한다. 또 적합한 사람 옆에 나에게 영향을 미친 어구를 적어야 한다. 가령 '이 환자는 비밀이 참 많 군'과 같은 어구 말이다. 나는 항상 내담자의 말을 그대로 적는다. 왜냐 하면 내담자가 어떤 말을 어떤 식으로 했느냐는 그림에서 빠질 수 없는 요소이기 때문이다. 훗날을 위해서 내담자의 말을 경청하고 정확하게 기 록할 필요가 있다. 나는 종종 내담자가 과거에 그린 그림을 보게 하는데, 이때는 전혀 개입하지 않는다. (1998, p. 147)

한 내담자와의 집중적인 상담 시간이 끝나갈수록 치료사는 매우 지시적 인 태도를 취할 수 있으며, 이는 내담자의 격렬한 감정을 분출시킬 수 있다. 버치넬은 이 기법을 다음과 같이 설명했다.

매우 유용한 게슈탈트 기법인데, 한 내담자를 호명해서 그 사람이 쳐 다보는 방향에 있는 사람에게 말하게 하는 것이 있다. 이 기법을 사용할 경우 치료사를 향해 말하는 것보다 훨씬 감정적인 대화가 이루어진다. …… 미술치료에도 이와 유사한 기법이 있다. 미술치료 중에 한 여성이 남편에 관한 그림을 그리면서 "내 남편은 날 못살게 굴어요"라고 말한다 면 나는 "그에게 직접 말하세요"라고 말한다. 그녀는 날 이상하게 쳐다보 지만 나는 "그림을 보면서 진짜 남편이라고 상상하세요. 그리고 남편에 게 하고 싶은 말을 그대로 하세요"라고 부연한다. …… 이 여성은 이 대 립 상황에서 벗어나기 위해 다시 내게 말을 걸며 "그는 날 침실에 가둬놓 곤 했어요"라고 말할지도 모른다. 그럴 경우 나는 그녀의 말에 주어를

'너는'으로 정정한다. 그녀는 다시 그림을 쳐다보며 "너는 날 침실에 가둬 놓곤 했어"라고 말한 후 그 일에 관해 계속해서 말을 한다. …… 내 말을 '지금-여기' 기법과 연관 지어 표현하면 다음과 같을 것이다.

"위에서 본 침실의 모습을 그리세요. 침실 안에 자신을 집어넣고, 침실 밖에 남편을 두세요. 이것이 지금 이 순간 벌어지는 일이라고 상상하고 남편에게 당신이 지금 어떤 기분인지 말하세요."

이 말을 들은 후 그녀는 현재 시제로 말하기 시작한다. 이 모든 장면은 끔찍하리만큼 사실적으로 느껴진다. 그녀는 벌벌 떨며 남편에게 풀어달라고 간청한다. (Birtchnell 1998, pp. 148-149)

특정 내담자와 말하는 것은 30분에서 40분 정도 지속될 수 있다. 치료사는 이 과정 내내 적극적이어야 한다.

대화의 흐름을 말이나 글을 통해 조심스럽게 유도할 수 있다. …… 짧거나 감정적인 어구나 문장을 이용해 감정에 집중하게끔 유도할 수 있다. 가령 '짐승 같은 놈', '너를 증오해'와 같은 말이 사용될 수 있다. 적절한 어구나 문장이 사용되었다면 그녀는 그 말을 계속해서 외칠 것이며, 이 윽고 비통하게 흐느낄 것이다. (Birtchnell 1998, p. 149)

내담자의 이야기에 관해 다른 구성원이 공명할 수 있으므로 다시금 치료 집단으로 초점을 옮겨간다. 구성원들은 이야기에 관한 자신의 느낌을 표현할 기회를 얻으며, 이야기 때문에 촉발된 감정에 대해 생각해볼 수 있다. 버치넬은 종종 집단 구성원들로부터 피드백을 받고 나서 속 깊은 이야기를 한 내담자를 다시 불러서는 그녀가 '풀려나거나 승리하는' 긍정적인 그림으로 그녀의 상담을 마치곤 했다(Birtchnell 1998, p. 150). 그다음에는 구성원 전체에 다시금 초점을 맞추며 집중적으로 상담할 새로운 내담자를 정하고 상담을 재개한다.

이 기법에서는 이미지를 만드는 것과 말을 하는 것이 모두 중요하다.

이 장에서는 게슈탈트 치료법의 주요 특징을 살펴보았으며, 전체론에 관해 알아보았고, 자기조절 유기체에 관해 설명했다. 또 개인과 환경이 불가분의 관계임을 강조한 장 이론에 관해서도 자세히 알아보았다. 이러한 이론들을 이용해 개인에 대해 다시 정의할 수 있다. 하지만 단순히 '상호경험'이라는 말로는 이 이론들이 가져온 '인간이란 무엇인가'에 관한 심오한 고찰을 제대로 표현할 수 없다. 이는 서구식 사고에 뿌리 깊이 박혀 있는 데카르트식 이원론을 위협할 뿐만 아니라 자기와 타인, 자기와 환경과 같은 이분법적 사고에 도전한다.

이 장에서는 일반적인 게슈탈트 치료 기법에 관해서 살펴보았으며, 그 후에 게슈탈트 미술치료 모델에 관해 구체적으로 살펴보았다. 게슈탈트 미술치료는 매우 독특한 접근법이다. 어떤 미술치료사는 다른 방식의 미술치료를 주로 사용하더라도 종종 '그에게 당신의 기분을 말하세요'와 같은 기법을 사용한다. 이미지를 사용한 대화 기법은 분석심리학 미술치료에서도 사용된다.

제6장

인간 중심 미술치료

Person-centred
art therapy

인간 중심 접근법의 근본원리

인간 중심 치료(로저스 치료로도 불린다)의 개념은 미국의 심리학자 칼 랜섬 로저스(Carl Ransom Rogers 1902~1987)의 연구에서 비롯되었다. 로저스 학파는 행동주의 심리학과 고전적 정신분석학을 비판하면서 발생한 인본주의 심리학으로 간혹 '제3 세력'으로 불렸다. 다음은 부젠탈(Bugental 1964)의 인본주의 심리학의 기본 가정을 요약한 것이다.

1. 인간은 부분의 합 이상의 존재이다. 따라서 부분의 기능만 따로 연구하는 학문으로는 인간을 이해할 수 없다.
2. 인간은 맥락 안에 존재한다. 따라서 대인관계의 맥락이 중요하다.
3. 인간은 자아 인식 능력이 있다. 자아 인식을 인정하지 않으면 사람을 이해할 수 없다.
4. 인간은 선택을 하고 스스로 경험을 창출한다.
5. 인간은 의도(intent)를 가진 존재로 목적과 가치, 의미를 추구한다.

인간 중심 치료는 내담자에게 개인적인 성장을 실현할 수 있는 안전하고 믿을 만한 환경을 만들어주는 것을 기본 원칙으로 삼고 있다. 로저스 학파는 '사람은 스스로 성장하고 발전하는 능력이 있기 때문에 복잡한 전략이나 지도가 필요 없다'고 가정하며, '비지시적인' '내담자 중심의' 치료법은 앞에서 논의했던 더 구조화된 치료법과는 다르다. 로저스 학파의 인간 중심 치료법은 이상적이고 자유로운 모델로서 인간의 자기결정(self-determination)이라는 개념을 중시한다. 커센바움과 랜드 헨더슨(Kirschenbaum and Land

Henderson)의 설명에 의하면 로저스의 치료적 입장 역시 '자기결정' 개념에 근거하고 있다.

> 모든 사람은 스스로 삶을 주도하는 능력이 있으며, 개인적으로 만족스러운 동시에 사회적으로 건설적인 삶을 꾸릴 수 있다. 서로 협력하는 독특한 형태의 관계에서 우리는 사람들이 자유롭게 그들 내면의 현명함과 자신감을 찾도록 돕고, 그 결과 사람들은 점차 건강해지고 더 건설적인 선택을 하게 된다. (1990, p. xiv)

이 치료법은 유기체에게 '자기실현' 성향, 즉 성장하고 발전해 잠재력을 최대한 끌어올리려는 성향이 있다는 사고에 근거한다. 더 체계적이고 완전한 성장을 추구하는 인간의 건설적인 지향성을 믿는 것이다. 이런 성향을 발산하는 것이 우리의 목표다(Rogers, cited in Kirschenbaum, Land Henderson 1990, p. 137). 『'인간의 본성'에 관한 노트(A Note on 'The Nature of Man')』(1957)에서 로저스는 인간이 천부적으로 '긍정적이고, 발전적이며 건설적인데다 현실적이고 신뢰할 수 있는' 존재라는 점을 거듭 강조한다(cited in Kirschenbaum, Land Henderson 1990, p. 403). 그는 (만약 억압이 없다면) '우리 존재의 핵심은 통제되지 않는 파괴적인 이드(id)'라고 주장하는 프로이트 학파의 개념을 논박한다(cited in Kirschenbaum, Land Henderson 1990, p. 405). 특히 '이드가 요구하는 대로 본능적으로 행동할 경우 종종 외부 세계와 갈등을 초래하며 자기파멸로 치닫게 된다'는 프로이트의 관점을 비판했다(Freud 1949, p. 61). 로저스는 인간의 핵심이 비이성적이고 비사회적이며 파괴적이라는 관점을 모욕으로 받아들인다. 로저스는 '사랑, 안전, 소속 등 그 자체로 가치 있는 근원적인 충동(impulses)이 좌절되면 적대감이나 질투 같은 반사회적 감정이 표출된다'라는 매슬로우(Maslow)의 이론에는 호의적이다(Rogers 1961, p. 91). 로저스는 또한 인간이 근본적으로 협력적이라고 시사한다. 그는 이렇게 설명한다.

> 내담자는 우리가 상담자로서 안전하고 비위협적이며 완전한 존재의 자유, 완벽한 선택의 자유가 가능한 관계를 만들어주면 근본적으로 협력적인 사람이 된다. 이런 관계에서 인간은 격렬하고 살의로 가득 찬 느낌들, 비정상적인 충동, 기이하고 반사회적인 욕망 등 감추고 싶은 감정을 부끄러워하지 않고 표출하지만 한편으로는 이런 관계 속에서 더 자기를 표현하고 더 자기답게 존재한다. …… 내 경험상 인간은 기본적으로 신뢰할 수 있는 인류의 구성원이며 발전, 차이, 협조적 관계를 지향하는 성향이 있다. 인간은 근본적으로 의존적 삶이 아닌 독립적인 삶을 추구한다. 사람의 충동은 복잡하고 유동적인 자기규제라는 특징과 자연스럽게 조화를 이루려는 경향이 있다. 사람의 전체적 속성은 자기 자신과 자신의 종족을 보전하고 강화하려는 자기보존적인 속성이 있다. (cited in Kirschenbaum, Land Henderson 1990, p. 405)

우리는 로저스가 관계의 질을 핵심 요소로 강조하고 있음을 재차 확인할 수 있다. 이것이 결정적으로 중요하기 때문이다. 로저스는 과거에 부정되고 억압된 감정이 치료 과정에서 전면으로 등장할 수 있다는 것을 인정했지만, 좋은 관계가 부정적인 감정을 감정적으로 수용하는 데 도움이 된다고 생각했다. 즉 오직 배려하는 관계(caring relationship)에서만 치료사가 먼저 '끔찍한' 감정을 받아들인 후 내담자가 이를 받아들이는 일이 가능해진다(cited in Kirschenbaum, Land Henderson 1990, p. 407). 로저스는 프로이트식 분석은 이 정도의 감정 수용을 포함하지 않기 때문에 솟아오르는 원치 않는 감정을 통합하지 못한다고 믿었다. '환자는 부정적인 감정이라도 다른 충동들과 함께 자유롭게 조화를 이루어 존재하면 결과적으로는 건설적인 기능을 할 수도 있다고 인식하기보다는 그 감정들을 자신의 용납할 수 없는 부분으로, 즉 자신의 적으로 계속 인식한다'(cited in Kirschenbaum, Land Henderson 1990, p. 407).

로저스 학파의 이론은 '종종 직관적인 인식과 내면적 경험 사이에 균열이 발생하며 그 이유는 우리가 품고 있는 욕망 때문'이라고 인식한다. 커셴바움과 랜드 헨더슨은 이렇게 설명한다.

> 우리는 인정받고 사랑받기 위해서 삶의 중요한 보호자들이 용납할 수 없다고 여기는 감정과 표현을 억누르는 것을 학습한다. 사랑받고 인정받으려는 욕구로 인해 온전하게 조화로운(congruent) 존재, 전체적인(whole) 존재, 자기고유(genuine)의 존재가 될 수 있는 능력을 손상 입는다. (1990, p. 155)

타인의 평가는 내면화되면(내부로 투사되면) 우리는 더 이상 '내부와 외부의 차이를 인식할 수 없게 되고, 결국 우리가 진짜 어떤 사람인지 알 수 없게 된다(p. 155).

진정한 '자기'라는 개념, 즉 '사회적 요구라는 사슬에서 벗어날 준비가 되어 있는 존재'라는 개념은 다소 순진한 생각이며, 거짓된 자기와 진정한 자기를 구분하려 할 때 철학적으로 문제가 생긴다. 우리가 그 차이를 어떻게 구분한단 말인가? (게슈탈트를 다루던 5장에서 살펴보았듯이 장 이론가들은 이 개념에 비판적이다.) 하지만 로저스 학파는 사람의 내적 본성에 어긋나는 타협

심리상담 이론과 미술치료

을 한다는 것은 정신적 스트레스와 정신병을 유발하기 때문에, 비록 이론적으로는 문제의 소지가 있는 개념이지만, 우리는 내부에 존재하는 핵심적이고 참된 본질적 속성과 반드시 조화를 이루어야 한다는 생각을 지지한다고 말한다.

한편 성장의 필연적인 결과로 인간이 의존적 형태에서 독립적 형태로 근본적으로 이동한다는 로저스의 주장은 매우 남성 중심적인 20세기 심리학 모델이라는 평가가 있다. 여성들에게는 여전히 육아와 내조가 이상적인 기준으로 제시되는 경향이 있기 때문이다. 우리는 우연적인 상호관계 속에 묻혀 있다. (가령 아들보다는 딸이 나이든 부모를 돌보고, 전통적인 결혼식에서 많은 여성이 남편에게 복종을 맹세한다. 여성은 가사와 육아를 중점적으로 담당하고, 이런 역할을 충실하게 수행하기 위해 직장을 그만두기도 한다.) 논란의 여지는 있지만 사회에서 상호성이란 언제나 중요한 요소이다. 따라서 로저스 학파 연구의 이러한 특징은 20세기 중반 북미의 개인주의적, 남성적 자본주의를 반영한다고 할 수 있다.

로저스는 '모든 생물과 인간의 삶에서 유기체의 수용 능력을 전부 표출하고 활성화하기 위해서는 어느 범위까지 확대하고, 확장하고, 자율적으로 발전하려는 욕구가 분명히 존재한다. 이런 활성화는 유기체나 자아를 강화한다'라고 주장했지만 이 또한 문제의 여지가 있다. 이 글을 쓸 때 로저스는 당시에 유행하던 생물학적 개념을 반영했기 때문이다. 요즘에는 세분화(specialism)와 틈새 적응(niche adaptation)이 더 인정받는 추세다. 이런 현상이 모두 유기체의 '자연스러운' 성향이라는 그의 개념은 따라서 필연적으로 의문의 여지를 남길 수밖에 없다. 그는 이렇게 말한다.

이러한 성향은 심리학적 방어에 겹겹이 싸여 파묻힐 수 있으며, 그러한 성향의 존재를 부정하는 정교한 외관 뒤에 가려질 수 있다. 하지만 나는 모든 사람에게 이런 성향이 있으며, 풀려나고 표출될 적절한 조건을 기다리고 있다고 믿는다. (Rogers 1961, p.35)

그의 이론은 근본적으로 인간성과 인간의 가능성을 긍정적으로 바라본다. 로저스 학파의 치료사는 비생산적인 인간관에 근거하지 않기 때문에 환자와의 치료적 관계를 방해할 가능성이 낮다. 뿐만 아니라 무엇이 옳은지를 스스로 파악하는 환자의 전문 지식을 믿어줘야 한다는 제안은 다소 현상 파괴적이기도 하다. 로저스의 연구가 다른 관점을 지지하는 사람들에게 논란과 혹평을 일으키는 것은 어찌 보면 당연한 일이다.

윌킨스(Wilkins)에 의하면 로저스 학파의 치료법은 '정신적 항상성'을 얻는 것을 목표로 한다. 이는 인간의 본능적 경향인 실현 욕구와 외부 사회의 의무, 규제가 동시에 힘을 발휘하는, 즉 이원적 통제 하에 심리적 균형이 이루어지는 상태로의 발전을 말한다(2003, p. 34).

전이

일반적으로 로저스 학파의 치료사는 전이 개념을 전혀 고려하지 않지만, 사실 칼 로저스는 전이 개념을 인정했다. 1986년과 1987년에 집필된 책에서 그는 전이를 두 가지 유형으로 구분했다. 하나는 치료사의 태도와 행동에 수긍할 만한 반응으로 생기는 감정이고, 다른 하나는 치료사의 행동과 무관하게 생겨나는 감정에서 발생하는 내담자만의 반응이다. 이러한 감정들은 치료사에게 그대로 '전이'된다(cited in Kirschenbaum, Land Henderson 1990, pp. 129-130).

전자의 반응을 왜 전이라고 부르는지 설명하지 않았다. 왜냐하면 부정적인 내담자의 태도는 그들의(치료사의) 말이나 행동에 대한 자연스러운 반응일 뿐이기 때문이다(Rogers, cited in Kirschenbaum, Land Henderson 1990, p. 129). 그는 치료사의 거만한 태도 때문에 내담자가 분개한 상황이나 치료적 처방에 내담자가 잠재적 분노를 느끼는 사례를 예로 들었다. 이와 대조적으로 치료사를 향한 호감도 있지만 치료사의 공감 어린 태도에 고마워하는 마음일 가능성이 크다(이런 태도는 치료적 관계를 벗어나 공명으로 보일 수 있다. 정신역학 모델에서는 '내가 어떻게 행동했기에 당신이 나와 치료 이상의 관계를 맺고 싶어 하는 건가요?'와 같이 감정이 분석될 수 있다.)

전이 의식(transference proper)은 치료사에 대한 일방적 투사로, 내담자의 격렬한 감정이 스스로에게서 유래한 것이지 치료사의 행동이 그 원인은 아니다. 로저스는 이런 현상을 아래와 같이 설명한다.

> 이렇게 투사된 감정은 사랑과 성적인 욕망, 흠모와 유사한 긍정적 감정일 수 있으며 증오와 멸시, 두려움, 불신 같은 부정적 감정일 수도 있다. 이런 감정의 실제 대상은 부모, 혹은 내담자의 인생에서 중요한 다른 사람일 것이다. 또 드물게 인식되기는 하지만 내담자가 차마 마주할 수 없었던 자기를 향한 부정적 감정일 수 있다. (cited in Kirschenbaum, Land Henderson 1990, p. 130)

어떤 감정이든지 감정 전이는 치료의 중심이 아니다. 치료는 이런 감정들을 통해 다음 단계로 발전한다고 간주된다. 치료사는 전이된 감정을 다른 감정 표현과 마찬가지로 받아들이고 또 반응한다. 다음은 로저스가 전이 반응에 반응한 내용을 발췌한 것이다.

> **내담자:** …… 선생님을 호수에 빠뜨리고 싶어요. …… 선생님이 죽었
> 으면 좋겠어요.
> **로저스:** 나를 아주 싫어하네요. 진짜로 나를 없애버리고 싶군요!
> **내담자:** …… 내가 육체관계를 원한다고 생각하죠? 하지만 아니에요!
> **로저스:** 내가 당신의 생각을 전혀 이해하지 못한다고 생각하는군요.
> (cited in Kirschenbaum, Land Henderson 1990, p. 132)

전이를 인식했지만 로저스는 전이가 치료의 중심이 되어서는 안 되며, 내담자의 모든 감정은 동일하게 다뤄져야 한다고 했다. 그는 전이에 집중하는 것이 문제가 된다고 생각한 이유를 다음과 같이 설명했다.

> 감정 전이를 특별하게 받아들이고 그 감정을 치료의 핵심으로 다루는
> 것은 중대한 실수다. 그렇게 접근하면 치료는 종속적이고 장기화된다. 치
> 료사가 전문 지식을 늘어놓으며 지적 만족을 느끼는 일이 치료의 유일한
> 목적이 되고 마는, 완전히 새로운 문제가 발생한다. 이는 참으로 유감스
> 러운 일이다. (cited in Kirschenbaum and Land Henderson 1990, p. 134)

쉐린(Shlien)은 이 문제와 관련해 '전이는 치료사 자신의 행동이 만들어 낸 결과로부터 자신을 보호하기 위해 치료사가 지어내고 보전하는 허구다' 라고 단언했다(1984, p. 1). 쉐린의 논거는 아주 세밀해서 여기서 그 복잡한 내용을 총체적으로 설명할 수는 없다. 다만 한 가지, 그는 정신분석학 모델

의 중요 개념인 전이에 대한 오해가 아래에 설명되는 것처럼 치료적 관계의 근본적 특징의 결과 때문이라고 추측하지만 이것은 사실과 다르다.

> 의도적으로 치료사는 이해하는 태도로 환자를 대한다. 이것만으로도 시간이 흐를수록 환자에게는 신뢰, 고마움, 애정, 성적 욕구 등 몇몇 대상 탐색 요인들이 활성화된다. 같은 맥락에서, 치료사가 이해하지 않는 태도를 보이는 것은 증오를 낳는다. 일반적으로 서로 이해하는 관계에서 오해받는 일은 충격적이며 배신감과 좌절감(의 근원)을 느끼게 하기 때문에 부정적 감정도 긍정적 감정과 마찬가지로 작동하게 된다. (Shlien 1984, p. 13)

핵심적인 치료 요소들

로저스는 1986년에 발표한 논문 「내담자 중심/인간 중심 치료」에서 치료 협조적 환경(facilitative environment)을 제공하는 데 필수적인 요인 세 가지를 지적한다. 첫 번째는 '진심(genuineness), 진실성(realness), 또는 일치(congruence)'이다. 두 번째는 '조건 없는 긍정적 존중'이다. 로저스는 이를 두고 수용과 배려, 존중으로 설명한다. 세 번째 필수 요소는 '공감'이다(cited in Kirschenbaum, Land Henderson 1990, p. 135). 긍정적인 심리 변화가 일어나기 위한 필요충분조건을 만들기 위해서는 치료사가 이런 태도를 취해야 한다. 내담자도 마찬가지다. 그래서 치료사의 태도를 파악하고 반응하는 일이 가능해지면 내담자와 치료사 사이의 심리적 접촉 또한 가능해진다.

치료의 중요한 조건 세 가지를 자세하게 설명하면 다음과 같다. 첫 번째 특징인 '진심'은 간단하다. 바로 치료사가 솔직해지는 것이다. 치료사는 그 순간의 감정을 거리낌 없이 느끼되 거리를 두지 말아야 한다. 내담자가 표현하고 치료사가 경험하는 동안 본능적 차원으로 조화가 이루어진다. 치료사는 내담자의 감정을 파악한 후에 적절한 때가 되면 의사소통을 할 수 있다. 그 순간에 감정과 태도와 함께 존재한다는 느낌을 '일치(congruence)'라고 한다(Rogers 1961, p. 61).

두 번째로 중요한 요소인 '조건 없는 긍정적 존중'은 '내담자가 누구든 간에 치료 순간에 긍정적이고 비판 없이 수용하는 태도'를 말한다(Rogers, cited in Kirschenbaum, Land Henderson 1990, p. 136). 로저스는 부담 없는 배려와 무조건적인 수용은 자기 안에서 변화를 일으킬 가능성이 높다고 기술한다. 치료사는 긍정적이든 부정적이든 내담자가 표출한 감정을 수용하며, 어느 한 쪽의 감정이 다른 감정을 우위에 두고 반응하지 않는다. 치료사가 보여주는 조건 없는 긍정적 관심은 '조건을 달거나 평가를 하지 않는 우호적이고 긍정적인 감정'을 의미한다(Rogers 1961, p. 62). 이런 치료적 환경에서 태도와 행동에 변화가 나타난다.

성장과 변화를 위한 세 번째 치료적 요소는 '공감'이다. 로저스가 '적극적 듣기(active listening)' 과정을 매우 중요하게 고려했다는 사실만 봐도 확실하다. '공감적 이해'란 치료사가 내담자가 경험하는 감정과 개인적 의미를 정확하게 감지하고, 기꺼이 내담자를 이해하고, 의사소통하는 것을 의미한다(Rogers, cited in Kirschenbaum, Land Henderson 1990, p. 136). 로저스 또한 '공감적 이해'라고 불렀다. 이는 동정적인 이해와 다르고 지적인 파악과도 거리가 멀다.

내담자가 순간순간 경험하는 감정과 개인적 의미를 치료사가 감지할 때 치료사는 마치 내담자가 된 것처럼 인식할 수 있으며, 성공적으로 내담자를 이해하고 의사소통을 함으로써 세 번째 조건이 충족된다. (Rogers 1961, p. 62)

치료사가 내담자의 내면세계를 내담자가 보고 느끼는 것처럼 매순간 경험할 때, 그리고 이 공감 과정에서 자신의 정체성을 잃지 않을 때 변화가 일어날 가능성이 크다(Rogers 1961, p. 62). 내담자의 관점에서 로저스는 이렇게 주장한다. '누군가 나를 파헤치거나 심판하려는 의도 없이 나의 감정과 기분이 어떤지 이해한다면, 그런 환경에서라면 꽃을 피우며 성장할 수 있다'(p. 62).

이 치료는 사람에 대한 신뢰를 바탕으로 하며 공감적 반응을 고려할 때 지적이라기보다 직감적이라 할 수 있다. 또 치료사가 내담자의 내면세계를 정확하게 파악했는지를 내담자와 '확인'하는 작업 또한 포함된다.

내 반응은 각각 말없는 질문을 포함하고 있다. '이 방식이 당신한테 맞을까요? 나는 당신이 현재 경험하고 있는 개인적 의미에서 단지 색, 느낌, 맛만 감지하고 있는 건 아닐까요? 그게 아니라면 나는 당신과 나의 인식이 일치되기를 바랍니다.' …… 우리는 내담자가 현재 경험하는 내용을 반영하고 있다. 어떤 감정과 그 개인적 의미는 다른 사람의 눈을 통해서, 그리고 반영이 이루어질 때 더 정확해지는 것으로 보인다. (Rogers, cited in Kirschenbaum, Land Henderson 1990, p. 128)

치료사가 자신의 인식과 이해를 확인하는 행위는 내담자가 자신의 경험을 인식할 수 있는 거울 역할을 한다. 로저스는 이렇게 설명한다.

나는 내담자의 내면세계를 묘사하고 표현하려는 실험적인 시도를 하면서, 내가 얼마나 내담자를 깊이 이해하는지를 계속 체크할 수 있다. 나는 이러한 시도들이, 최선의 경우에는 내담자에게 지금 이 순간의 현실세계에 대한 그들의 인식 상태를 비춰주는 거울이 된다는 것, 즉 그 의미를 명확하게 해주고 통찰력을 제공해주는 일이라는 사실을 깨달을 수 있다. (cited in Kirschenbaum, Land Henderson 1990, p. 129)

로저스는 더 나아가 '나'와 '너'라는 '일상적인 장애물'이 집단치료에서는 분해되고 집단 일체감이 생겨난다는 점에 대해서도 설명했다(cited in Kirschenbaum, Land Henderson 1990, p. 137-138).

로저스 학파의 스키마에서 관계의 질은 변화의 이유가 되기 때문에 중요하다. 내담자가 스스로 자신의 이야기에 귀를 기울일 수 있게 해주는 요인은 바로 치료사의 적극적 듣기 행위다.

우선, 내담자가 자신의 감정을 받아주고 들어주는 누군가를 찾게 되면 조금씩 스스로에게 귀를 기울일 수 있게 된다. 내면의 이야기를 듣기 시작하면서 자신이 화가 났다는 사실을 깨닫고, 두려웠던 때를 인식할 뿐만 아니라 용감하다고 느낄 때도 알아차린다. 자신의 내면 상태가 어떤지 알게 될수록 항상 부정하고 억압하던 감정에 귀를 기울이게 된다. 스스로 생각해도 너무 끔찍하고, 혼란스러우며, 비정상적이고 부끄러웠던 감정을 알게 된다. 자신에게 이런 감정이 존재했는지조차 인식할 수 없었던 감정들이다. …… 숨겨진 자신의 끔찍한 모습을 표현하면 표현할 수록 내담자는 치료사가 자신과 자신의 감정을 일관되게 조건 없이 긍정적으로 존중해주는 모습을 발견한다. 서서히 내담자는 치료사와 같은 태도를 취하고, 있는 그대로 자신을 받아들이고 한 발짝 더 스스로에게 가까이 다가간다. …… 내면의 감정을 정확하게 인식할수록 자신에 대한 평가를 덜하게 되고, 자신을 더 받아들이는 동시에 훨씬 조화로운 상태가 된다. 내담자는 허울을 벗어던질 수 있음을 깨닫고 방어적인 태도를 버린 후 더 솔직하게 있는 그대로의 진정한 자신이 된다. 이런 변화를 겪으면서 내담자는 자기를 인식하고 수용하면서 방어적인 태도를 버리고 더 솔직한 사람이 되면서 마침내 자유롭게 변화하고 성장하는 자신을 발견하게 된다. (Rogers 1961, pp. 63-64)

유동성이 발전하면 '내적 경험'은 풍부해지고 의사소통은 원활해지면서 전반적으로 사람이 유연해진다. 행동이 점차 과거의 습관적 사고가 아닌 즉각적인 새로운 경험에 의해 결정된다. 문제에 대한 '자기책임감'은 물론이고 문제의 원인에 대한 자신의 역할 또한 확실하게 인식한다(Rogers 1961, pp. 157-158).

인간 중심 미술치료

칼 로저스의 딸 나탈리(Natalie)는 인간 중심적 표현예술에 관해 집필하면서 창의적 행동과 가장 밀접하게 관련된 내적 요건(inner condition)을 아버지의 개념을 활용해 이렇게 언급했다.

- **경험에 대해 개방적인 자세를 취한다:** 이를 외연적 확대(extensionality)라고도 하며, 심리적 방어와는 반대 개념이다. 로저스는 이러한 자세를 '현재의 실존주의적 순간을 있는 그대로 인지하는 것'이라고 명확하게 묘사했다.

- **평가의 내적 근원(혹은 장소)을 확보한다:** 창의적인 사람은 '내가 만족할 만한 무언가를 창출했는가?', '작품이 나란 사람의 일부를 표현하는가?'를 생각함으로써 자신이 만든 작품의 가치를 타인의 칭찬이나 비판에 의해서가 아니라 자신이 결정한다.

- **요소와 개념을 유희적으로 생각하거나 자유자재로 활용할 수 있는 능력을 보유한다:** 이를테면 개념·색깔·형태·관계 등을 자연스럽게 활용하기, 요소들을 상상을 초월한 상태로 배치하기, 말도 안 되는 가정 세우기, 다루기 어려운 문제 만들기, 웃기게 표현하기, 어떤 형태를 다른 형태로 옮기기, 어떤 것을 전혀 비슷하지 않은 대응물로 변형시키기 등이다. 이렇게 자유롭게 삶을 유희하면 영감이 떠오르고 새롭고 의미심장한 방식으로 삶을 창의적으로 바라보게 된다.

(Rogers et al. 2012, p. 34)

나탈리 로저스는 치료의 핵심 조건에 중요한 요소를 추가한다. 표현예술을 활용하면서 '고무적이고 도전적인 경험을 제공'하는 것이다(Rogers et al, 2012, p. 35). 그녀는 자신의 이전 연구를 인용하며 다음과 같이 말한다.

우리는 사람들이 의자를 박차고 일어나 적극적으로 창의적인 과정에 참여하는 경험을 하도록 독려해야 한다. 문제에 대해 이야기를 한다고 해서 우리가 창의적인 사람이 되는 건 아니다. 오히려 슬픔에 빠져 있거나 두려움에 떨고 있는 내담자에게 색깔이나 점토 혹은 움직임으로 감정을 표현하라고 제안할 것이다. 이는 내담자의 경험을 지시하기 위한 것이라기보다는 내담자가 표현을 용이하게 할 수 있도록 도우려는 것이다. 또 작품은 내담자와 치료사 사이에서 언어의 일부가 된다. (Rogers 1993, cited in Rogers et al. 2012, p. 35)

'이런 개념은 인간 존재의 핵심을 창의성으로 본다. 완전하게 기능하는 인간은 창의적인 존재다. 창의적이지 않거나 창의성을 잘 표현하지 못한다면 어떤 식으로든 우리 자신은 물론이고 타인과 소원해진다'가 나탈리의 핵심 이론이다(Rogers et al. 2012, p. 35).

로저스 외의 공저자는 이렇게 말한다.

표현예술은 다양한 매체에서 우리 자신의 감정적이고 직관적인 측면을 활용한다. 감정적으로 충만할 때 어떤 형태의 예술로 우리 자신을 발견하는 과정이다. 단지 아름다운 그림을 그리거나, 완벽한 시를 쓰거나, 안무를 짜서 춤을 추는 행위가 아니다. 예술을 표현의 방식으로 활용한다는 의미는 시각미술, 움직임, 소리, 쓰기 혹은 즉흥극 등을 통해 내면 세계로 들어가 감정을 찾아내 표현하는 행위를 의미한다. 작품으로 우리의 통찰력에 깊이를 더할 수 있지만 작품의 결과보다 과정을 더 중시한다. (Rogers et al. 2012, p. 35)

나탈리 로저스는 '치료사들은 반드시 비지시적 태도를 유지해야 하며 절대로 작품을 해석하면 안 된다'는 입장을 고수한다. 그녀는 작품을 '자기표현을 위한 언어'라면서 '제약이 없는 구조여서 사람들은 창조적 경험을 할 수 있다. …… 우리는 사람들이 경험할 수 있는 구조를 설정하지만 경험을 지시하지 않는다'(Rogers et al. 2012, pp. 40-41)라고 했다.

> 자기표현적 예술활동을 위해 내담자나 학생을 초대했을 때 내가 그들의 작품이나 그림을 해석하거나 분석하지 않고 그저 존중한다는 사실을 알기를 바란다. 나는 사람들이 이미지나 움직임에 깃든 의미를 발견하도록 돕는다. 이미지가 심연의 감정을 휘젓는다면 나는 판단과 해석을 유보하고 공감하면서 이야기를 들어주고 반응한다. 나는 그들이 인식하는 세상을 이해하려고 최선을 다하는 동료이다. 나의 이런 자세는 매우 안정적인 환경을 조성해 사람들이 내면의 감정을 들여다보고 더 표현할 수 있게 한다. (Rogers et al. 2012, p. 36)

로저스는 (여러 매체의) 표현예술을 활용하는 데 논란의 여지는 있지만 이미지가 글이나 조각 형태 혹은 시라는 부산물로 보충될 수 있듯이 미술치료에 모든 요소의 특징이 포함되어 있다고 생각했다. 가령 가만히 앉아 있거나, 실내에서 커다란 작품을 제작할 수 있다. 미술재료를 두드리고 구부리거나 잡아 늘리면서 과감한 기호를 만들 수도 있다. 아마도 낑낑거리거나 투덜거리는 소리도 들릴 것이다. 일부 미술치료 참가자들은 설치미술을 하는 것처럼 방 전체를 활용한다. 미술치료에서 노래하는 사람은 흔하지 않지만 노래를 불러도 무방할 것이다. 미술치료의 다차원성과 관련해서는 8장(통합미술치료)에서 자세히 다루겠지만 매우 다양한 요소를 내포한다. 나탈리 로저스는 예술을 활용하면서 얻을 수 있는 장점을 다음과 같이 설득력 있게 서술한다.

표현예술은 사람들이 감정을 인지하고 특히 어둡고 그늘진 면을 받아들이도록 돕는다는 점에서 중요하다. 예술은 에너지를 건설적으로 쏟아내는 방법이다. 분노를 춤으로 표현할 수 있고, 두려움이나 절망을 그림으로 표현할 수 있다. 그러면 몇 가지 변화가 생긴다. 즉 사람들은 내면의 균형과 평화를 찾는 방법을 발견한다. 자신의 의견에 동의하지 않는 사람들을 '반대편'에 두거나 적으로 간주하지 않는다. 다시 말해, 더 많은 동료가 생기는 것이다. 그 결과 세상 밖으로 나가 행동으로 옮길 수 있는 힘을 얻게 된다. 물론 개인차가 있지만 사람들이 자신의 감정을 확실하게 인식한다면 그들은 빛이고, 촛불이며, 세상의 힘이다. 사람들이 자신의 감정을 정확하게 인식한다면 그들은 동심원 밖으로 나갈 것이다. 불교의 패러다임에서 내면의 빛은 내면의 평화를 찾기 위한 고요함이라고 말한다. (Rogers et al. 2012, p. 43)

실제 치료에 대한 의미

리슬 실버스톤(Liesl Silverstone 1997)은 미술치료 수련에 관한 저서에서 예술을 치료에 활용하는 인간 중심 치료법을 자세하게 서술한다.

(1) 내담자의 감정은 언어뿐만 아니라 그림에도 반영된다. 완성품뿐만 아니라 작품을 제작하는 전 과정에 내담자의 감정이 반영될 수 있다.
- "종이 한 장을 반으로 접어보세요."
- "시작했으면 종이를 뒤집어서 다시 반으로 접어보세요."

- "종이를 찢으세요."

사용된 종이나 재료의 크기, 색깔에 내담자의 감정이 반영될 수 있다.
- "크고 하얀 종이를 골랐네요."
- "이것이 빨간색을 이용한 유일한 부분이네요."

위치, 크기도 중요하다.
- "종이 끝에 서 있네요."
- "이 모양의 크기는 어떤가요?"

빠진 무언가는 중요한 의미가 될 수 있다.
- "여기에 손이 없네요."
- "이 부분은 여백으로 남겼네요."

더 넓게 살펴봐주면 큰 도움이 될 수 있다.
- "어머니를 빨간색으로, 당신을 회색으로 그렸네요."
- "지난주에는 검은색만 사용하더니 이번 주엔 검은색은 아예 없네요."

이런 모든 요소들이 …… 중요하다.

(Silverstone 1997, pp. 6-7)

이러한 개입 방식은 로저스 학파 치료에만 국한되지 않는다. 게다가 복잡한 인격장애를 가진 사람들은 '손이 없네요' 같은 아주 단순한 발언조차 그들 자신에 대한 비판으로 받아들일 수 있으며, 그러한 내담자 집단에게는 이러한 방식의 설명이 명령조로 들릴 것이다. 다음은 실버스톤의 설명이다.

(2) 그림은 자기를 상징적 형태로 확장해 가시화한 것이다. 따라서 치료사는 그림에서 내담자로 이어지는 '다리'를 만들어서 내담자가 투사된 내용을 인식하도록 도와야 한다. 하지만 그림을 사람과 별개로 본다면 그림을 아무리 잘 활용한다고 해도 제대로 된 효과를 보기 힘들다.

"이 고양이의 형태가 무슨 의미인지 설명할 필요가 있어요."

"고양이의 형태를 정의하는 행위가 어떤 의미가 있나요?"

"의미가 있고말고요. 나는 나의 형태를 정의해야 돼요. 이건 나라구요."

"당황스럽네요. 난 이 남자들의 폭력성을 두려워하고 있어요."

여기서 다리는 내담자가 부정하던 어린 시절의 기억을 떠올리게 했다.

(3) 대면상담에서는 내담자가 말하는 모든 내용을 반영해줄 필요는 없다. 이미지에 관해 이야기할 때 내담자는 자기를 의식하지 않고 마음에서 우러나온 단어를 사용하며 자기검열을 하지 않는다. 단어들은 ……잠재적으로 중요하다. 내담자 역시 이것들을 들을 필요가 있다. 따라서 이미지를 활용해 상담할 때는 더 많은 단어들을 내담자에게 반영해주어야 한다.

"그림 작업을 할 수 없었어요. 이 새카만 장미 세 송이가 나를 정말 많이 혼란스럽게 만들더라구요."

저절로 우러나온 이 말을 시작으로 집을 떠난 세 자녀에 대해 묻어두었던 감정과 바뀐 엄마의 역할에 관한 감정 표현이 이어졌다.

이따금 전 과정을 상징적 축소판으로 재현해 반영해줘야 하는 경우도 있다.

"물속에 들어가는데 시간이 오래 걸렸네요. 그것을 굉장히 두려워하고 있어요. 당신의 산소통이 제 자리에 있다는 걸 확신할 필요가 있어요. 그리고 해저로 헤엄쳐 내려가 동굴에 있는 보물을 발견하는 거예요." …… 때로 무엇이 빠져 있는지를 지적해주면 내담자에게 변화가 일어난다. …… "부엌이 없네요." 내가 이렇게 말하자 팜은 울음을 터뜨렸다. "엄마가 요리하던 곳이에요. 저에게 말도 건네던 ……." 그녀는 몹시 슬퍼하며 감정을 정리할 수 있었다. 결론적으로 말하면, 발달의 모든 단계에서 예술을 치료적으로 활용하면 인지와 성장에 발전적 변화가 일어날 수 있다. (Silverstone 1997, pp. 7-8)

실버스톤은 종종 직접적인 활동으로 치료를 시작했다가 인간 중심 치료법으로 들어간다. 예를 들면 다음과 같다.

- 학생들에게 눈을 감고 어떤 느낌이 드는지 집중하라고 한다. "생각하지 말고 바로 여러분의 이미지와 상징이 떠오르도록 해보세요. 지금 준비가 됐으면 눈을 떠요. 그리고 이미지를 전달하는 거예요." 그러면 학생들은 각자 자기소개를 하고 자신이 떠올린 이미지에 관해 발표한다(p. 15).

- '이름 놀이'를 한다. "둥글게 원을 만들어 섭니다. 자기 이름을 말합니다. (잠시 정지) 한 학생한테 공을 던집니다. 공을 받은 학생은 자기 이름을 말합니다. (해당 학생이 남이 들을 수 있도록 이름을 말한다.) 공을 던집니다. 전원이 자기 이름을 적어도 두 번 말했다면 규칙이 바뀝니다. 자기가 던진 공을 받을 사람의 이름을 말하고 공을 던집니다. 전원이

두 번씩 공을 던지면 멈춥니다(p. 19)."

- 두 사람이 짝을 지어 5분 동안 서로의 이야기를 들어주는 활동을 한다. "여러분의 몸이 하는 말에 주의를 기울여보세요. 자신의 몸이 지금 '나는 지금 완전하게 당신에게 관심을 쏟고 있어요'라고 이야기하나요?" 이때 어떤 사람은 자세를 바꾼다. 말하는 사람은 자신의 몸에 생겨난 무언가를 마음으로도 공유하도록 말해준다. 오늘의 연습에서 그리고 다음 번 이어지는 모든 연습에서도 몸의 메시지를 마음으로 공유하는 수준에 대해 책임져야 한다고 말해준다. 듣는 사람은 지금 어떻게 느끼는지를 말하는 사람에게 이야기해준다. 상대방은 반응하기를 원할 수 있다. 그리고 역할을 바꿔서 다시 생각을 나누도록 한다. 그런 다음에 다 같이 모여서 느낌을 공유한다(p. 21).

- 귀 기울이기와 같은 종류의 얘기를 한다. "눈을 감으세요. 지금 시키는 활동에 집중하세요. 우리는 방금 막 이야기 들어주기를 마쳤습니다. 어쩌면 여러분이 제대로 듣지 않았다는 사실을 알게 될 수도 있습니다. (잠시 멈춤) 이미지가 떠오르는지 지켜봅시다. (멈춤) 한 장면이 떠오르지요. 그것은 현재 혹은 과거의 한 장면일 수 있습니다. 내가 누군가의 이야기를 들어주던 장면 …… 혹은 남이 내 이야기를 들어주거나 아니면 들어주지 않았던 장면일 수 있습니다. (멈춤) 이제 종이에 그 이미지를 그립니다." 그들은 그림을 그린다. 다 그리면 각자 그림에 관해 어떤 이야기라도 해보게 한다(p. 21).

- 눈에 보이는 것을 반영한다. "짝을 지어서 각자 2분씩 활동을 하고,

자기 차례가 끝나면 의견을 서로 피드백합니다. '치료사'인 여러분은 거울처럼 눈에 보이는 대로 말합니다." 이때 내담자는 조용히 있다. 이를테면 "당신은 머리를 왼쪽으로 돌렸네요. 지금 오른손으로 왼손을 잡고 있어요." …… 경청하는 과정에 보다 익숙해지면 반영의 폭을 넓히는 것이 도움이 된다.

"당신은 걱정된다고 말하면서 웃고 있네요."

"당신은 아버지 이야기를 할 때마다 눈을 감네요."(p. 27)

● 실버스톤은 또한 비난, 위로, 일반화, 주의전환, 그리고 그녀가 '수준 맞추기(level)'라고 부르는 '나의 입장 밝히기'와 같은 분석적 기법을 활용한다. 이 중에서 '수준 맞추기' 기법은 '내 생각으로는, 내가 느끼기에는, 나는 ~하고 싶고, 나는 ~하기 싫고' 등의 표현을 사용한다. '수준 맞추기' 기법은 조화를 이루려는 인간 중심적 치료법과 성격을 같이하는 것으로 본다. 이 다섯 가지는 다음과 같이 세부적으로 설명될 수 있다.

1. "네 잘못이야" : 이렇게 말하는 건 비난이다.

2. "다 괜찮아질 거야" : 이렇게 말하는 건 위로다.

3. "모든 사람들이 그렇게 느껴" : 이렇게 말하는 건 일반화이다.

4. "저기 봐! 저기 비행기가 있어" : 이렇게 말하는 건 주의를 돌리는 것이다.

5. "내 생각에/내 느낌에/~하고 싶고/~하기 싫고" : 이렇게 말하는 건 조화를 이루려는 태도이다.

● "눈을 감아요. 비난하고, 위로하고, 일반화하고, 주의를 전환하고, 자

기 입장을 밝힙니다. (멈춤) 아마도 이 중 어느 하나에 보다 더 깊게 끌리나요? (멈춤) 아마도 그것에 저항하는가요? (멈춤) 그림이나 장면을 떠올려봅니다. 아마 어떤 행동을 떠올릴 수도 있습니다. (멈춤) 옛날 생각을 떠올릴 수도 있겠죠? (멈춤) 준비되었으면 눈을 뜹니다. 그 장면을 묘사해봅니다." 각 학생들은 각자의 그룹에서 그들의 그림에 대해 이야기한다(p. 37).

실버스톤은 이런 활동을 여러 차례 반복한다. 위에서 언급한 내용은 그 일부에 불과하다. 그녀는 또한 이야기를 들려주어 공상을 유도하면서 이를 작품활동의 시작점으로 활용한다. 예를 보자.

- "이제 눈을 감습니다. 지금 여러분은 극장의 분장실에 있습니다. 여러분 자신을 돌아봅니다. 특별한 의상에 끌릴 수도 있습니다. 찬찬히 살펴봅니다. 의상을 자세하게 묘사해봅니다. 지금 여러분은 뭘 하고 있습니까? 기분은 어떻습니까? 준비됐으면 눈을 뜨고 시각화해봅니다. 의상실에서 보낸 시간을 시각화하는 작업을 꼭 해야 합니다"(p. 137).

위의 사례는 다소 지시적인 틀을 제시하지만 그 틀 안에서는 자유롭게 활동할 수 있다. 먼스와 소른(Mearns and Thorne)은 치료사가 내담자의 상징을 바탕으로 상담하는 일이 중요하다고 지적한다. 위에서 언급했듯이 인간 중심 치료사의 기법은 내담자가 반영하는 내담자 자신의 고유한 심적 구조와 역동성을 풀어가는 것을 도와주는 것이며, 그것을 다시 반영해주고 심지어는 완전히 드러나게 하는 기법이다(2000, p. 127). 두 사람은 다음과 같이 주장한다.

자아(Self)의 일부인 내담자의 상징을 바꾸게 하지 않는 것은 존중할 만한 일이지만 이는 기능적이다. 하지만 서툴게 만들어진 상징조차도 내담자가 그 순간 실제 세계에 대해 갖고 있는 의미를 가장 근접하게 표현한 것이다. 인간 중심 치료사의 기법은 기존 상징에 새로운 외적인 작업을 가하도록 하지 않고 치료를 진행하는 것이며, 치료사가 볼 때 외적인 작업을 추가하면 상징이 명확해지고 그 느낌이 분명해지기 때문에 이렇게 자제하기가 쉬운 문제는 아니다. …… 내담자가 상징의 의미를 분명히 말하게 되면 이 정보는 인간 중심 상담사의 상담 기록에 중요한 부분이 된다. …… 내담자가 과거의 자기에 관해 이야기하는 방식 …… 어떤 이름들과 묘사적인 단어들을 회상하는 것뿐만 아니라 상징들 사이의 연관성과 역동성을 기억하고 이들의 변화에 대비하는 일은 정말 중요하다. (pp. 130-131)

다른 치료법들과의 차이점은 다음과 같다.

상담 세션 사이의 슈퍼비전 동안 내용을 기록하는 것으로는 문제가 해결되지 않는다. 인간 중심 치료사는 슈퍼비전을 내담자와 그의 심리적 형태를 더 분석하기 위한 수단으로 사용하는 데 관심이 없다. …… 인간 중심 치료에서 슈퍼비전은 내담자의 자료에 관한 '탐정 업무'가 아니라 치료사 자신의 '조화'에 대해 이루어지는 것이기 때문이다. (p. 131)

먼스와 소른(Mearns and Thorne)은 상징을 직접 말하는 것이 좋은지의 여부에 대한 합의는 없지만, 어쨌든 치료사는 상징을 인지하고 그것을 내담자에게 반영한다는 사실에 주목한다. 인간 중심 치료를 하면서 과거와 관련되었지만 방치된 기억과 생각, 느낌, 이미지가 더 명확하게 이해할 수 있는 형태로 변모되는 것이 기대된다(2000, p. 146).

결론적으로 너무 허망하게 단순해 보이는 인간 중심 치료법의 핵심 조건은 세 가지이다. 조화, 조건 없는 긍정적 관심, 공감이 그것이다(Rogers, cited in Kirschenbaum and Land Henderson 1990, p. 135). 인간 중심 미술치료사에게는 나탈리 로저스가 제안한 네 번째 핵심 조건인 '예술을 활용해 고무적(stimulating)이고 도전적인(challenging) 경험을 제공하는 능력'이 추가로 요구된다.

제7장

마음챙김 미술치료

Mindfulness
art therapy

나의 모든 것이 순조롭고 행복하길

내 몸과 마음이 편안하길

나의 가슴이 사랑과 자상함이 깃든 자비로움으로 가득하길

나의 모든 것을 다 내려놓고 자유롭길

내가 평화롭게 살길

당신의 모든 것이 순조롭고 행복하길

당신의 몸과 마음이 편안하길

당신의 가슴이 사랑과 자상함이 깃든 자비로움으로 가득하길

당신의 모든 것을 다 내려놓고 자유롭길

당신이 평화롭게 살길

모두 모든 것이 순조롭고 행복하길

모두 몸과 마음이 편안하길

모두 가슴이 사랑과 자상함이 깃든 자비로움으로 가득하길

모두 다 내려놓고 자유롭길

모두 평화롭게 살길

평화롭길 평화롭길 평화롭길.

(메따Metta 수행 'Metta Loving Kindness Exercise', Rappaport 2014a, p. 318)

마음챙김 미술치료의 토대

불교는 5세기 인도 북부에서 석가(고타마 싯다르타, Gautama Siddhārtha)의 가르침에서 파생된 철학이자 세계적 종교다. 힌두교와 몇 가지 공통점이 있는데, 카르마(Karma)가 대표적이다. 카르마는 환생의 굴레, 즉 과거의 행동이 미래의 삶까지 결정하기 때문에 도의적인 행동이 중요하다고 강조하는 사고방식이다. 다소 결정론적으로 보이지만 도의적으로 청렴하게 금욕 생활을 하면서 바르게 살면 운명을 바꿀 수 있다고 본다. 불교는 종교이지만 종종 철학으로 여겨진다. 그 이유는 불교가 이 세상과 그 안에서 인간은 어디쯤에 있는지에 대한 지혜를 주고 인간이란 무엇인가라는 인간의 본성에 대해서도 논의하기 때문이다. 한마디로 불교는 형이상학적이자 인식론적이다(Stanford Encyclopedia of Philosophy 2015). 불교의 목표는 '깨달음', 즉 만물의 덧없음으로 인해 생겨나는 비참함, 존재론적 고통, 좌절, 불만, 절망을 넘어 열반(nirvana)에 이르는 것이다.

불교는 욕망이 고통의 원인이라는 사실을 이해하고자 한다. 한 예로, 티베트에는 여러 색깔의 모래로 정교한 만다라(조화로운 우주를 표현하는 이미지)를 공들여 만든 뒤에 물로 쓸어버리는 의식을 치름으로써 만물과 존재의 덧없음을 강조하는 전통이 있다.

불교의 핵심은 명상이다. 명상은 사색과 인지의 한 형태로 아무런 욕망이 없는 상태에서 어느 순간과 완전히 함께 존재하는 것이다. '내 것'과 '나'라는 생각을 과감하게 버리는 것을 경험하는, 다시 말해 '집착하지 않는 것'을 훈련하는 순간이다. 사물에 집착할 때 생겨나는, 자기 스스로 초래한 고통이 사라지거나, 아니면 최소한 떠오르는 생각을 일정한 거리를 두고 초연하게 바라볼 수 있다. 명상은 여러 형태가 있는데 초입에 소개한 메따(metta) 수행처럼 여러 번 소리를 외치는 경우도 있으며(만트라mantra, 기도나 주문), 단순히 '옴(Om)'을 반복하는 경우도 있다. 만트라를 외침으로써 잡념으로 가득하던 마음을 맑게 하고 긍정적이고, 도의적이며, 올바른 삶의 태도를 기를 수 있다.

마음챙김 미술치료란 미술치료의 이론 그리고 실제 치료 활동에 불교의 개념을 접목한 것이다(Monti et al. 2006). 명상 수련은 불교의 여러 종파들의 핵심이다. 일반적으로 말하면 명상은 앉아서 마음을 가다듬고 떠오르는 생각에 주목하는 것이지만 결코 그 생각에 이끌려 너무 깊게 파고들지는 않는다. 어느 정도 훈련이 필요하지만 기본적인 명상 기법만 익혀도 인지행동치료(CBT)에서 강조되었던 '내면의 부정적인 목소리'를 깨닫고 '마음의 여러 패턴'들을 인지할 수 있다. 다시 말하면 마음챙김 상태란 무비판적 순간을 경험하는 상태이다.

명상은 종종 악기 조율 작업과 비교된다. 줄이 너무 느슨해도, 너무 팽팽해도 악기 소리는 듣기 거북하다. 마찬가지로 명상 또한 억지 요소가 개입되면 안 된다. 너무 늘어져 있다면 마음은 복잡한 생각들과 함께 달아나버리기 때문에 명상을 할 수 없다. 어떤 사람들은 호흡할 때의 감각에 주목하는데, 이는 마음을 쏟을 수 있는 무언가를 선택해 확실하게 집중하려는 것이다. 분석하기 위해서가 아니라 마음에 집중하기 위한 방법으로 호흡을 선택한 것이다. 호흡을 할 때 가슴이 부드럽게 올라가는 느낌과 콧구멍으로 숨이 빠져나가는 느낌도 알아채고, 마음이 어지러워지면 다시 가만히 호흡에 집중하는 단계로 돌아가면 된다.

마음챙김치료는 행동치료와 마찬가지로 자기분석 기법이 핵심이며, 다른 심리치료에도 활용된다.

마음챙김은 지금 무슨 일이 일어나고 있는지를 인지하기 위해 오감을 사용해 현재의 순간에 완전하게 존재하는 것이다. 주기적으로 잡념이 머릿속을 파고들겠지만 이때 잡념을 알아차리고 주의를 다시 그 순간에 완전히 존재하는 상태로 돌리는 것이 주요 과제이다. …… 떠오르는 생각들에 대해서는 '이것은 잡념' 식의 이름표를 붙여 옆으로 제쳐두고(어떤 이들은 그러한 생각들을 트럭의 짐칸에 담아서 실어 보내는 식의 시각화를 통해 처리한다) 다시 본래의 과업인 '지금'에 주의를 집중한다. (Simmons and Griffiths 2009, p. 144)

원치 않는 생각을 지우기 위한 기법으로는 그 생각을 푸른 하늘에 흘러가는 구름에 실어 보내는 식의 시각화 작업을 들 수 있다. 또 다른 간단한 기법으로는 마음에 불쑥 떠오르는 생각에 주목하고 그 생각에 '생각 중'이라는 이름을 붙여 옆으로 제쳐두고 지금-여기의 순간에 다시 마음을 집중하는 방법이 있다. 명상을 하면서 어떤 이미지를 미리 정해두고 잡스러운 생각이나 이미지를 그 이미지로 대체할 수도 있다. 예를 들어 명상할 때 사람들이 주로 사용하는 상징 이미지는 연꽃이다. 연꽃은 지저분한 곳에서 자라지만 깨끗하고 아름다운 꽃을 피우는 속성이 있는데, 이는 마치 오욕과 고통 속에서 살지만 끝내 성공하는 인간의 능력을 비유적으로 나타낸다. 연꽃은 마음으로 상상할 수 있고, 나아가 우리 몸이라고도 상상할 수 있기 때문에 연꽃 명상을 하는 사람은 곧 연꽃이 될 수 있다. 흰 연꽃은 몸과 마음의 순수함을 상징하고, 활짝 핀 꽃은 불교 수행자의 목표인 깨달음을 상징한다. 연꽃을 그리는 일도 명상 활동이 될 수 있다.

인지행동 미술치료의
일부분으로서의 마음챙김

불교의 핵심 가치는 인간을 포함한 삼라만상에 대한 자비를 기르는 것에 있다. 인지행동치료의 경우에는 자비의 대상이 이처럼 포괄적이지는 않으나 자신에 대한 자학적인 평가를 거부하고 자기를 향한 자비를 키우는 일에 초점을 맞춘다는 점은 불교의 가치와 유사하다. 윌리스(Willis)는 마음챙김을 '인지와 사고를 사용해 의식을 완전하게 현재 이 순간으로 이동시키는 일'이라고 정의하며, 불교와 인지행동치료의 공동 목표가 '마음 수련을 통한 정신적 고통의 해소'라고 지적한다(2009, p. 69).

시몬스와 그리피스(Simmons and Griffiths)는 마음챙김을 인지행동치료의 일부로 활용할 수 있다고 주장한다. 질감이 특별한 재료의 활용, 소리 듣기, 색깔 관찰 등이 이에 해당한다. 마음챙김은 보통 치료 초기에 유용하다고 알려져 있다. 내담자가 원치 않는 거슬리는 생각에 초점을 맞추는 대신 그 생각을 알아채고(notice) 놓아버리는(let go) 것을 돕기 때문이다. 그들은 마음챙김 수련을 배우는 일은 강박증이 있는 사람들에게 특히 도움이 된다고 주장한다. 잡념이야말로 강박 및 충동장애, 극심한 고통을 초래하는 핵심이기 때문이다(Simmons and Griffiths 2009, p. 100).

윌리스(2009, p. 70)에 따르면, 마음챙김을 기반으로 하는 인지치료가 우울증 환자들의 우울증 재발 방지를 위해 널리 활용되어왔다. 마음챙김 방법의 하나인 거리두기 훈련(distancing practice)을 통해 우울증으로 이어질 수 있는 여러 걱정들을 마음에서 밀어낼 수 있기 때문이다. 거리두기 훈련은 강박적 집착을 깨부수는 것이 목적이다.

많은 사람들이 부정적인 생각을 품고 있는 듯하다. …… 하지만 부정적인 생각에 휘둘리지 않고 그저 대수롭지 않게 생각할 수도 있다. 환자의 특징은 부정적인 생각에 너무 깊이 빠져 있는 것이다. 일반적인 증상으로는 강박현상, 충동, 불안이 있으며 잡념과 집요한 되씹기, 즉 생각이 너무 많고 그 생각에 과도하게 주의를 집중하는 것이 특징이다. (Willis 2009, pp. 57-58)

벡(Beck)은 '우울증 환자들은 문제가 되는 외부적 상황이 전혀 없는데도 종종 우울한 일들을 끊임없이 떠올린다'라고 지적했다(1963, p. 326). 라파포트(Rappaport)는 이러한 점을 고려해 자신의 미술치료 방법을 '초점 지향 미술치료(Focusing-Oriented Art Therapy; FOAT)'라고 명명했다. 그녀는 초점 지향 미술치료의 목적이 내담자에게 '몸으로 경험하는 능력, 내면의 앎을 이해하는 능력, 자신에 대한 연민을 키워가는 능력, 매 순간 전개되는 상황과 경험을 인지하는 능력 등을 갖게 해주는 것'이라고 말한다(2014b, p. 193).

리히(Leahy)는 '난 그냥 그런 생각을 갖고 있는(have) 것뿐이야', 그리고 '난 그냥 그런 기분을 알아차리고(noticing) 있어'와 같은 단순한 방법을 활용한다(2005; cited in Willis 2009, p. 146). 그는 인지행동치료와 마음챙김을 결합해 '사고의 5단계' 기법을 만들었다.

1단계. 생각과 거리를 둔다 : '난 그냥 그런 생각을 갖고 있어'.
2단계. 자신 앞에 무엇이 있는지를 묘사한다.
3단계. 경험을 평가하거나 판단하는 것을 중지하거나 연기한다.
4단계. 상황의 중심에서 벗어나거나 거리를 둔다.

5단계. 상황에서 벗어나서 현실을 본다. 일단 상황에서 벗어나면 상황을
　　　볼 수 있다.

그 밖의 방법으로는 마음챙김 기법과 지시적 인지치료를 접목한 방법이
있다. 마음챙김 기법을 인지행동 미술치료 상담과 결합시킬 수 있으며, 만
다라 만들기와 같은 단순한 미술활동은 마음챙김 활동의 한 부분이기도
하다.

초점 지향 미술치료, FOAT

■ FOAT의 기본 원칙

라파포트(2014b)는 마음챙김 기법을 미술치료 과정에 접목해 초점 지향
미술치료, 즉 FOAT를 만들었다. 그녀에 따르면 FOAT와 마음챙김 명상 간
에는 '집중하기(Focusing Attitude. 불교에서는 '삼매'라고 한다)'라는 연관성이
있다. 이는 미술치료 과정에서 자기연민을 깊어지게 하며, 태풍의 눈, 즉 문
제의 핵심에 머무르도록 돕는다(p. 206).

첫 번째 기본 원칙은 마음챙김과 깊이 듣기(deep listening)에 익숙해지는
것이다. 이를 달리 표현하면 '닻 내리기(grounding)'와 '집중하기'이다. 그녀
는 '존재(Presence)'에 대해 이렇게 인식하고 있다.

마음챙김 인지는 치료사가 '존재'를 느끼는 것에서 시작된다: 당신은
지금 여기서 내담자를 받을 준비가 되었습니까? 당신은 자신의 몸과 가

슴, 마음과 정신 속에 함께하고 있습니까? 연민을 갖고 들어줄 준비가 되었습니까? 당신 자신의 문제들에 대해서 잘 인지하고 있습니까? 존재하기 위해 그 문제들을 잠시 옆으로 밀어둘 수 있습니까?

FOAT에 있어서 '존재'라는 개념은 마음챙김 수련에 있어서 '현재 이 순간을 인지하고 연민으로 수용하는 것'과 같다. (2014b, p. 194)

다음으로 그녀는 집중하기를 단순히 관심을 기울이는 행위 이상으로 본다. 그녀는 이렇게 설명한다.

집중하기는 자신의 내부에서 느껴지는 감각들에 대해 '친근한 태도를 갖는 것', 즉 수용적이고 비판단적이며 환영해 맞이하는 것을 특징으로 한다. 그리고 자기연민의 태도를 기르고자 한다. 롬(Rome 2004)의 설명에 의하면 집중하기는 미륵(maître)이라고 불리는 불교에서의 미덕과 유사하며, 자신을 향한 자비 갖기 혹은 호의 갖기를 의미한다. 집중하기의 효과는 강력한데, 종종 자기 자신을 친구로 만들 수 있는 매우 놀라운 방법이다(p. 63). (p. 194)

라파포트 기법의 또 다른 특징은 '닻 내리기'이다. 이것은 무술에서도 사용되는 기술이다. 훈련을 시작하기 전에 자신의 몸을 인식하는 것으로 신체 내부의 자기 존재를 인식하고 마음속 잡음을 잦아들게 한다. 라파포트는 다음과 같이 설명한다.

집중하는 동안 예상치 못한 감정과 문제들이 의식 위로 떠올라 집중을 방해할 수 있다. 그러므로 사전에 치료사가 내담자에게 닻 내리기 또는 주의집중 연습을 가르치는 것이 좋다. 예컨대 마음챙김 호흡하기 (mindful breathing), 땅을 딛고 있는 발의 감각 느끼기 등의 훈련이 도움이 된다. 수도승인 틱낫한(Thich Nhat Hanh, 1991, 2001, 2012)은 격한 감정을 다루기에 앞서 몸과 마음을 차분하게 해주는 마음챙김 호흡을 하는 것이 중요하다고 말한다. (p. 195)

이 기법은 내담자의 선호도에 따라 눈을 뜬 채 혹은 눈을 감고서도 할 수 있다. 라파포트에 따르면 이는 임상 현장에서 세심하게 판단해서 결정할 일로, 반드시 눈을 감고서 해야만 하는 것은 아니다.

■ FOAT 체크인

두 번째 원칙은 'FOAT 체크인'으로 마음챙김 의식을 기르는 것이 목적이다. 실제로 내담자에게 "당신이 경험한 내적 느낌에 '우호적인' 마음챙김 의식과 집중하기를 취하라"고 요구한다(Rappaport 2014b, p. 195). FOAT 체크인은 틱낫한(1991)의 주장과 일치하는 점이 있다. 틱낫한에 의하면 '명상에는 멈추고 차분해지기와 깊이 들여다보기 등 두 가지 측면이 있다'(cited in Rappaport 2014b, p. 195). 몸의 내적 경험과 느낌에 대해 깊이 집중하고 이를 통해 얻어진 느낌, 즉 통찰감각(felt sense)이 생겨난 후에 내담자로 하여금 그 느낌을 단어와 구절, 그림, 몸짓 혹은 소리를 활용해 천천히 여유 있게 표현해보도록 요구한다(Rappaport 2014b, p. 195). 라파포트는 이러한 통찰감각이 젠글린(Genglin)의 연구에서는 '상징/단서'로 불린다고 말한다(1981, p. 44 cited in Rappaport 2014b, p. 195). 라파포트는 이렇게 말한다. '통찰감각이 생겨나면 단어나 구절은 자연스럽게 글이나 시로 표현되고,

이미지는 그림으로, 몸짓은 움직임이나 춤으로, 소리는 음악, 목소리 혹은 소리 탐구로 나타난다'(p. 195). 그녀 특유의 기법은 내담자의 첫 통찰감각적 몸짓(상징/단서)에 공명하거나 이를 반영해준 다음에 포커싱 주체(내담자)로 하여금 이 통찰감각을 표현예술로 나타내보도록 유도하는 것이다(p. 195).

■ 예술로 공간 정리하기

FOAT의 세 번째 원칙은 미술작품으로 마음속 공간을 정리하는 것이다. 내담자에게 자기 인생의 모든 난제와 스트레스에 대해 생각만 하지 말고 지금 이 순간의 편안함을 방해하는 것들에 이름을 붙여보도록 촉구한다. 다시 말하면 '만사 OK'의 상태를 방해하는 것들의 목록을 작성하는 것이다. 그런 뒤에 각 항목마다 3점에서 6점까지 점수를 매긴다. 그리고 자기로부터 거리를 두고 상상을 통해서든 미술재료를 사용해서든 외부로 표현해본다. 라파포트는 이렇게 말한다.

> 상상으로 하든 미술활동으로 하든 스트레스 요인(스트레스의 근원)을 몸 밖으로 끄집어내는 것은 스트레스와 자신을 동일시하는 것을 막아준다. 이로써 내담자는 스트레스로부터 벗어난 참자기(me)를 느낄 수 있다. 일단 문제를 한쪽으로 치워두고 나서 내담자는 만사형통의 공간(all fine place)을 마음속으로 상상한다. 이 방법은 본질적으로는 전체성을 가진 존재였을 자아의 원래 모습에 다가서서 뿌리를 굳건히 내릴 수 있도록 해준다. (2014b, p. 196)

■ 테마형 FOAT

라파포트는 마음챙김과 자비, 지혜를 함양하는 유용한 테마로 연민, 감사, 용서, 관용을 제시한다. 실제 활용법에 관해 그녀는 이렇게 설명한다.

> 포커싱 주체(내담자)는 그들의 인생에서 연민을 가르쳐주던 존재를 인지할 수 있게 된다. 그것은 사람과 반려동물, 영적인 근원 혹은 자연에서 온 무언가일 수 있다. 먼저 내담자는 우호적이며 호기심 어린 태도로 몸의 느낌에 의식을 집중한 다음 연민을 가르쳐주던 존재에 대한 통찰감각을 느껴보도록 안내받는다. 그다음에 내담자는 통찰감각을 그와 어울리는 단어와 구절, 그림, 몸짓 혹은 소리를 사용해 예술적으로 표현해본다.
> (2014b, p. 196)

초점 지향 미술심리치료

초점 지향 미술치료는 마음챙김 5단계에 근거한다. 그것은 감정 알아차리기, 그 감정과 하나 되어 함께하기, 감정 추스르기, 감정 풀어주기, 깊이 바라보기이다(Rappaport 2014b, p. 197). 틱낫한(1991)은 이렇게 제시한다.

> 마음챙김 관찰은 비이원성 원칙에 기초한다: 우리의 느낌은 곧 우리 자신이며, 그 순간만큼은 우리가 기분 그 자체이다. 우리는 기분에 빠지지도 않고 공포에 사로잡히지도 않을뿐더러 기분을 거부하지도 않는다.

…… '두려움이여, 가라. 난 두려움을 좋아하지 않아. 넌 내가 아니야' 같은 말은 삼가는 편이 최선이다. 대신 이렇게 말하는 편이 훨씬 효과적 이다. '두려움아 안녕. 오늘 기분이 어떠니?' 그러면 당신 자신의 두 가지 측면인 마음챙김과 두려움을 초대할 수 있으며 친구처럼 악수를 나누고 하나가 될 수 있다. (pp. 52-54, cited in Rappaport 2014b, p. 318)

마음챙김을 접목한 미술치료

샤피로와 공저자들(Shapiro et al 2006)은 마음챙김의 특징인 의도, 주목, 태도 등이 스튜디오 미술치료에서 뚜렷하게 나타난다고 말한다. 알렌(Allen 2014, p. 55)은 마음챙김과 스튜디오 미술치료의 공통점에 관해 다음 사항 을 덧붙인다. 첫째, '목격(witnessing)'은 참가자들이 그들의 마음 상태와 예 술의 내용을 인지하는 과정이다. 목격 기록(witness writing)은 참가자들이 그들의 경험을 정리하고 기록하는 기법으로, 그 내용을 편집하거나 설명을 더할 필요는 없다. 표현은 산문 형식일 수도 있고, 시 형식일 수도 있다. 알 렌은 이미지와 물질을 융합한 이 기법이 참가자들에게 미술치료의 한계적 공간을 넘나들 수 있게 허용한다는 점에서 도움이 된다고 했다. 알렌이 확 인한 또 다른 요소는 집단 작업에서 목격자 의식(witness consciousness)이 라고 명명한 것이다. '무비판적 태도로 함께 앉아서 거리감 느끼는 말을 삼 가고 주의를 집중하면 수월하게 마음속 깊은 곳에서 들려오는 자신의 이야 기를 들을 수 있다'(P. 55).

샤피로 등(2006)은 '지금 여기에 존재하기'를 예술치료의 중요한 요소라고 강조했는데, 이 또한 마음챙김 치료의 중요한 요소이기도 하다.

마음챙김 치료의 맥락에서 볼 때 '관심 기울이기'는 신체의 내적·외적 순간순간의 경험을 인지하는 행위이다. 후설(Husserl)은 이를 '사물의 원래로 돌아가기'라고 표현한다. 모든 방식의 경험을 해석하는 행위를 중단하고 지금 여기의 경험에 집중하는 일이다. 이런 방법으로 사람들은 의식의 대상 그 자체에 순간순간 집중하는 법을 배운다. (P. 376)

피터슨(Peterson 2014)은 참가자들이 미술재료를 집중해서 마음으로 탐구할 수 있도록 간단한 활동을 개발했다.

종이를 잡아요. 종이를 만지는 느낌이 어떤가요? 빛을 향해 들어봐요, 눈에 어떤 느낌이 드나요? 코에 연필을 대보세요, 냄새 같은 것이 느껴지나요? 지금 색연필 상자를 열고 있는데 어떤 생각 혹은 느낌이 드나요? 붓을 움직여 종이를 색칠하세요. 몸에는 어떤 느낌이 들었나요? 사람들이 작업대에서 작업을 할 때 당신의 귀를 스친 소리는 어땠나요? (p. 68)

그녀는 또한 집중하기와 닻 내리기를 하기 위한 다음의 기법을 사용한다.

먼저 호흡의 들고 나는 주기에 맞춰 의식을 집중합니다. 이제 천천히 몸의 경험을 관찰하면서 땅을 딛고 있는 당신의 발에 느껴지는 것을 알아차릴 수 있도록 의식을 집중합니다. 몸이 저릴 수도 있고, 맥박이 뛰고, 긴장 혹은 경직, 개방성, 차가움 혹은 따뜻함을 느낄 수 있습니다. 이런 경험도 좋고 다른 경험도 좋습니다. 느낌을 감지합니다. 이제 당신의 머리 부분에 의식을 집중해서 마음의 경험을 깊이 느껴봅니다. 아마도 분주함이나 여유로움, 폐쇄성이나 개방성, 불안함이나 안정감, 긴장, 그리고 또 다른 경험들이 의식될 것입니다. (p. 69)

피터슨(2014, p. 76)은 디지털 사진을 마음챙김 걷기에 활용한다. 감각을 건드리는 사진을 최대 10장까지 뽑아서 인쇄한 후에 콜라주를 만드는 것이다.

챙(Chang 2014)은 마음챙김 기법이 인간 중심 치료법과 매우 흡사하다고 말한다. 그녀는 인간 중심 표현미술치료(6장에서 논의했고, 나탈리 로저스의 창안물로 볼 수 있다)가 '현재에 집중하기, 깊이 듣기, 무비판적 인지' 등 마음챙김 기법과 유사한 특징들을 길러준다고 말한다(p. 219).

챙은 상담을 시작하는 의식으로 차 명상을 한다.

'차 명상' 수련은 슬픔과 걱정에도 불구하고 지금 이 순간의 행복에 깊숙이 젖어들기 위해 차와 친구와 함께 오롯이 현재에 존재하는 것이다. 표현예술은 명상 경험이 풍부해지도록 돕는다. 차 명상은 인지를 새롭게 만들어주고 영혼을 정돈해 창의적인 과정을 경험하게 해준다. (p. 223)

챙은 '부다 보드(The Buddha Board. www.buddhaboard.com)'를 활용한다(2014, p. 229). 그녀는 욘게이 밍규르 린포체(Yongey Mingyur Rinpoche)가 했던 말을 인용하며 '마음챙김은 불교 수행의 핵심이며 생각과 기분, 느낌이 있는 그대로의 상태에 머무는 것을 배우는 것'이라고 말한다.

불교의 주요 교리는 모든 사물과 존재가 일시적이라는 사실을 깨닫는 것이다. 타인과 인연을 맺으면 많은 연민이 생겨나기 때문이다. 불교에서 사라져버릴 무언가에 집착하는 것을 고통의 근원으로 보는 것은 맞지만, 불교에서 말하는 '집착하지 않는 태도'를 허무주의와 혼동하면 안 된다. 이는 자아에 대한 서구적 개념에 이의를 제기하며 고정된 본질이 없음을 시사한다. 물을 사용해 부다 보드에 그림을 그릴 수 있지만 물기가 마르면 그림이 사라지는 것처럼 말이다.

> '부다 보드'(www.buddhaboard.com)는 단순하게 보드 표면에 물로 그림을 그리는 것으로 그림을 그리거나 글씨를 쓰면 검은색의 이미지가 나타났다가 물이 마르면서 점점 그림이 사라지는 제품이다. 부다 보드는 우리가 매순간을 인지하며 고요하게 머물 수 있는 멋진 그릇인 셈이다. 우리는 그림을 그리면서 그 순간을 즐기고 또 관찰할 수 있다. 현재의 순간에 일시적으로 살고 있다는 선불교 개념에 기초한다. 현존하면서 매순간 감사하고 집착하지 않으며, 마음을 정갈하게 하는 치유 과정이다. 세상만사는 변하며 영원하지 않다는 사실을 알려주는 훌륭한 선생님이다. (Chang 2014, p. 229)

와이너와 라파포트(Weiner and Rappaport)는 앉아서 하는 명상이나 걸으면서 하는 명상 등 아이들도 할 수 있는 단순한 마음챙김 기법을 고안하면서 미술활동도 만들었다.

> 미술은 종종 마음챙김 활동의 내용을 인지해 표현할 수 있는 즐겁고 가시적인 방법이다. 이를테면 어린이는 색을 고르고, 들숨에 선 하나를 그리고 날숨에 다른 선 하나를 그리는 등의 방식으로 미술활동을 할 수 있다. 어린이들에게 주의집중 호흡을 한 후에 몸에 무엇이 느껴지는지를

느끼도록 하고 몸의 윤곽에 그 느낌을 그려넣거나 몸의 모양을 잘라내 보도록 한다. (Weiner and Rappaport 2014, p. 248)

앞에서 논의한 FOAT는 아동이나 청소년이 마음챙김 기법의 기본을 배우고 내적인 경험을 더 잘 받아들여 감정과 건강한 관계를 맺고, 완전성의 공간에 들어가 자기연민과 타인을 향한 연민의 감정을 모두 돈독히 하기 위한 예술 기반의 방식으로 권장된다(Weiner and Rappaport 2014, p. 248). FOAT는 '자기 친절 일기' 같은 기법에 예술을 결합할 수 있다. 예를 들어 아이들은 매일 스스로 감사한 일 혹은 다른 사람에게 친절을 베풀었던 일 등을 세 가지 적는다(p. 254). 와이너와 라파포트는 마음챙김이 스트레스 해소 프로그램과 잘 어울리며, 예술적 측면이 아이들의 마음챙김을 향상시킨다고 말한다(p. 249). 아이시스(Isis 2014) 또한 마음챙김 기반의 스트레스 해소법(mindfulness-based stress reductioin: MBSR)이 병원 환경에 적합하다는 입장이다. 그녀는 MBSR로 스트레스와 우울증, 불안을 해소하면 기분이 좋아지고 회복력 또한 향상된다고 주장한다. 그녀는 참가자가 그들의 신체적 경험을 반영할 수 있도록 여러 가지 체계적인 활동을 한다. 이를테면 호흡에 집중하는 자세로 앉아 있기, 호흡 묘사하기 식으로 활동을 시작하고, 마음챙김 앉기의 일환으로써 참가자들의 몸 안팎에서 일어나는 즐겁거나 불쾌한 또는 중립적인 사건에 주목하는 것이다. 다음은 그녀의 조언이다.

당신은 지금 현재 인생의 즐거운 상황을 시각화해봅니다. 당신의 감각을 활용해 당신의 마음에 분명한 그림이 떠오르게 합니다. 호흡에 집중합니다. 준비가 되었으면 당신의 호흡을 선, 모양, 색깔(크레파스, 사인펜, 색연필)로 표현해봅니다. 종이 뒷면에 우선, 현재 당신 인생에서의 불쾌한 상황을 그려봅니다. 당신의 몸 전체로 느껴봅니다. 준비가 되었다면 당신의 호흡을 통해 그것을 형태로 만들어봅니다. (Isis 2014, p. 161)

이렇게 자신의 반응에 주목하는 것은 무비판적 수용을 연습하는 방법의 하나이다. 몸 전체에 집중하는 훈련도 있고, 치료사가 미리 그려서 준 전신의 외곽선 그림에 모든 감각을 집중시키는 훈련도 있다. 그런 다음에 스트레스에 대처하는 유형과 스트레스 반응을 명확하게 탐색하는 더 복잡한 연습으로 옮겨간다. 다음 사례는 평가 도구를 각색한 것이다.

> **그림 1**: 당신은 숲으로 난 길을 따라 여행을 하고 있습니다. 물살이 센 강을 만났습니다. 여행을 계속하려면 반드시 강을 건너야 합니다. 강을 어떻게 건널지 1쪽에 그려보세요.
>
> **그림 2**: 다시 길에 들어서 숲을 떠난다고 상상해보십시오. 산에 오르기 시작합니다. 경사가 심해서 길은 지그재그로 들쭉날쭉 합니다. 잠시 멈춰서 숨을 고릅니다. …… 순간 야생동물이 당신에게 다가오고 있다는 사실을 알아차립니다. 어떻게 그 동물을 통과할지 2쪽에 그려보세요.
>
> **그림 3**: 다시 산길로 돌아왔는데 우박을 동반한 엄청난 폭풍을 만났다고 상상해보십시오. 대피처를 찾아야 합니다. …… 당신은 가까운 곳에 있는 동굴을 봅니다. 입구 양쪽에 괴물이 있습니다. 어떻게 동굴에 들어갈지 3쪽에 그려보세요.
>
> **그림 4**: 일단 동굴에 들어가니 피곤이 몰려와 쉬고 싶습니다. 쉬려고 눈을 붙이기 전에 어떤 소리를 듣고 동굴에 혼자 있는 게 아니

라는 사실을 알게 됩니다. 어떤 방식으로 이야기를 끝내든 동굴에서 느끼게 되는 경험을 4쪽에 그려봅니다. (Isis 2014, p. 164)

참가자들은 짝을 지어서 그들의 경험을 공유한 다음 마찬가지로 전체 집단과 경험을 공유한다. 이 활동은 참가자들이 장애물을 만났을 때 그들의 수동성 혹은 공격성 또는 무력감, 그 밖의 잠재적 반응을 살펴볼 수 있는 여지를 제공한다.

아이시스가 '사회적 원자(Social Atom)'라고 했던 이후의 활동은 참가자들이 그들의 관계를 분석할 수 있게 한다.

지금 당신의 삶에서 가장 중요한 관계를 그려봅니다. 가장 중요한 관계로 이루어진 가상의 지도를 만듭니다. 당신도 포함합니다. 여성은 동그라미로, 남성은 세모로 표현합니다. 종이에 당신을 상징하는 도형을 현재 인생에서 스스로의 위치에 해당하는 곳에 그립니다(예를 들면 가운데, 가운데에서 벗어난 곳, 아래쪽, 위쪽 등). 그리고 인생에서 얼마나 크게 혹은 작게 느껴지는지 깊이 생각합니다. 현재 관계에 관한 인식을 보여주는 색깔을 사용합니다. 상징 아래에 '나'라고 씁니다. 계속해서 동그라미와 세모, 선택한 색을 이용해 현재 각각의 중요한 관계에서 얼마나 가까운지 혹은 멀리 떨어져 있는지, 크거나 작은지, 넓거나 좁은지 표현합니다. …… 죽은 사람이나 고양이도 이 그림의 일부가 될 수 있습니다. 죽은 사람은 동그라미나 세모에 빗금을 그어서 표시합니다. (2014, p. 165)

'느끼기에 번잡합니까 아니면 외롭습니까?', '당신이 바라는 상태가 된다면 그것은 어떤 것처럼 보일까요?'와 같은 질문도 추가로 해서 분석한다.

프랭클린(Franklin 2014)은 미술치료 지망생이 마음챙김을 배우는 이유가 마음챙김이 온전하게 현재 이 순간에 있을 수 있고 숙련된 치료나 상담에 필수적이기 때문이라고 주장한다. 짐머만(Zimmerman)은 이를 '무조건적으로 존재하기(unconditional presence)'라고 칭한다.

이런 종류의 연습을 통해 얻을 수 있는 가장 중요한 이점은 따뜻하고 수용적인 태도로 자신에 대해 판단할 수 있다는 점이다. 우리는 이를 미륵이라 부르는데, 자신의 복잡한 주관적 문제에 대해 호의적이 되는 것을 말한다. 명상을 할 때 우리는 스스로 판단내리는 자신의 마음을 바라보는 것에서 자신과의 관계를 만들기 시작한다.

시간이 경과하면 원치 않는 것들을 수용하는 단계를 만들어주는 것은, 문제되는 것은 무엇이고 그냥 해결될 것은 무엇인지를 판단하는 과정이다. …… 처음으로 미술치료를 할 때 다른 사람의 고통과 함께하는 것은 결코 쉽지 않다. 어쩌면 빈틈없이 계획하려 하고, 문제를 해결하려 하며, 그와 유대관계에 빠져 허우적거리는 자신을 발견할 수도 있다. 마음챙김 수련은 치료적 관계를 맺음에 있어서 우리로 하여금 현재 이 순간으로 돌아가서 본연의 임무를 수행하도록 해준다. (2014, p. 269)

프랭클린(2014)은 명상으로 인식과 감각을 강화할 수 있다고 단언한다. 그는 '명상을 하는 사람은 생각에 반응하기보다 생각을 관찰하는 데 익숙해진다. 이는 탈동일시(disidentification, Walsh and Shapiro 2006)라는 기술이다'라고 주장한다'(2014, p. 272). 계속해서 그는 '명상하는 사람이 마음의 생각을 들여다보는 훌륭한 관찰자가 되는 것처럼 예술가는 그들의 생각을 비슷한 과정을 통해서 외부로 나타낸다'고 주장한다. 예술의 상징적 유형은 곧 생각의 유형이다. 그는 또 '통찰하고 실제 눈에 보이는 형태로 생각을 잡아주면 내면의 사색적 인지에 더 깊이 접근할 수 있다. 특히 생각과 느낌이 모호하고 혼란스러울 때 그러하다'라고 말한다(2014, p. 272). 이는 정신분석 이론에 근거하지 않고 미술치료 과정을 개념화하는 차별화된 방식이다.

자비로 치료하기

불교의 핵심 교리는 자기 자신과 타인을 향한 자비를 갖는 것이다. 한(Hanh 2001, p. 2)은 '자비롭게 듣기'를 강조하는데 이는 주의를 집중해서 듣는 '깊이 듣기'의 한 형태이다. 길버트(Gilbert)는 자비 형상물을 '자비 만들기 정신교육'의 유용한 수단으로 사용하자고 제안한다. 형상물은 (a)개인에게 유일하며 (b)위로를 주고 (c)자비를 구체화하는 어떤 것이다. 부정적인 생각을 식별하고 그 대안을 찾는 고전적인 인지 기법을 사용할 때 자비로운 대안을 찾을 것, 따뜻한 마음으로 듣고 느낄 것 등을 지시할 수 있다. 형상을 통해 자기의 일부와 내적인 대화를 나누는 일이 본질적 목표이다(Gilbert 2009, p. 216). 자비의 이상적인 모습을 마음으로 그리기 때문에 '자비 이미지가 자기에게 어떤 이야기를 하는지, 어떻게 자기에게 이야기를 들려주는지'를 연상한다(Gilbert 2009, p. 216. 이는 실제로 다른 곳에서 자세하게 논의된 '유도된 공상 기법'과 매우 유사하다). '사람들은 자비의 형상화를 (명상을 하거나 적극적인 상상같은) 수련으로도 실천할 수 있으며, 대안을 떠올리거나 자비로운 편지 쓰기 같은 활동으로 활용할 수 있다'(Gilbert 2009, p. 226). 이런 이미지에 관해서는 이야기하는 것뿐만 아니라 이미지를 만들 수도 있다. 앞에서 논의했던 테마형 FOAT에서 라파포트는 연민, 감사, 용서, 관대함을 유용한 테마의 사례로 제시한다. 다음은 자기연민 유도 명상의 한 예이다.

현재 당신의 인생에서 주기적으로 만나는 살아 있는 사람을 떠올려봅니다. 당신은 그 사람에게 쉽게 애정을 느끼고 호감이 있으며 그 사람 덕분에 당신은 사랑받는다고 느낍니다. 그 사람이 당신 앞에 서 있다면 어떤 느낌일지 당신 몸으로 느껴봅니다. 그 사람이 당신에게 사랑스런 이야기를 들려주고 푸근하게 안아주며 미소 짓는다고 생각해봅니다. (30초간 멈춤) 이제 그 사람이 당신을 사랑하던 방식대로 당신을 사랑합니다. 스스로 자신에게 그가 했듯 좋아하는 것에 대해 이야기할 수 있는지 봅니다. 자신에게 사랑이 담긴 포옹을 하거나 미소를 지을 수 있는지 봅니다. 많은 사람들은 종종 다른 사람에게 주는 사랑과 비교해서 자신을 사랑하는 것을 힘들어 합니다. 나 자신을 사랑하는 감정을 키우는 일은 어느 정도 시간이 걸립니다. 인내심을 갖고 부드러워지세요. 자신을 사랑할 수 없을 때도 스스로를 사랑하기 어려운 부분을 찾아 사랑할 수 있는지 방법을 알아보고 어떻게 사랑할지 배웁니다! 지금 당장 스스로에게 어떤 연민도 못 느껴도 괜찮습니다. 어떤 감정이든 괜찮습니다. …… 그저 알아차리고 받아들이세요. 지금, 당신 몸에서 느껴지는 무언가를 알고 당신의 통찰감각과 일치하는 이미지, 문자, 구절이 있는지를 봅니다.
(Weiner and Rappaport 2014, p. 254)

끝으로, 몬티 등(Monti et al. 2006)은 마음챙김 미술치료(MBAT)를 하면

암환자들의 삶의 질이 올라간다고 피력한다. 소규모 무작위 통제실험 결과 정신적 고통이 상당 부분 감소했다는 사실이 보고되었다. 피터슨(Peterson)은 예술 기반의 치료를 통합해 암환자들을 대상으로 다양한 마음챙김 기법을 활용한다. 호흡 인지, 전신스캔 명상, 좌선, 부드러운 요가 연습, 마음챙김 식사, 걷기 명상, 미술재료의 마음챙김 의식과 명상의 한 형태인 창의적 표현 등이 이에 해당한다(2014, p. 66).

명상과 만트라를 외치는 마음챙김 치료로 얻어진 휴식 반응은 고혈압, 불안, 불면, (스트레스로 인한) 노화 등 스트레스 장애의 임상적 역효과에 대응하는 효과적인 치료적 개입으로 판명되었다(Bhasin et al. 2013, p. 1). 그밖의 신체적 장애에 있어서 장기적으로 회복력을 갖는지는 여전히 연구 중이다. 마음챙김은 에너지의 신진대사와 관련된 강화된 유전자 발현과 …… 염증 반응과 스트레스 반응과 관련된 감소된 유전자의 발현과 연관이 있다(Bhasin et al. 2013, p. 1). 다시 말하면 마음챙김 기법은 면역과 스트레스 기능과 관련된 특정 유전자의 스위치를 켜고 끌 수 있다.

이번 장은 불교의 기본 개념을 설명했으며 근본적인 불교 수행을 기초로 한, 특히 명상을 통한 자비심과 집착하지 않는 마음의 수양 등 다양한 비종교적 마음챙김 수련을 묘사했다. 또 인지행동치료나 다른 미술치료 접근법의 일부를 구성할 수 있으면서 그 자체로 독특한 접근이 가능한 마음챙김 미술치료의 철학적·이론적 토대를 자세히 설명했다. 미술치료사들이 마음챙김 미술치료 훈련을 개발하는 방법에 관한 다양한 사례 또한 설명했다.

제8장

통합미술치료
(집단상호작용 미술치료 모델)

Integrative art therapy

이 치료법은 여러 가지 이론적 개념들을 모아 한 가지 치료 방식으로 통합한 모델로, 집단상호작용 미술치료의 관점과 용어는 정신분석학과 분석심리학의 것을 사용한다. 체계 이론(System theory)에서 나온 개념도 포함한다. 특히 상호작용 심리치료 혹은 대인 간 집단심리치료와도 연결되는데 이는 정신분석학, 사회심리학, 실존주의 철학을 결합시킨 것이다. 그런데 이러한 이론 체계들은 인간관이 서로 상당히 다르고(정신분석학, 분석심리학, 사회심리학과 실존주의 철학의 인간관은 상당히 다르다) 정신병리학에 대한 해석체계 역시 매우 다르다.

오늘날 집단상호작용 미술치료 모델의 특징은 그 이름이 말해주듯이 인간 간의 상호학습이 중요하다는 관점에서 사람들이 집단에서 어떻게 상호작용을 하는지에 관심을 둔다.

(통합미술치료가 파생되어 나온) 집단상호작용 심리치료는 일상에서 사람을 속박하는 상호작용의 행동과 반응, 특정 양식에 초점을 맞추어 집단 안에서 변하도록 돕는다. …… 이 치료의 핵심은 개인이 타인과의 상호작용을 통해 자신과 타인에 대한 관점, 타인에 대한 기대에 영향을 미치는 자신의 내면세계를 지속적으로 재구축하는 것이다. (Waller 1993, p. 22)

이 치료법은 고전적인 정신분석학의 관점과 비교해보면 사람이 어떤 존재이며 어떻게 구성되는지를 개념화하는 방식이 다소 독특하다. 고전적 정신분석학은 아동기 초기에 인격(혹은 신경증)이 발달한다고 주장한다. 이와는 대조적으로 집단상호작용 모델은 인간이 어느 정도까지는 끊임없이 변한다고, 즉 우리의 정체성 역시 계속 변하고 재현된다고 주장한다. 철학적

심리상담 이론과 미술치료

으로 이 모델은 고전적 정신분석학 모델과 잠재적으로 상충하지만 치료사들은 정신분석학의 특징을 치료에 접목해 실시한다. 보통 타인이나 집단에 대한 참가자들의 감정은 지금 여기서 형성된 것이 아니라 과거의 습관적 반응에서 촉발되며 상담을 통해 분출된다. 그러나, 아동기의 경험을 간과하는 건 아니지만, 이는 집단치료의 주요 관심사가 아니다.

이러한 포괄적인 치료 방식에 관해 다이앤 월러(Diane Waller)는 이렇게 말한다.

집단상호작용 미술치료는 미술치료의 핵심 이론을 활용한다. 이미지(혹은 대상) 만들기는 학습 과정의 중요한 측면이다. 치료사 앞에서 이미지를 만드는 것(그림 그리기, 대상하기, 점토 공예, 조각 등)은 내담자가 현재 느끼는 감정은 물론이고 과거에 억압했던 감정과 마주서게 한다. 그 결과물로서 나타나는 작품은 쉽게 발산시키지 못했던 깊은 감정을 담아내는 그릇이 될 수 있으며, 치료사와 환자 간에 의사소통의 수단이 된다. 또 치료사와 환자 간의 전이(transference. 과거의 일로부터 유래했으나 지금 여기에 투사한 감정은 우리가 타인을 대하는 방식에 영향을 미친다)를 밝히는 데 일조한다. (1993, p. 3)

배경과 이론:
대인집단 이론과 실존주의

'집단상호작용 미술치료'라는 용어는 월러가 개발한 모델과 관련이 있으며, 이에 대해서는 이 장에서 구체적으로 논의할 것이다. 이 치료법의 토대를 월러가 마련했다고 인정한 치료사들에 대해서도 언급할 것이다. 하지만 '통합미술치료'라는 용어는 광범위한 집단상호작용 치료법에 적용할 수 있으나(적용할 가능성 또한 있다) 강조하는 측면은 조금씩 다를 것이다(예를 들어 어느 정도는 정신분석학적인 정신역동과 가깝거나 혹은 멀 것이다). 하지만 이 치료법은 인간에 대한 존재론적 정의에 있어서도 그렇고, 자아가 고정된 것이 아니라 사회적 관계에 따라 구성된다는 사실을 중요하게 여긴다는 점에서 고전적 정신분석학과 다르다. 그래서 이 모델에는 본질적인 갈등이 있다. 실용주의자는 이 모델이 정신역동 이론 중 몇 가지 쓸모 있는 것들만 고수하고 나머지 부분은 폐기해버리려 한다고 말할 것이다.

개인의 내적 심리 과정만을 절대적으로 중시하던 과거에서 이렇게 이탈하게 된 것은 마르틴 하이데거의 현상학적 철학과 종종 '세계 속의 존재'로 묘사되는 현존재(dasein. 말 그대로 '거기에' '존재'하는) 개념에 기인하며, 자기에 대해 스스로 정의하고 인생에서의 의미를 스스로 만들어가는 과정을 중시하는 것과 관련이 있다. 얄롬(Yalom)은 저서 『실존주의 심리치료(Existential Psychotherapy)』(1931)에서 실존주의적 태도는 주체와 객체라는 데카르트의 이원론과 정면으로 대치한다고 설명한다. 인간의 의식에 따라 현실이 구성된다는 의견에 대해 얄롬은 이렇게 지적했다. '각각의 현존재가 각자의 세계를 구성한다. 비록 우리가 동일한 객관적인 세계에서 살아가고 있지만 모든 사람을 표준화된 방법으로 연구한다는 것은 중대한 관찰의 오류, 즉 기념비적 과오를 범하는 일이 될 것이다'(1980, p. 23). 실로 혁명적인 감상이다!

얄롬은 정신분석적 심리치료, 신(新) 프로이드 학파의 정신역동과 실존주의 심리치료 간의 주요 차이점을 간단하게 요약한다. 그는 (3장 정신분석적 미술치료에서 독자들에게 언급했듯이) 정신분석학에서 아이를 본능의 지배를 받는 존재로 해석한다고 지적한다.

> 몇몇 영역에 갈등이 있다: 이중 본능 …… 환경의 요구와 충돌하는 본능과, 환경의 요구를 내면화하는 본능이 서로 충돌한다. 후자를 초자아라고 한다. 아이는 당장의 만족감을 위한 내면의 압박과 만족감을 지연시키는 현실의 원칙 사이에서 협상해야 한다. 따라서 본능에 끌리는 사람은 선천적인 공격성과 성적인 욕구 충족을 막는 세계와 전쟁 중이다. (1980, p. 7)

신 프로이드 학파(해리 스택 설리반Harry Stack Sulivan, 카렌 호나이Karen Horney, 에리히 프롬Erich Fromm의 연구를 포함)의 정신역동 이론은 대인관계의 환경을 더 강조한다. 얄롬은 중요한 어른들의 요구는 성장하는 어린이의 타고난 속성에 영향을 미친다고 지적한다.

> 아이는 …… 타고난 기운, 호기심, 때 묻지 않은 신체와 내재된 성장 가능성 그리고 사랑하는 어른을 향한 독점욕 등을 잔뜩 품고 있다. 이런 속성은 주변의 중요한 어른들의 요구와 항상 일치하지는 않는다. 그리고 아이들의 이러한 선천적인 발달 성향과 보호받고 인정받기를 바라는 요구 사이에 갈등의 핵심이 있다. 만일 불행하게도 아이가 극도로 자신의 신경질적인 싸움에 빠져 허우적대는 부모를 만나 보호받지 못하고 자율적인 성장도 격려받지 못한다면 심각한 갈등이 발생한다. 이러한 싸움에서 보호 본능이 더 우선되기 때문에 성장은 항상 양보를 하고 만다. (1980, pp. 7-8)

실증주의 심리치료에는 다른 종류의 갈등이 존재한다.

> 억압된 본능적 욕구를 충족하는 행동과 내면화된 중요 인물과의 갈등은 없지만 개인과 그 개인이 바꿀 수 없는 현실과의 대립에서 나오는 갈등이 존재한다. ······ 이러한 본질적 속성은 인간의 한 부분으로, 피할 수 없다. (Yalom 1980, pp. 8-9)

이런 갈등은 '깊은 개인적 반영'을 통해 예측할 수 있지만 죽음과 자유, 고립, 무의미는 불가피하게 인정된다(Yalom 1980, p. 9). 실존주의적 정신역동은 과거를 탐구하는 데 관심이 없다. 과거가 현재의 실존에 영향을 준다는 것은 인정하지만, 정작 주목하는 것은 과거가 아니라 현재의 실존 상황이다. 얄롬은 인간의 조건의 하나인 스트레스를 정신병리의 근본 원인으로 보면서 이를 세균성 감염에 비유해 '세균은 항상 존재하지만 그것 때문에 병이 들기보다 면역력과 저항력의 변화에 따라 병이 든다'고 말했다.

실존주의 분석가들은 현상학적으로 환자에게 접근한다. 다시 말해, 치료사는 반드시 환자의 경험적 세계에 들어가 그 세계에 귀 기울여야 하며 참이해를 방해하는 추측은 지양해야 한다(Yalom 1980, p. 17). 실존주의적 심리치료사는 정체성의 유일성에 주목한다. 결과적으로 그들은 정신분석학적 환원론(모든 인간의 행동을 몇몇 기본적 욕구로 파악해내려는 이론)과 결정론(모든 정신적 기능이 이미 존재하는 인식 가능한 몇몇 요소에서 기인한다고 믿는 이론)에 반대한다(Yalom 1980, p. 17).

그러나 현상학적으로 치료에 접근하고, 정신분석학의 결정론적이고 기계론적 모델에 반대한다는 사실을 제외하면 실존주의는 '일관성 있는 이데올로기를 갖춘 학파'는 아니다(Yalom 1980, p. 17). 현상학적 접근은 실존주의의 핵심 사항이기 때문에 명확하고 정교하게 들여다볼 필요가 있다.

현상학적 접근이 중시하는 것은 다음과 같다.

> 현상 자체는 '표준화된' 수단과 추정 없이 다른 현상과 마주한다. 그래서 자신의 세계관을 가급적이면 잠시 접어두고 다른 사람의 경험적 세계로 들어가야 하는 것이다. 다른 사람을 이해하는 이러한 접근법은 심리치료에서 실현될 수 있다. 훌륭한 치료사라면 누구나 환자와 그런 관계를 맺으려고 노력한다. 이는 공감, 대면, 경청, 무비판적 수용, 혹은 메이(May)의 '숙련된 순진한' 태도를 의미한다. 실존주의적 치료사들은 치료사들이 환자를 정상에서 일탈했다는 식으로 바라보지 않고 환자의 개인적 세계를 이해할 것을 강력하게 권고한다. (Yalom 1980, p. 25)

정신병을 내적 갈등의 혼란으로 개념화하지 않고 대인관계의 수단과 이론을 강조하는 것은 개인의 자유와 책임과 상당 부분 관련되어 있다. 실제로 사회심리학과 실존주의 사이에는 긴장감이 존재한다. 현실의 선택이 물질적으로 개념적으로 얼마나 억제되고 있는지를 고려하면 선택의 자유(freedom of choice)라는 말은 상당히 오용된 메시지임이 분명하다(페미니즘 미술치료와 사회적 미술치료 모델에서 강조하는 이 점에 관해서는 다음 장에서 논의한다). 래티건과 애블린(Ratigan and Aveline 1988)은 실존주의가 자율성, 근면성, 자기신뢰라는 풍조 때문에 북미에서 대중화되었다고 설명한다.

월러는 집단심리치료를 부분적으로 실시하던 전후 재활운동을 집단상호작용 미술치료 모델의 기원이라고 생각한다. 그녀는 두 명의 정신과 의사 윌프레드 비온(Wilfred Bion)과 존 릭맨(John Richman)이 '집단역학'을 활용해 1942년에 노스필드 군병원에서 시작한 실험을 강조한다. 그 실험에서 의사들은 군인들이 '집단 간의 긴장'을 극복하고 적응하는 방법을 학습하도록 독려했다(Waller 1993, p. 5). 두 번째 실험은 노스필드 실험으로 몇 년 후에 시행되었는데, 이번에는 빈에서 헬렌 도이치(Helene Deutsch)와 함께 정신분석 교육을 받은 지그문트 하인리히 폴크스(Sigmund Heinrich Foulkes)도 참여했다. 1945년에 폴크스는 심리극과 미술치료를 병행하는 집단기법 개발 지침서를 받았다. 1945년 10월 19일, 첫 미술 수업이 집단토론과 함께 시작되었고 자유롭게 그림을 그린 후에 작품에 대해 다 함께 토론하는 방식으로 진행되었다. 다양한 주제를 논의하기 위한 촉매제 역할을 작품이 했지만 '지금-여기'의 시점에서 작품에 대한 반응에 주목했다(Hogan 2001, pp. 209-210).

월러는 또한 사회심리학 개념의 중요성을 시사한다. 계속해서 그녀는 심리치료를 받거나 스스로 심리치료를 참조하는 사람들의 경우 주로 사회적 약점, 소외된 상황, 사회적 고립과 같은 사회문제들이 결합해 정신적 평화를 방해함으로써 나타난다고 주장한다(1993, p. 6). 그러나 이 모델은 기존 정신치료의 정확성을 부정하지는 않지만 정신분석적 치료와 분석심리학적 치료와는 다른 이론적 토대에 근거한다.

월러는 해리 스택 설리반(Harry Stack Sullivan)의 연구를 집단상호작용 치료의 발전에서 특별히 중요하게 생각한다.

설리반은 개인사가 삶의 모든 순간에 영향을 미친다고 믿었다. 개인사가 경험하는 것들에 대해 역동성과 의미를 부여하기 때문이다. 그는 위험한 상황에서 불안이 생겨나 개인의 자존감에 영향을 미친다고 보았다. 개개인은 이러한 위협을 다루기 위해 잘 훈련된 방어를 사용한다. 설리반은 기본적인 인격(정신) 구조가 어린 시절에 규정된다는 프로이트의 개념에 동의하지 않았으며, 성인기까지 중요한 사람과의 상호작용을 통해 발전하고 변화의 여지가 있다고 봤다. 그리고 인격의 성장은 그가 주로 다른 사람과 어떻게 관계를 맺고 살아가는지에 따라 달라진다는 자아 개념에 근거한다. (1939, p. 19)

래티건과 애블린(Ratigan and Aveline)은 집단 구성원들 사이의 상호작용에 내포된 상호 간 감정 상태에 관한 설리반의 핵심 이론을 다음과 같이 간략히 정리한다.

(1) 개인은 다른 사람들이 특정한 역할 관계를 맡도록 격려하며 (2) 욕구가 충족되면 관계는 공고해지고 그렇지 않을 경우 와해된다. (3) 대인관계 집단은 구성원들에게 그들이 어떻게 대인관계의 '운명'을 건설하는지 보여준다. (Ratigan and Aveline 1988, pp. 47-48)

대인관계와 관련해 집단치료를 받는 집단은 서로에 대한 상호작용의 형태가 구성원들의 고민의 본질을 밝히는 실험실이 되고, 새로운 해결책을 마련하고 실천하는 연구실도 될 수 있다(Ratigan and Aveline 1988, p. 43).

성격을 파악하는 데 있어 아동기 분석의 중요성을 강조하지 않는 것은 정신분석학에서 획기적인 변화가 아닐 수 없다. 그것은 인간이 얼마나 유연하게 잘 변하는지를 이론화하는 데 중요한 영향을 미치고 치료의 목적에도 영향을 미친다. 다음은 그녀가 원래 제안한 내용이다.

집단상호작용적 심리치료는 사람들을 속박하는 일상에서 그들의 행동과 반응, 상호작용의 특정 유형에 초점을 맞추며, 집단 내에서 바꾸도록 돕는다. …… 이런 치료의 기본은 개개인이 타인과의 상호관계를 통해 끊임없이 재건되는 내면세계를 구축하며, 자기 자신과 타인의 인간관을 결정하고, 타인의 기대감에 영향을 미친다는 데 있다. 집단치료에서 개개인은 서서히 내면의 가정이 발달하는 상호작용의 유형을 어떻게 결정하는지를 깨닫게 된다. 집단이라는 안전한 공간에서 이러한 유형을 탐구하고 수정하려는 의지는 사람들이 '외부 세계'와 자신을 잇는 새로운 방식을 추구할 수 있게 한다. 확실히 이 모델은 집단 구성원 사이의 상호작용에서 참가자들이 변화의 주된 요인을 서로 학습하는 데 의미를 둔다. (1993, p. 19)

비록 장 이론(field theory)이라는 용어는 나오지 않았지만 개인과 개인을 둘러싼 맥락은 불가분의 관계라는 사실을 확인할 수 있다. 우리는 변한다. 삶이란 근본적으로 자기의 이론화이며, 이러한 의미에서 우리는 근본적으로 '사회적 구성주의자'이다. 하지만 자신에 대한 감각은 사람들의 반응에 영향을 미치고 타인과의 관계를 바탕으로 생각할 수 있는 특정한 습관적 존재 방식에 탐닉할 수도 있다. 실제로 단순한 자기반영적 작용이 아니라 집단 내 상호작용의 분석에 따라 달라지지만 내부 세계의 특징은 상당히 오랫동안 지속될 수 있다. 자기(self)는 타인과의 상호작용을 통해 끊임없이 재건된다고 보기 때문이고, 그래서 개인적 변화에 영향을 미치기 위해 과거를 철저하게 조사할 필요는 없는 것이다. 이런 개념은 현재에 더 집중하고, 미래를 계획하며, 미래를 위한 실질적 변화를 생각하면서 발걸음을 내딛게 한다.

학습 환경 집단

래티컨과 애블린(1988)에 의하면 대인관계 접근법에는 다섯 가지의 중요한 특징이 있다. 월러는 이것이 대인관계 집단심리치료와 정신분석적 집단심리치료를 구별하는 기준이 된다고 본다. 대인관계 치료법의 가장 확실한 특징은 실존주의를 지향한다는 것이다.

> 1. 인간의 행동은 미리 결정되어 있지 않다. 자유는 인간 행동의 일부이다.
> 2. 그러므로 인간의 삶에서 선택은 중요하다.
> 3. 사람은 자신의 행동에 반드시 책임을 져야 한다.
> 4. 죽음은 피할 수 없다. 하지만 역설적으로 우리가 죽는다는 사실이 우리의 삶에 의미를 준다.
> 5. 우리는 자신의 존재에 의미를 부여하는 각각의 삶의 유형을 만들어 내기 위해 창의적인 노력을 기울인다.
>
> (Ratigan and Aveline 1988, p. 45)

월러는 개인적 책임과 자유, 선택이 집단상호작용 모델의 주요 특징이라고 지적한다(Waller 1993, p. 20). 그녀는 래티건과 애블린을 인용한다.

> 그들은 이 방법이 구성원들이 자신을 수동적 희생자로 보는 개인적 세계관에서 벗어나 …… 그들의 인생과 인간관계, 고통과 난제를 더 책임질 사람으로 나아갈 수 있는 맥락을 제공한다고 말한다. 주된 치료 효

과는 능동적 세계관을 그저 지적으로만 이해하는 데 그치지 않고 새로운 개인 활동의 시작, 부적응 행동의 중지 등 보다 많은 사람들 속에서 보다 많은 자유를 누리면서 생생하게 삶을 경험하는 데서 나온다. 이는 절대 자유는 아니지만 인간의 환경이라는 맥락 안에서 더 큰 자유를 향한 긴장이자 (전진)이다. …… 집단은 구성원들에게 그들이 내린 선택의 본질을 밝혀주고 비적응적 대인관계의 유형을 알아차리도록 돕는다. 집단은 이제는 그 선택의 타당함이 밝혀지고 그래서 확실하게 개인의 것으로 된 어떤 선택이 정말 바람직한지 여부에 대해서 계속 성찰해보도록 한다. 이로써 부적응적인 선택 유형을 변경할 수 있는 토대를 마련해주는 것이다. (1988, p. 46)

이 모델은 변화의 능력을 강조하고, 인간의 행동이 미리 결정되지 않았으며 우리에게 선택과 동시에 책임이 있다고 가정한다. 또 우리가 삶의 실존주의적 의미를 찾는다고 가정한다(Ratigan and Aveline 1988, p. 45). 하지만 우리는 자신의 습관적 존재 방식을 자각하기 어려우며, 집단이 중요한 이유는 바로 이 때문이다. 인류학자 피에르 부르디외(Pierre Bourdieu)는 이런 경향을 가리켜 '아비투스(habitus)'라고 명명했다. 아비투스는 '역사가 몸으로 나타난 것, 즉 체화된 역사이며 제2의 본성으로 내면화되어 역사로서 잊혀져버린 것, 과거의 역사 전체가 능동적으로 현재화한 것'으로 본다(Bourdieu 1990, p. 56). 집단치료의 중요한 측면은 이러한 아비투스에 대한 자기인지를 키우는 것이다. 집단치료에 적극적으로 참여하면서 자기인지가 확장되며, '구성원들은 단순히 집단에서 그들의 고민거리를 털어놓는 것이 아니라 그들의 지금 여기에서의 행동을 통해 드러낸다. 이 모델에서 현재는 바로 치료가 일어나는 시공간이다'(Waller 1993, p. 23).

집단 활동에서는 '지금, 그리고 여기'라는 현재에 더 초점이 맞추어지고 과거가 현재에 어떤 영향을 미치는지가 분석된다. 참가자들은 집단 활동에서 자기들의 영향력을 깨닫도록 격려받는다. 집단 구성원들이 비생산적 존재 방식에서 벗어나 증상과 장애를 극복하는 것은 물론 그들의 삶에 더 책임감 있는 존재가 되도록 하는 것이 목표이다(Ratigan and Aveline 1988, p. 45). 참가자들은 피드백을 다른 참가자들에게 계속 제시하며, 치료사 또한 피드백 활동을 도우면서 목표를 달성한다. 따라서 치료사의 자세는 집단역동을 종합하고 이를 집단토론의 자료로 제공한다는 점에서 분석적이고 탐구적이어야 한다. 이러한 자세는 현상학적 접근법에서는 피해야 하는 일종의 해석 행위일 수도 있지만, 진정성을 확보하기 위해 집단과 함께 적극적으로 내용을 '확인하기' 위한 하나의 실험 방법이라고 생각된다. 치료사는 원활한 집단 활동을 위해 집단의 학습에 책임감을 갖고 임하고, 타인 및 사건들에 대한 자신의 영향력을 깨달아야 하며, 피드백을 제공하는 법을 배워야 한다(Waller 1993, p. 314).

존재가 구체적으로 어떤 모습으로 나타나는지도 면밀하게 살펴야 한다. 월러에 의하면, 개인이 집단 내에서 좀 더 의식적으로 활동하고 자기를 좀 더 잘 파악할 수 있게 되면 참가자들은 자신의 비이성적 신념 체계(가령, '내가 결혼하지 않는다면 시험에 통과할 수 있고 서른에 승진은 하겠지. 그런데 내 인생은 끝장이야')에 대해 탐구해보도록 격려받는다(1993, p. 314).

래티건과 애블린(1988) 그리고 얄롬(1980)은 연대감이 매우 유용하다고 강조하면서 '참가자들은 이전에 느꼈던 분열감과 개인주의, 고립감, 소외감 등을 연대감으로 물리쳐야 한다'고 주장한다. 래티건과 애블린은 집단에서 자신이 타인에게 도움을 주는 존재일 수 있다는 느낌을 갖는 것이 중요한 요소라고 강조한다.

이 과정은 대인관계 집단에서 꼭 필요한 요소이다. 이따금 구성원들은 집단에서 받은 도움이 지도자로부터 받은 도움이 아니라(그것이 비록 지도자에 의해 아주 계획적으로 이루어졌다고 하더라도) 구성원들은 한 배에 탔으며 다른 사람에게 도움을 줄 수 있다는 사실을 깨달았다고 말하게 된다. (1988, p. 51)

이 모델은 또한 '차별과 인종주의를 비롯한 사회적·정치적·경제적 현실에 대한, 그리고 이러한 것이 내면화 과정을 거쳐 절망감과 무력감의 원인으로 작용하는 현실에 대한 대응적 시도이다(Waller 1993, p. 314).

만일 '행동양식은 학습된 것이어서 나쁜 것은 버리고 더 효과적이고 유익한 존재 방식을 다시 학습할 수 있다'는 사실을 인정하게 되면 우리는 집단 내부의 상호작용을 통해서 더 많은 것을 배울 수 있다. (Waller 1993, p. 25)

월러(1993)는 '상호작용을 통해 중요한 치료적 요인이 발생한다'고 주장했던 블로흐와 크라우치(Bloch and Crouch 1985)의 견해를 지지한다. 이들은 이런 현상을 두고 '대인관계 학습' 혹은 '대인관계 활동을 통한 학습'이라고 부른다. 얄롬(1995, p. 77)에 따르면 상호작용적 집단은 두 가지 중요한 특징이 있는데, 첫째는 집단이 '사회의 축소판'으로서 기능한다는 것이고, 두 번째는 '집단에서 감정을 교정하는 경험'을 하게 된다는 것이다. 월러는 이 관점을 다음과 같이 확대한다.

'사회의 축소판'은 일상에서 습관적으로 일어나는 것과 유사한 집단

심리상담 이론과 미술치료

내의 작용을 의미한다. 집단에서 환자들은 평소에 해오던 대로 부적응적 방식으로 행동하는 경향이 있다. 집단에서 치료사와 다른 집단 구성원들이 '자신의 감정을 교정하는 경험'을 할 수 있으며, 따라서 변하도록 서로 돕는 것은 바로 집단 내에서 사람들이 보여주는 부적응 행동을 주의 깊게 관찰할 수 있게 되었기 때문이다. (1993, p. 26)

달리 말해, 집단은 참가자들이 스트레스를 유발하고 대인관계를 불완전하게 만든 자신들의 행동양상을 서로 알 수 있는 장소인 것이다. 구성원들에게는 이러한 자신들의 행동패턴이 집단에서 처음으로 드러나는 것이며, 어렴풋하게 느끼고 있던 행동양상들을 서서히 그러나 또렷하게 확인하게 된다. 자기인식이 강해질수록 변화의 가능성도 높아지며, 바뀐 관련 방식을 집단 내에서 연습하거나 '시도'해볼 수 있다. 월러가 강조했듯이 치료사와 다른 참가자들이 제공하는 피드백은 자기관찰뿐만 아니라 자기인식의 확장도 가능하게 한다.

집단 구성원과 치료사의 피드백은, 타인에게 확실히 인식되지만 정작 본인은 알지 못했던 자기 모습을 알려주기 때문에 굉장히 중요하다. 효과적인 피드백을 얻기 위해 피드백을 전달하는 시기를 잘 맞춰야 하고 세심하게 전해야 한다. 이 점에 있어서 치료사는 다른 참가자들을 위한 중요한 역할모델이 되기 때문에 부정적이거나 비판적 자세를 취해서는 안 되며, 긍정적인 임상적 태도를 보여주고 행동과 이미지, 집단 변화의 효과를 관찰하고 의견을 제시해야 한다. (Waller 1993, pp. 314-315)

래티건과 애블린은 대인관계 모델의 치료사 역할을 이렇게 정리한다.

1. 집단의 경계를 설정하고 유지한다 : 구성원의 선발과 준비, 공간의
   준비, 사과 받아들이기 등.

2. 치료 문화의 모형을 만들고 유지한다.

3. 상담에서 진행하는 활동의 이해를 돕는다.

4. 구성원이 이룬 개선 사항을 찾아내고 칭찬한다.

5. 책임 있는 행동을 하도록 구성원들을 격려한다.

6. (미연에 방지할 수 있는) 달갑지 않은 사태 변화를 예측한다.

7. 침묵하는 구성원들도 참가하게 만든다.

8. (유사점을 이해하고 집단 구성원들을 보살피는 방식으로) 응집력을 늘린다.

9. 구성원들에게 희망을 준다 : 이런 태도는 구성원들에게 집단이 질
   서정연하며 지도자가 집단의 장기적인 희망적 발전에 대해 일관성
   있는 자세를 유지하고 있다는 것을 깨닫도록 해준다.

(1988, p. 54-55)

집단치료 참가자 중의 한 사람으로서 촉진자는 불투명한 장막을 걷어내
려고 하며 적극적인 자세를 보여주는 능동적 참가자이다. 집단이 성숙해질
수록 구성원들 스스로가 별 다른 도움 없이도 서로 촉진자가 되고 변화의
도전자가 될 수 있는데, 그럴 경우 치료사는 집단에 안정감을 주기 위해 보
조적인 역할을 맡을 수 있다. 촉진자가 집단치료를 반영하는 동안 집단 활
동의 내용을 설명하는 것은 집단 구성원들과 함께 할 수 있고, 만약 이것이
실패할 경우 잠정적으로 가정하는 방식으로 설명한다. 촉진자는 이렇게 말
하기도 한다; "내가 빠뜨린 게 있다면 추가하거나 말해주세요", "내가 지금
이번 주에 두 가지 활동이 동일한 효과를 봤다는 것을 강조한다고 생각하
나요?", "보통 어떤 느낌이 드나요?", "지금 여기서 무슨 일이 벌어졌는지 저

심리상담 이론과 미술치료

한테 설명해주세요".

촉진자는 또한 경청과 요령껏 촉진하기, 질문하기, '투사' 행위에 대한 가벼운 문제 제기 등 도움이 되는 행동을 모범보이거나 때로 집단에서 받은 피드백을 언급한다("방금 X가 Y에게 했던 발언을 집단은 어떻게 느낍니까?"). 몇몇 집단 구성원들에게 받은 피드백은 촉진자의 조언을 듣는 것보다 훨씬 더 효과가 크다. 촉진자는 건설적인 행동을 만드는 과정에서 이미지와 집단의 상황에 솔직하게 반응하고, 이해 불가능한 기술적 용어를 가급적 사용하지 않고 쉬운 용어로 말한다. 치료사는 세션이 진행되는 동안 이야기 너머에 존재하는 것과 반향에 예의주시해야 하며, 시간이 지나면서 등장하는 사건들을 관찰하거나 반복적으로 등장하는 역동에 주목해야 한다. 얄롬 (1975)의 발상을 지지하는 래티건과 애블린은 모임이 끝난 뒤에 모든 구성원에게 치료 과정을 정리한 요약문을 발송할 것을 권장한다.

> 요약문에 있는 치료사의 개인적이고 권위적이지 않은 설명은 상담을 체험할 수 있는 두 번째 기회를 제공하고 치료 효과를 강화한다. 시간이 지나 집단의 규범이 만들어지면 치료사가 규범을 보강하거나 변화를 강조할 수 있다. 마지막으로 요약문은 (한 명이라도) 상담에 불참한 사람들에게는 상담 내용을 보충해준다. (1988, p. 55)

이 모델은 지시적 또는 비지시적일 수 있다. 이 모델을 활용하면서 나는 (문서가 아닌) 구두로 설명하는데, 이로써 지난주에 만들어진 이미지를 다시 떠올리고 완전히 이해하게 된다. 미술치료에서는 관점에 대한 이미지와 대상을 확보하는 일이 중요하기 때문에 말로 하는 설명은 효과가 좋다.

미술치료 지망생들은 집단상호작용적 모델을 배운다. 잘 짜인 수련 집단에서 나는 지망생들에게 글로 설명 내용을 작성하도록 지시했고, 매주 다른 지망생들로 하여금 그 자료를 발표하게 했다. 이 방법의 단점은 지망생들이 기록을 하면서 상담에 소홀해지는 느낌을 받을 수 있다는 사실이다 (참가자인 동시에 관찰자 역할을 수행하는 일은 쉽지 않기 때문이다). 하지만 이는 매우 유익한 학습 경험이 된다.

배려하는 공간을 만들도록 돕는 역할 또한 특색이 있다. 진심 어리고 자상한 걱정을 하는가 하면, 도전적인 행동을 하더라도 징벌적 반응을 보여주지 않는 식이다. 도발적인 행동에 대해서는 비록 도움이 될 수 있더라도 진짜 마음속 감정을 솔직히 드러내지 말고 봐주고, 인정해주고, 그에 대해 부정적으로 반응하지 않는다.

참가자들은 치료의 장에서 시험 삼아 시도해보았던 새로운 존재 방식을 집단치료 과정 밖에서 적용해보고 자기들의 삶의 양상이 어떻게 변하는지를 집단에 '다시 발표'할 수 있다. 특히 미술치료를 배우는 학생들 또한 삶의 변화에 대해 보고하기도 한다. 블로흐와 크라우치(Bloch and Crouch 1985, p. 78)는 '나선 상승형 적응력(adaptive spiral)'이 발달했다고 말한다. 윌러(1993, pp. 35-37)는 수많은 집단활동의 상호 연관된 특성 중에서 일반적으로 '치유력 있는 특징들'을 다음과 같이 요약한다.

1. 정보 제공 및 공유
2. 참여 과정을 '희망 설치'라고 명명하기
3. 상호 지원
4. 다른 참가자들 또한 같은 종류의 불안, 문제, 두려움이 있으며 이런 문제를 가진 사람이 혼자가 아니라는 점을 인지 : 문제를 극복한 사람이 어딘가에 있으며, 영감을 줄 수 있는 사람도 있으리라는 사실을

인지한다.

5. 집단이 가족의 재구조물로 기능하며, 잠재적인 가족역동(가족 내 구성원 간에 발생하는 상호작용. 가족의 상호작용에 영향을 주는 요인으로는 가족구조, 가족관계, 권력 구조, 역할 구조 등이 있다)이 인식되고 작동된다.

6. 카타르시스는 집단 구성원들이 종종 속으로 부끄럽다고 생각하는 느낌과 생각을 인정해주거나 트라우마를 집단과 함께 다시 경험할 때 생겨나며, 강한 안도감, 심지어는 해방감도 경험할 수 있다. 이러한 친밀한 공개는 종종 다른 참가자들이 비슷한 '고백'을 하도록 자극하며, 그 결과 집단은 더 친밀해진다. 이러한 감정들을 공유함으로써 집단은 보다 더 큰 안정감을 느끼게 된다.

7. 참가자들은 자신이 타인과 어떻게 상호작용하는지를 알 수 있으며, 다른 방식을 시도하면서 피드백을 받을 수 있다.

8. 집단은 보복에 대한 두려움 없이 깊은 감정을 공유할 수 있는 안전한 장소인 동시에 집단 응집력을 키울 수 있는 곳이다.

9. 대인관계 학습을 통해서 오래된 관계 방식을 검토하고 바꿀 수 있다.

집단상호작용 미술치료

상호작용적 미술치료에는 시각적 표현과 구술 표현의 방식이 있다. 초점이 예술에서 상호작용으로, 또는 반대방향으로 이동할 수 있다. 특정한 테마를 예술로 표현할 수 있으며 작품을 몇 번이고 다시 만들 수 있다. 이렇게 그림을 이용한 과정은 몇 주 혹은 몇 달이 걸릴 수 있다. 일부 사람들에게 그림 그리는 일은 집단에서 이야기를 나누는 것보다 덜 부담스러울 수 있으며, 미술작품 활동의 재미있는 측면이 전면으로 드러날 수 있다. 많은 사람들이 학교에서 '미술을 했기' 때문에 치료 초반에는 미술재료의 사용 수준이 퇴보적 수준일 수 있다. 물질적으로 표현된 미술작품은 어떻게 보면 그동안 벌어진 일들에 대한 기록일 뿐만 아니라 반성과 공개를 위한 미래의 자극이라고도 할 수 있다. 비록 이미지는 그림 형태의 이야기이지만 이미지를 만드는 사람은 그 내용을 언제 집단과 공유할지 결정하고 (회화적으로도 대략 그 의미가 드러나는) 이미지의 본질 여하에 따라 개방의 속도를 참가자가 조절할 수 있다. 즉 미술치료 참여자에게 권한을 부여하는 것이다 (Hogan 2004a, 2004b).

작품은 집단치료에서 관심의 대상이 될 수 있으며, 참가자들은 작품을 통해 간접적으로 대화를 나눈다. 또 작품은 투사된 내용의 중심이 되며, 파괴되고 복구될 수 있다. 구성원들은 비슷한 그림 스타일이나 특정 상징이나 비유를 통해 서로를 향한 공감을 표시할 수 있다. 이런 현상을 두고 게리 맥닐리(Gerry Mcneilly 1983)는 '집단 공명'이라고 명명했다. 가령 두 개 혹은 그 이상의 시계를 나란히 두면 서로 시간이 맞는 현상이 공명이다. 맥닐리는 이 특성을 이미지가 외견상 서로에게 영향을 미치고 '공명'하거나 함께 반향을 일으키는 방식을 묘사하는 데 비유적으로 사용했다. 집단치료는 집단 그리기 활동을 통해 강화될 수 있으며, 집단 갈등을 표면화해 분석할 수 있다. 그림에 나타난 투쟁 그 자체(어질러놓기 혹은 개념을 분명히 표현하기 위한 노력)는 흥미로운 사실을 굉장히 다양하게 보여줄 수 있으며, 따라서 작품은 물론이고 작품을 만드는 과정에 대한 생각 또한 유익하다.

작품 제작 활동이 '비이성적' 내용에 더 쉽게 접근한다는 사실에 동의를 하는지의 여부를 떠나 작품 제작은 말로 표현할 수 없고 비선형적이며 근본적으로 다른, 그러나 매우 풍성한 의사소통 방식이다. 미술작품은 말로 하는 언어와 확연히 다르고 …… 예술작품은 양립할 수 없는 개념이나 충동이 그림에 나타나는 경우처럼 복잡하고 서로 충돌하는 담론을 동시에 내포한다. (Hogan and Coulter 2014, p. 169)

샐리 스케이프(Sally Skaife)는 예술작품의 효과를 다음과 같이 묘사한다.

감정을 비유적이고 상징적인 언어로 표출해 참가자들을 안전한 형태로 집단 내에 머물게 한다. 아울러 말로 쉽게 표현할 수 없는 감정을 상징적 형태로, 가령 색과 모양을 활용해서 표현해 참가자들로 하여금 그림의 내용에 보다 쉽게 접근하게 하고 이해도도 더 높일 수 있게 해준다. 다른 미술치료 환경에서는 집단 구성원에게 미술재료를 활용해서 마음껏 자신을 표현해보라고 권장한다. 이러한 작품은 개인사로도 탐구될 수 있고, (잠재적으로) 집단역동의 표현으로도 탐구될 수 있다. (1990, p. 237)

위에서 언급된 내용을 보면 예술작품 자체가 집단 내에서 다양한 수준으로 기능한다는 사실을 확실히 알 수 있다.

월러는 주제를 제시해 그림을 그리게 하는 방법이 어떤 식으로든 집단상호작용적 접근과 대조를 이루는 방법이라고 생각하지 않았기 때문에(1993, p. 29) 지시적이거나 비지시적일 수 있다는 사실을 강조한다. 그녀는 이미지를 만드는 일이 '자유연상' 혹은 '종이로 꿈꾸기'와 흡사할 수 있다고 지적한다(P. 38). 여기서 미술치료를 묘사하면서 월러가 사용하는 용어들은 프로이트 학파와 융 학파의 심리치료에서 유래한 것들이다.

월러는 상호집단적 치료의 장점이 미술작품 제작을 통해 더욱 강화된다고 말한다.

> 투사, 반영(mirroring), 희생양, 병렬왜곡과 투사적 동일시가 여기에 포함된다. '투사'는 집단 구성원들이 다른 구성원에 대해 어떤 감정을 품고 가정하는 행위인데, 그것들은 지금 그리고 여기에서 얻은 경험에 근거하는 감정이나 가정이 아니다. 이를테면 한 구성원은 매사에 비판적이었던 어머니를 다른 구성원을 통해 경험할 수 있으며, 자신을 향한 그의 감정에 대해 자기 나름대로 추측한다. '반영'은 한 사람이 다른 사람의 행동에 대해 강한 느낌과 감정을 품는 현상인데, 자신의 행동양식의 한 측면이다. 투사와 반영 때문에 종종 집단 분열이 일어나는데 집단 구성원, 촉진자 혹은 전체 집단을 모두 좋거나 모두 나쁘다는 식으로 생각하는 것이다. '희생양'은 집단 구성원들이 안 좋은 모든 상황을 한 구성원 탓으로 돌리고 그 문제를 제거하려고 할 때 발생한다. 구성원들이 다른 사람에 대해 왜곡된 인식을 갖는 '병렬왜곡'은 집단에 중요한 고민거리를 제공한다. 중요하고 이따금 충격적인 현상은 '투사적 동일시'인데, 한 구성원이 자신의(하지만 실제로는 자신이 아닌) 속성을 다른 사람에게 투사하는 결과를 초래할 수 있다. 투사된 대상을 '기이한 매력이 있다고 느끼거나 혐오감을 느낄 수 있다(Yalom 1985, p. 354). 이러한 속성이 너무 강하게 투사되면 다른 사람의 행동이 변하기 시작한다. (Waller 1993, p. 315)

토론과 결론

통합 모델은 그 근거를 이루는 여러 이론들 간에 본질적인 갈등이 존재한다는 점에서 볼 때 야심찬 모델이다(정신역동 이론, 실존주의, 사회심리학은 서로 다른 측면이 많다). 아가자리안과 피터스(Agazarian and Peters 1981)는 언어적 집단상호작용 치료와 관련된 여러 방법들을 통합하기 위해 과감한 근거를 제시했다. 하지만 통합에 있어서는 반드시 여러 이론들 중에서 지배적인 이론이 필요하다는 사실을 알아야 한다. 모든 이론을 동일하게 중시하기에는 너무 많은 일이 한꺼번에 발생하기 때문이다.

어떤 집단에서든 집단의 목표와 관련된 복잡한 일들을 수행할 때 모든 사람이 각자 다르게 행동한다. 따라서 구성원들마다 지도력, 역할, 기능이 다르게 주어진다. 왜 A는 과제 수행 기능을 하고, B는 친목 유지를 하는 걸까? 만일 A가 제 역할을 하지 못하거나 자리에 없을 경우 왜 다른 사람이 아닌 C가 A의 기능을 수행하고, A가 돌아왔을 때 자기 역할을 내려놓고 물러나거나 혹은 물러나지 않는 걸까? 집단역동은 집단 내에서 각자의 필요한 역할과 기능, 그리고 이런 기능과 관련된 현상을 이해하고 예측하는 것이다. 만일 우리가 왜 누구는 기능을 수행하고 누구는 수행하지 않는지, 수행하지 않을 것인지, 혹은 수행하지 못하는지 이해하고 싶다면 정신분석은 우리가 필요로 하는 정보를 반드시 제공해야 한다. …… 우리는 개체를 이해해야 하고, 가령 집단으로 끌어들인 정신역동을 반드시 이해해야 한다. (Agazarian and Peters 1981, pp. 16-17)

자아에 대한 이런 방식의 이해가 얼마나 정신분석적인가에 대해서는 의문과 논의의 여지가 있다(그래서 이 책은 자아를 이해하는 다른 설명적 도식들에 대해서 설명하고 있다). 월러가 말했듯이 정신역동 개념의 핵심 내용은 편협한 정신분석적 개념이라기보다는 사회심리학적이고 실존주의를 중시하는 내용으로 받아들여질 수 있다(종교로서의 불교적 색채를 제거한 마음챙김 기법도 다소 비슷하다. 부처나 환생을 믿지 않아도 명상 수행의 이점을 취하는 일은 가능하다). 체계 이론과 함께 사용하면 매우 유용하고도 중요한 정신역동 개념들에 대해서는 지금까지 개략적으로 설명해왔다. 이 모델에서는 치료사마다 이 핵심 요소들 중 어느 것에 더 비중을 두느냐에 따라 다르게 해석된다. 가령 어떤 치료사들은 '이야기 치료법(narrative)'을 강조하면서 치료를 진행하고, 참가자들은 편협한 정신분석적 해석 체계에 근거하지 않고 그들 자신의 역동을 분석하며, 집단은 사회심리적 혹은 실존주의적 성향으로 더 기울게 된다. 집단과 개체를 이해하는 데 유용한 일부 정신역학 통찰력을 통합하는 일은 여전히 가능하다(투사 과정 같은 것들).

아가자리안과 피터스는 이렇게 덧붙인다. '간단히 말하면 집단심리치료를 이해하고 수행하기 위해서 우리는 집단의 역동과 개인의 역동을 위한 두 가지 이론 체계를 필요로 한다'(1981, p. 17).

이미지와 이미지 제작 과정의 고유한 특징을 살리기 위해 집단상호작용 미술치료에서는 세 가지 이론 체계가 필요하다. 만들어진 이미지를 분석함에 있어서 집단역동 이론에 주로 의존한다면 치료 상황이 풍부해질 것이다. 통합 모델에 근거해서 논의가 이루어지면 그 설명은 보다 전체적인 것이 될 것이다. '지금 그리고 여기'라는 기준에 근거한다면 여러 어려움이 따를 것이다. 왜냐하면 우리는 종종 자신에 관한 이야기를 타인과 공유하기 좋아하기 때문인데, 이는 충분히 극복할 수 있는 문제다.

이 모델에서 '지금-여기'는 치료가 이루어지는 장소이며, 과거의 경험을 '발표'하는 행위는 권하지 않는다. 하지만 비밀 털어놓기는 가능하다. 그것은 집단 외부에서 벌어진 과거와 현재의 비밀이나 중요한 사건을 밝히는 행위이며, 집단에서 개인의 행동을 이해하는 데 중요한 정보가 될 것이다. (Waller 1993, p. 23)

과거의 상처를 밝히고 싶은 내적인 강박적 충동이 있을 것이다. 상처를 내보이고 집단에 의해 상처가 수용되는 것을 경험하는 일은 잠재적으로 치유력이 있다. 정신적으로 상처받은 사람은 어떤 이야기를 하면 사람들이 거부하거나 혐오스럽게 생각할 것이라는 근거 없는 믿음이 있다. …… 깊숙하게 내면화된 죄책감이나 수치심을 물리치는 일도 도움을 받을 수 있다. 특히 이러한 고백이 사랑하는 사람이나 연민 어린 인정과 만날 때 그렇다. 집단은 절망과 불안을 강력하게 '수용'한다. 하지만 위에서 지적했듯이, 이 모델에서는 현재에 머물기 위한 '조타수'가 존재해야 한다.

집단역동을 파악하고 이를 조리 있게 발표하며 참가자들에게 어떤 일이 일어났는지를 주목하면서 동시에 미술작품의 의미까지도 이해하는 일은 복잡하고 다차원적이다. 갑자기 많은 일이 벌어질 수 있고 진행 속도가 빨라질 수도 있다. 이 모델이 수많은 미술치료 수련 과정의 핵심이 된 한 가지 이유는 직접 경험을 통해 배우는 일이 최선이기 때문이다. 이 모델은 촉진자가 두 명이라는 이점을 살릴 수 있는데, 이 모델 자체가 쉽지 않은 데다 불안장애가 높은 사람들과의 작업은 특히 더 부담이 되기 때문이다. 월러는 이렇게 지적한다.

현실 파악 능력이 낮은 환자들과 함께 상호작용 미술치료 집단을 이

끄는 일은 기술과 자신감, 그리고 기관 내의 다른 직원들의 도움이 필요하다. 단 격렬한 집단에 심하게 흔들릴 가능성이 높은 안내자는 제외한다. (1993, p. 80)

이러한 집단의 '성격'은 집단의 독특한 구성에 따라 달라진다. 그들은 지배적 기질이 있을 수 있고 대단히 과묵하고, 적막하고, 전투적이고, 동정심이 많을 수 있다. 각각의 이런 기질 때문에 촉진 기법을 다양하게 설정해야 한다. 또 분위기 전환이 상당히 빨리 일어나기 때문에 확실한 촉진이 필요하다. 어려운 도전들이 따른다는 것을 인정하면서도 이러한 집단에서의 치료 효과는 매우 강력한 변화를 이끌어낸다는 사실을 알아야 한다.

참고 자료로 다이앤 월러(2015)의 저서 『집단상호작용 미술치료 : 교육과 실습의 활용(*Group Interactive Art Therapy : Its Use in Training and Practice*)』을 추천한다.

제9장

페미니즘 미술치료

Feminist approaches to
art therapy

많은 미술치료사들에게 페미니즘 미술치료는 관심 주제라기보다는 암묵적인 주제이다. 페미니즘 미술치료에 관심을 갖는 것은 '젠더(gender) 이슈'에 대해 예리한 안목을 갖는 매우 바람직한 태도이지만 그것이 정확히 어떤 의미인지에 대해서는 견해가 엇갈린다(Hogan and Cornish 2014). 페미니즘을 직접적으로 논의한 저서들은 많은데 본서에서 설명하는 페미니즘 미술치료는 호간(Hogan)의 저서(1997, 2003, 2012a)들과 젠더 이슈에 관한 특별판 『미술심리치료(*The Arts In Psychotherapy*)』(2013)가 가장 밀접하게 관련되어 있다. 호간의 저서들은 『페미니즘 미술치료(*Feminist Approaches to Art Therapy*)』(1997), 『미술치료에서의 젠더 이슈(*Gender Issues in Art Therapy*)』(2003), 『페미니즘 미술치료의 재탐색(*Revisiting Feminist Approaches to Art Therapy*)』(2012) 등이다. 호간은 이론 면에서는 시몬 드 보부아르(Simone de Beauvoir 1908~1986)의 작품에서 영향을 받았으며, 특히 젠더를 '사회적으로 형성되고 변화 가능한 존재'로 보는 관점을 수용했다. 페미니즘 미술치료 활동은 '사회적 미술치료'에 포함되는데 이 주제에 관해서는 10장에서 논의할 것이다. 두 치료법 모두 사회적 맥락에 의해 개인이 어떻게 형성되는지, 사회적 구조와 관계 속에서 어떻게 질병이 발생하는지에 주목한다. 하지만 페미니즘 미술치료는 여성을 힘센 남성의 다양한 압박과 통제를 받는 대상으로 바라보는 독립적인 철학이기에 따로 숙고해야 마땅한 주제다.

『제2의 성(The Second Sex)』에서 보부아르는 '여성이란 무엇인가?'라는 질문을 던진다. 그녀는 기독교에서 여성은 남성과의 관계에서 정의된다고 주장한다. 한 예로 창세기 성경에는 '이브는 아담의 여분의 뼈(종종 '갈비뼈'로 번역된다)에서 만들어졌다'고 기록되어 있다. 그녀는 미슐레(Michelet)의 관점을 인용하며 여성은 남성적 규범의 상대적인 존재로서 자신을 남성과 관련지어서 결정하고 차별화하는 상대적 존재라고 말한다(de Beauvoir 2011, p. 6). 그녀는 창세기를 이렇게 받아들였다.

> 인류는 남성이고, 남성은 여성을 정의한다. 여성은 여성 자신으로서 정의되지 않고 남성과 관련되어 정의된다. 여성은 자율적인 존재로 고려되지 않는다. …… 남성의 신체는 여성의 몸을 고려하지 않은 채 그 자체로 의미를 갖지만 여성의 신체는 남성을 고려하지 않고서는 의미가 없는 듯하다. 남성은 여성 없이도 자신을 생각한다. 여성은 남성 없이는 자신을 생각하지 않는다. (p. 6)

그러므로 여성은 제2의 성인 셈이다.

그녀는 여성을 논의하는 데 있어서 여성생리학이란 방식이 왜 그토록 지배적인가에 대해 주목한다.

> 여성의 몸에 난소와 자궁이 있다. 이런 기관들은 여성을 여성이라는 특수한 주체성에 가두어버리는 특별한 조건으로 작용한다. 혹자는 '여성은 호르몬으로 생각한다'는 말까지 한다. 남성 또한 몸속에서는 호르몬이 흐르고 고환이 있으나 남성들은 거만하게도 이 사실을 잊어버리는 것 같다. 남성들은 자신의 신체가 세계와 직접적으로 그리고 정상적으로 연결되어 있기 때문에 굉장히 객관적으로 세상을 이해할 수 있다고 생각하는 반면에, 여성의 신체는 여성으로 하여금 세상을 특수하게 이해하게 만드는 모든 요소를 다 가진 장애물이자 감옥이라고 생각하게 만든다. (p. 5)

시몬 드 보부아르는 1949년 '여자는 태어나는 것이 아니라 만들어진다'

라고 설파한 『제2의 성』을 발표하면서 유명해졌다(2011, p. 293). 여성이 생물학적으로 결정되는 것이 아니라 사회적 환경에 의해 만들어진다는 발상은 여성을 남성보다 열등한 존재로 억압하고 바라보는 이론과 관습 체계를 타도하려는 의도에서 나온 것이었다. 그녀는 여성의 사회적 존재 형태를 결정하는 것은 생물학적, 심리적 또는 경제적 운명이 아니며 전체 문명이 여성이라는 창조물을 만들어낸다고 주장한다(2011, p. 293).

이런 태도 변화에 앞서, 여성은 그저 생물학적 특성 때문에 여성으로 결정된 것이 아니라 모든 측면에서 남성보다 열등하게 생물학적으로 결정되었다는 주장을 뒷받침하는 수많은 연구와 논쟁이 있었다. 『인간의 유래(The Descent of Man)』에서 다윈은 '남성의 사냥이 원시시대 여성의 일이었던 수렵 채집과 육아보다 더 고무적'이라고 했고(Darwin 1871, p. 901), 일부 학자들은 여성과 남성의 두상과 크기(골턴Galton), 여성과 남성의 실제 뇌 무게(브로카Broca)를 비교하기도 했다. 서로 비교 불가능한, 이러한 이론들의 기저에는 여성은 열등하다는 확신이 깔려 있다. 과학역사가인 굴드(Gould)는 '서구사상에는 진보와 점진주의라는 은유적 사고가 만연해 있고 서열 매기기가 우열의 결론을 내기 위한 도구로 사용되었다'고 주장한다(Gould 1981, p. 56). 서열 매기기는 하나 혹은 그 이상의 기준에 따라 여러 개체들을 적절한 순위에 차례로 배치하는 일이다. 스터킹(Stocking)은 19세기에 대중화되었던 진화론에서는 수많은 사회적 집단에 대한 분류 작업이 실행되었다고 지적한다. 이를테면 노동자와 어린이, 여성, 정신이상자는 어떤 '정신적 특징'을 공유한다고 여겨져 '지능과 도덕적 발전'이라는 일원화된 서열 매기기에서 낮은 위치에 배치되었다(Stocking 1987, p. 230).

보부아르의 발상은 페미니스트 사상에 막대한 영향을 끼쳤다. 우선, 서열 매기기와 생물학적 결정론이 파고든 학문적 규범들을 비판하기 시작했다(Bleier 1984, Fausto-Sterling 1985, Harraway 1992, Hubbard 1990, Lewontin et al. 1984, Oudshoom 1994, Sayers 1982, Shiebinger 1993, Travis 1992). 이러한 일부 왜곡된 개념이 현재 많은 심리학 이론의 근간에 깔려 있다. 사람들은 이러한 매몰된 방식이 여성의 정신건강에 미치는 영향력에 주목했다(Chesler 1972, Hare-Mustin and Marecek 1990, Howell and Baynes 1981, Hubbard 1990, Ussher 2011). 페미니즘적 의식은 미술치료 분야에서도 발전해 비학대적인 관행을 키우고 유지하는 역할을 했다. 현실적으로 페미니즘은 많은 사람들에게 아주 좋은 관행으로 보인다. 페미니즘 작가들이 심리학을 분석해본 결과 몇몇 토대 이론들 중에서 특히 생물학적 결정론은 재평가해볼 정당한 이유가 발견되었는데, 이는 구시대적 관습과 사고를 여성에게 강요하는 데 사용해온 협잡 논리에 불과했다. 생물학적 결정론이라는 사고방식은 여성들에게 당연히 기대되는 불평등한 행동방식과 여성의 열등함을 입증하기 위한 논리로 사용되었다. 또 적자생존 법칙의 현장인 자연의 확장으로서의 현재 상태(status quo)를 정당화하는 데 기여했으며 (Gould 1981, p. 21), 여성의 진보를 가로막는 논리로 이용되었다. 이 이론의 일부분은 정신적 긴장이 생식기관에 나쁜 영향을 미칠 수 있고 여성의 불임을 초래할 가능성이 있다는 이유로 여성의 고등교육 이수를 가로막는 논리로 이용되었다(Showalter 1985). 그리고 여성은 인류의 영속성을 우선으로 여기도록 강요당했다(Hogan 2006a, Showalter 1985). 역설적으로 정규 교육과 출산 사이에는 부적 상관관계가 있는 것은 맞다. 세계적으로 고등교육을 받은 여성이 그렇지 않은 여성에 비해 아이를 적게 낳는 경향처럼 말이다. 하지만 정규 교육과 출산율의 부적 상관관계는 피임으로 가족의 크기를 제한한 의도적인 결정의 결과였으며, 정신적 긴장으로 인해 여성이 불임이 되는 일은 드물다. 그럼에도 불구하고 현재까지 많은 문화권에서 여성이 아닌 남성이 교육을 더 많이 받고, 남자 아이의 탄생은 축복을 받는 반면 여자 아이의 탄생은 그렇지 않다. 심지어 어떤 문화권에서 여성은 남자 아이를 낳아야지 그 사회에 편입된다(Duvvury 1991). 세계보건기구(WHO 2010)는 교육적으로 남녀가 평등할 경우 많은 이점이 있음을 시사한다.

여성과 소녀의 교육적 성과는 출산율 감소, 흡연율 감소, 결혼 연령 상승, 출산 간격의 적정 유지, 전체적인 (건강) 관리 수칙 엄수와 상관관계가 있다. 하지만 소년에게 교육의 기회를 우선 부여하는 사회적 풍조, 식수 확보를 비롯한 다양한 가사 책임 때문에 많은 소녀와 젊은 여성들은 초등학교, 중학교에서 공부할 수 있는 기회를 얻지 못하고 있다. 이런 소녀와 젊은 여성들은 교육을 통해 배울 수 있는 건강 지식의 혜택을 받지 못한다. 여러 맥락에서 교육 수준이 낮으면 성폭력과 성 관련 폭력의 위험요소가 증가하는 것으로 나타났다.

보부아르는 특정 서구 여성 집단 사이에 존재하는 여성의 소극적 성향의 세뇌에 대단히 비판적이었는데, 이런 식의 교육은 종종 월경이 시작되면서 함께 시작된다고 지적했다. 우리 세대조차 1950년대의 문화적 관습에 영향을 받아 여성이 너무 나서는 것, 특히 성적으로 앞서 나가는 것은 잘못이며, 겸손하고 공손하며 자기를 내세우지 않는 여성이 되어야 한다고 교육을 받았다. 실제로 보부아르는 여성의 성생활과 성적인 만족을 위한 여성의 욕구에 매우 솔직했다(Seymour-Jones 2008). 여성에게 성적인 욕구가 없다는 미신적 사고가 횡행하던 시절에 쓰인 그녀의 저술은 그 문제를 직접적으로 다루기 꺼려하던 사람들에 대한 모독으로 비쳐졌다.

페미니즘에는 특징적인 두 가지 흐름이 있는데, 이 흐름들은 분명히 다르지만 서로 연관되어 있다. 두 흐름은 상호배타적이지 않고, 서로 긴밀히 얽혀 있으며, 이따금 한 쪽을 다른 한 쪽보다 더 강조하기도 한다. 현재 페미니즘의 흐름 하나는 남녀평등이다. 이것은 여성의 동등한 권리를 위한 정치적, 이념적 투쟁의 맥락에서 나온 것이다. 이는 과거 여성의 참정권운동을 비롯해 불평등 문제를 제기했던 선례와 함께 페미니즘이 걸어온 기나긴 행군의 일부이다. 또 다른 흐름은 지식('의식 고양'의 근간)의 이념적, 정치적 본질을 연구하는 전통이다. 이 학문적 흐름은 나중에 페미니즘 자체를 비판한다(이따금 '제3의 물결' 페미니즘이라는 오해의 소지가 있는 명칭으로 불리며, 실제로 현재 진행 중인 페미니즘 내부의 지적인 연구의 한 흐름이며 권한과 발언권을 확보하기 위한 투쟁이다).

페미니즘과 구조적 불평등: 평등권을 위한 싸움

이따금 나는 "왜 우리가 아직까지 여성 문제를 논의해야 하는가?"라고 묻는 사람들을 만난다. 페미니즘은 여성의 사회적 권리와 정치적 권리를 비롯한 그 밖의 권리가 남성의 권리와 동등해야 한다고 제안한다. 페미니즘이 평등 문제에 주목하는 건 피할 수 없는 현실이다. 구조적 불평등은 '공평한 경쟁의 장'이 존재하지 않고 실력주의 이데올로기가 공허한 이데올로기임을 인정하는 개념이다. 다시 말해, 사회적 네트워크와 조직에서 남성에게 특권을 부여하는 뿌리 깊은 편향이 존재한다는 의미이다. (1970년 이후로 영국에서 동일 임금법을 시행했음에도 불구하고) 대부분의 서구 사회에서 여성이 남성보다 적은 임금을 받는다는 사실이 대표적인 예이다. 평등은 '무조건적인 동등'을 의미하지 않고 '기회의 평등'이라는 희망을 의미한다. 여성 빈곤과 정신질환의 근본 원인을 타고난 생물학적 열등함, 도덕적 나약함 또는 나쁜 행실로 보지 않고 더 포괄적인 관점으로 바라봐야 한다(Royce 2009).

구조적 불평등은 정신 건강과 관련이 있다. 가령 이러한 지적이 있어왔다.

> 세계적으로 많은 여성들이 각종 자원들에 남성만큼 접근하지 못하며, 많은 문화에서 여성은 남성의 통제 범위에서 벗어난 자율성을 갖지 못하고, 남성에 비해 덜 중요한 사람으로 여겨지는가 하면, 독립적으로 활동할 경우 남성의 반대에 직면한다. 여성은 일부 지역에서 혹은 전 세계적으로 여전히 안전하고 합법적인 출산 공공의료 서비스를 받지 못하고 있다. (Hogan 2006b)

세계보건기구(WHO 2012)는 다음의 내용을 인정한다.

> 젠더(gender)는 남자와 여자가 그들의 정신 건강과 삶, 사회적 지위, 사회에서의 위치와 처우, 그리고 특정 정신질환에의 취약성과 노출 등 여러 사회경제적 요인들에 대한 권력과 통제력을 불공평하게 결정하는 요인이다.

이런 차별적 결정은 다양하고 그 영향 역시 각각 다르다. 여성이 여러 제도적 자원들을 불평등하게 이용하는 현실을 보면 여성이 우울증과 불안 증세, 신체적 고통을 겪을 가능성이 큰 것이 당연해 보인다. 세계보건기구는

'이런 장애는 여성에게 지배적으로 나타나며, 공동체의 대략 3분의 1에 영향을 미치고 심각한 공공적 건강 문제를 야기한다'고 추정한다(WHO 2012). 이는 복잡한 주제인데, 의학적으로 중요도가 높은 질병은 문화에 따라 그리고 성별에 따라 달리 처방될 것이다. 가령 남성은 정신적 고통을 불법적 또는 반사회적 행동을 통해 표출하는 경향이 있으며 결과적으로 범죄자나 범법자 판정을 받는 반면에, 영국의 여성 수감 인원은 상대적으로 적다. 하지만 여성은 우울하거나 불안하고 신체적 고통을 겪는다고 규정되는 경향이 있다. 인류학자들의 연구에 근거해 우리는 이제 질병을 생물학적 현상인 동시에 사회적인 현상으로 볼 수도 있는데, 개인적·문화적 이야기(narratives)의 측면에서 질병을 이해하는 것이 도움이 된다는 의미다. 즉 질병은 아마도 어떤 현실을 그저 '견뎌내는 것(cope)'을 거부하고 몸으로 나타내는 일종의 상연(enactments)이라는 것이다(Scheper-Hughes 1991, p. 8). 쉐퍼-휴즈(Scheper-Hughes)는 기아 임금 수준의 보수를 받는 브라질의 사탕수수 노동자들에게서 나타난 특징적이고 집단적인 병을 예로 들었다. 사람은 어디서나 '복잡하고 모순적이거나 적대적인 감성일 때, 특히 표현 수단이 막히거나 극도로 위험할 때 자신의 몸을 이용한다'(1991, p. 6). 호간(2012b, p. 79)은 이런 개념을 출산에 적용해 미술치료사는 산모가 출산 후에 우울해졌다고 단순하게 보지 않고 산모가 솔직하게 표현할 경우(또는 감정을 있는 그대로 인정할 경우) 아이를 빼앗길 수도 있다는 엄청난 두려움을 느끼며 사회적으로 용인되지 않는 감정과 사투를 벌이고 있다고 본다. 쉐퍼-휴즈는 신경질환과 신체적 이상을 '이의를 제기하고 권력 관계를 교섭하기 위한 신체적 비유'로 볼 수 있다고 시사한다(1991, p. 6).

오클리(Okeley)의 『엄마가 되기까지(*From here to Maternity*)』(1981)가 발표된 이후로 출산 정책과 업무와 관련된 구체적인 연구가 이루어졌으며, 병원의 프로토콜에 문제를 제기하는 방대한 페미니즘 연구와 논문이 쏟아져 나왔다. 마틴(Martin 1987)의 『여성의 육체: 출산의 문화적 분석(The Woman in the Body: A Cultural Analysis of Reproduction)』은 인류학적 정보를 철저하게 제공하는 자료의 좋은 예이다. 이 책으로 말미암아 미술치료사가 산모와 어떻게 작업해야 하는지를 다시 평가하는 계기가 마련되었다(Hogan 1997, 2003, 2012a, 2012b, 2015; Hogan et al. 2015). 이 연구는 하나의 중요한 통과의례로서 모성으로의 이행 과정에 대해 전체적으로 조명해보면서 다양한 요인으로 정신적 상처를 받거나 우울해진 여성들에 대한 논의를 이끌어낸다. 급작스런 사회적 고립과 차별적인 직장 관행까지 더해짐으로써 가중된 자기정체성의 단절감, '넌 이제 엄마 됐으니까……' 식의 행동 변화를 강압적으로 요구하는 범사회적 반응, 모성과 보살피기에 대한 이상화된 기대로 인한 구속감, 병을 유발하는 병원의 관행(가령 반듯이 누워서 출산하는 자세로 인해 병이 발생하는 실태)까지 실로 다양하다. 산모를 부적절한 지위에 두지 않기 때문에 페미니즘적 분석은 그 판단에 있어서 보다 호의적이다(Hogan 2015; Hogan et al. 2015).

더 나아가 페미니즘 학자들은 사회의 지배적인 담론들을 여전히 검토하면서 모성에 관한 일부 정신의학적 이론을 뒷받침하는 부적절한 모델들을 비판한다(Hogan 2012b). 이론의 오용이 각종 서비스 혜택과 여성의 삶에 부정적 영향을 미치는 한, 이 또한 구조적으로 문제가 있다고 할 수 있다. 이를테면 여성들은 일 때문에 다른 사람들 손에 맡겨진 아기에게 정신적 상처나 애착 문제가 생길 수 있다고 걱정을 하게 되었고, 그 결과 엄마들이 불필요하게 괴로워하거나 죄책감을 느끼게 되었다. 신뢰할 수 있는 연구를 통해 아기는 회복력이 있기 때문에 여러 명의 돌보미를 주기적으로 감당할 수 있다는 사실이 밝혀졌음에도 말이다(Hogan 2003, 2012b). 그러나 진료 체계가 잘못된 이론을 바탕으로 만들어졌기 때문에 그 결과 여성들의 고통이 엄청나게 가중되었으며 반사회적인 결과가 파생되었다.

또한 구조적 불평등으로 인해 여성은 폭력적인 관계와 억압적 고용 환경에 처하게 되었다. 이러한 상황은 (남편과 헤어진 여성을 배척하는 행위 같은) 문화적 기준 때문에 더 심해진다. 게다가 약물 재활치료를 받는 여성들의 경우 대부분이 학대를 경험했으며, 매춘을 통해 약물에 중독되었다(Jones 2012, McGee 2012). 여성 집단으로서 매춘부들은 어린 시절에도 학대를 받았을 가능성이 높다. 적어도 매춘 행위는 자기학대지만 잘 알려져 있는 바와 같이 무자비한 남성들이 그들을 통제한다(Hogan 2012a, Jones 2012, Ross 1997, 2012, Slater 2003).

신체상(身體像, 자기 자신의 신체에 관한 심상image. 의식의 중심에서 벗어나 있다가 자기 신체에 관한 전체 혹은 부분적 이미지, 공간적 위치 관계를 나타낸다. 신체상은 좌우, 전후, 상하의 주요 방향이 있으며 복합적으로 이루어지고 동적으로 변화한다. 발달, 학습으로 변하기도 한다) 문제는 때때로 개인적 문제가 아니라 사회구조적 문제로 제기되는데, 현실로 존재하기 불가능하지만 가공을 통해서 만들어진 허구적 미인들이 사회에 만연하고 여성들이 이를 강박적으로 자신과 비교하는 데서 오는 문제이다(Redfern and Aune 2010). 또한 도처에 포르노물이 깔려 있다. 슈퍼마켓에 진열된 (여성 혐오적인 글과 함께 여성의 나체 사진이 실려 있는) 일명 '청년 잡지'부터 인터넷을 사용하는 동안 느닷없이 화면에 뜨는 노골적인 포르노물까지 이를 피하기는 사실상 불가능하다. 이러한 관능적인 여성들은 종종 수동적이고 복종하는 짐승처럼 묘사되며, 성적으로 자극적으로 그려진다. 최근 팝송 가사 '너도 하고 싶어 하는 걸 알잖아(You know you want it)'는 여성을 순종적인 자세로 그리고 있으며, 포르노물에서 강압과 복종은 자극적으로 묘사된다.

정부 측의 우려는 최근에 어린 아이들의 섭식장애 문제가 퍼지면서 촉발되었다. 2012년 영국 내무성은 '신체 자신감 운동(Body Confidence Campaign)'을 시작했다. 이 운동의 목적은 '대중문화가 행복과 자아존중감을 지나치게 강조하는 데서 오는 부담감을 줄이는' 것이었다(Home Office 2012). 남녀 유명인사의 전후(before-after) 사진으로 구성된 '신체 자신감 꾸러미(body confidence pack)'도 제작했다. 여섯 살에서 열한 살 사이의 어린이에게 컴퓨터로 이미지를 조작하는 방식을 보여주기 위해 제작된 것이었다. 이 꾸러미는 또한 날씬한 몸매와 어린이의 다이어트를 지나치게 강조하는 풍조와 관련해서 열한 살과 스물한 살 사이의 소녀 중 75%가 매력적으로 보이기 위해 다이어트를 하는 현실에 대한 우려를 드러낸다(body image 'parent pack', Home Office 2012, p. 5). 앞서 지적했듯이(Hogan 2013), 소위 '자유시장 감성(free-market sensibilities)'이 사람들의 행동을 저지하기 위해 출현할 것이다(그리고 자유시장 경제학자에게 페미니스트는 '내가 당신 딸한테 매춘을 알선한다면 그것이 여전히 정당한 자본주의인가?'라는 질문을 던질지도 모르겠다). 신체상과 매춘과 포르노물로 인한 피해는 현재 언론에서 중요하게 다룰 뿐만 아니라 새로운 페미니즘 저술에서 표면화된 주제이기도 하다. 미술치료는 정신에 미치는 이미지의 영향력을 확인했으며, 일찌감치 이에 대해 강력하게 비판했다(Hogan 1997). 페미니즘 미술치료사는 신체가 '사회정치적 결정 요인들이 터를 잡고 현실로 뿌리내리는' 일종의 토양이며 경쟁을 벌이는 공간이라는 사실을 깨닫고 있다(Hogan 1997, 2012a). 우리 사회가 신체에 대해 요구하는 이중적 성격, 즉 육체는 어떤 모습이어야 하며 그 기능은 어떤 것이어야 하는가에 대한 상호모순되는 여러 담론들에 의해 여성들이 큰 괴로움을 겪고 있는 현실은 새삼 놀랄 일도 아니다(Hogan 2014). '토양'으로서의 신체는 은유이지만, 디지털 수단에 의해 꾸며진 이미지(airbrushing)들이 만연한 현실을 볼 때 여성의 신체는 인공적인 여성 상이 그려지는, 문자 그대로 캔버스가 되고 있다.

소위 선진국에도 여전히 구조적 불평등이 만연하며 '여성이 남성보다 노년 빈곤으로 고통받고 기회를 박탈당하며 공공 재화를 불평등하게 이용할 가능성이 높다'(Hogan and Warren 2013, p. 6). 더욱이 많은 분야에서 여성의 외모가 강조되기 때문에 여성은 나이를 먹으면서 자신이 저평가된다고 느낄 수 있다(Hogan and Warren 2012). 구조적 불평등 문제는 이런 특별한 상황에 직면한 나이든 여성의 위치와 관련된 미술치료에 적용되었다. 페미니스트는 또한 나이든 여성과 노년의 성생활 경험에 주목하면서 성생활이 필요 없는 여성 노인, 즉 '무성의 노파'라는 상투적이고 지배적이지만 부정확한 고정관념에 도전했다(Hogan and Warren 2012, 2013, Huet 1997, 2012, Martin 1997, 2012).

사진작가 로지 마틴(Rosy Martin)은 '분노하는 노인들' 시리즈에 관해 이렇게 말한다.

> 쉰 살에 접어들면서 어떻게 쇠퇴와 남은 인생이라는 고정관념이 나이든 여성의 지배적 표현이 되었는지 알아보고 싶었다. 나는 도전하고 싶었고, 나이를 먹는 나 자신을 혁신적이고 재미도 있으면서 저항하는 방식으로 표현하고 싶었다. (University of Sheffield 2010)

심리학 이론과 관행에는 여성 혐오적인 담론이 뿌리내려져 있고 여성 억압적인 내용이 많으므로 이를 피하기 위해 나는 미술치료가 심리학 분야와 반드시 비판적 관계를 유지해야 한다고 주장해왔다(Hogan 1997, 2006a, 2012a). 게다가 이런 이론과 관행에 의문을 제기하고 바꾸려는 노력을 기울

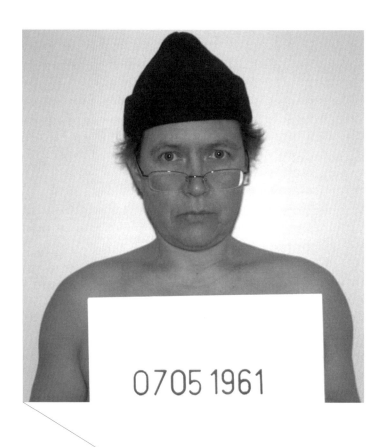

Figure 9.1

"나는 내 생일이 죄수 번호처럼 느껴져요". 클라우디아 쿤즈 작품. 사회학자와 진행한 프로젝트에서 나이 든 여성이 자신에 대한 사회적 기대감과 관련지어서 노화를 표현했다(Hogan and Warren 2012, 2013).

심리상담 이론과 미술치료

Figure 9.2a and 9.2b

60세의 주드. 주드 그런디와 수 헤일의 공동작업.
'자기 표현하기' 중에서 '노화 표현하기' 프로젝트
('날 좀 봐요!Look at Me!' 사진치료 워크숍). 2010.

Figure 9.3

입어보기. 로지 마틴과 케이 굿리지 공동작업. '분노하는 노인들' 시리즈(노화에 대한 부정적인 고정관념에 도전하는 사진시리즈)중에서. 2000.

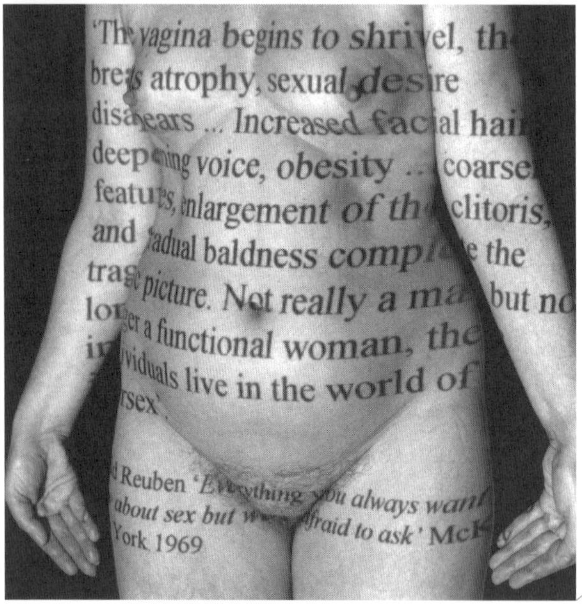

Figure 9.4

질은 주름에서 시작된다. 로지 마틴과 케이 굿리지 공동작업. '분노하는 노인들' 시리즈 중에서. 2000.

이지 않으면 우리도 이것과 도덕적으로 공모하는 것이나 마찬가지라고 생각한다. 이런 이유로 나는 개인 심리에만 초점을 맞추는 편협한 시각에서 벗어나 사회의 구조적 불평등과 그 상황이 단순한 개인적 문제로 잘못 처리될 수도 있는 여성의 정신건강 문제와 어떻게 관련 있는가를 이해하는 폭넓은 시각을 가진 '사회적 미술치료'를 지향한다(Hogan 2012a).

페미니즘의 학문으로서의 중요성:
지식의 이데올로기적이고 정치적인 특성에 대한 지적인 연구

페미니즘에서 출현한 페미니즘 미술치료에서 분명하게 나타난 사조의 한 줄기는 불평등이 어떻게 구조적으로 자리 잡았는지를 시각적 자료와 문서 자료를 통틀어 학문적(때때로 논쟁적)으로 분석해 밝혀내는 작업이다. 이 작업은 성적인 불평등을 영속화하는 권력 차별과 또 다른 메커니즘에 대한 분석을 통해 이루어지며, 기존 이론과 관행 모두를 비판한다.

이 지적인 분석에는 여성을 어떻게 시각적으로 표현했는지에 대한 분석이 포함되었고 미술치료사는 이러한 작업을 제대로 이해하고 반응하는 데 제격이다. 기호학적 분석은 젠더에 대한 사회적 기대들이 우리 주변에 있는 회화적 표상들에서는 어떻게 나타나는지를 탐구한다. 사람들은 비유적 담론을 활용해 자신의 경험을 표현하는데, 담론 덕분에 그들의 상황을 더 명확하게 개념화할 수 있다. 의미를 둘러싸고 갈등이 벌어지는 이념적 투쟁의 현장에서는 흔히 은유가 활용된다. 이런 은유는 하나의 의미에 또 다른 의미를 확립하기 위해 그림이나 언어로 형태를 갖추는 전략을 취한다. 그림은 젠더나 특정 사회경제적 지위와 연관된 지배적 범례나 표상에 도전하고, 나아가 정체성을 획득하기 위한 도구를 여성에게 제공하는 것으로 보인다 (Hogan 1997, 2012a). 미술치료사에게 이미지는 다양한 개념적 가능성을 제시하는 동시에 개념의 한계도 정한다는 사실은 전혀 놀랄 일이 아니다.

호건의 저서는 여성 문제와 미술치료를 광범위하게 다루며, 특히 여성성의 정의를 둘러싼 부정적 담론과 정신의학 담론 안에서 여성의 부정적 지위와 관련해 여성의 불안정성에 대한 주장을 다룬다. 페미니즘 학자들은 특히 정신과 의사들과 심리학자들이 여성의 정신 건강에 관한 부정적 예상을 어떻게 영속화했는지를 밝히는 데 도움이 되었다. 쇼월터(Showalter)는 페미니즘 학자들의 기여를 언급한다.

> 현대의 페미니즘 철학자, 문학평론가, 사회 이론가는 처음에는 '여성과 광기' 사이의 근본적 유사점의 실재에 관심을 집중했다. 그들은 여성이 언어와 표상이라는 이원적 체계 안에서 남성이 이성과 담론, 문화, 심적 측면에 위치한 반면에 여성이 어떻게 비합리성과 정숙, 본능, 신체적 측면에 위치하게 되었는지를 보여준다. (1985, p. 4)

페미니스트들의 지적인 기여야말로 이러한 이분법을 깰 것이다. 페미니스트 비평가들은 이렇게 말한다.

> 여성은 남성에 비해 정신이상 진단을 받는 숫자가 많다. …… 정신병원에 입원과 감금을 당하고, 전기충격요법(ECT)과 정신과적 수술에서 심리치료와 향정신성 약물 처방에 이르기까지 여성이 남성보다 정신과적 '치료'를 더 많이 받는다. 왜 이런 일이 발생하는 것일까? 혹자는 여성

이 남성보다 본질적으로 더 미쳤으며 정신과적 치료라는 유익한 힘을 사용해 엉망이 된 마음을 치료하기 때문이라고 대답할지도 모른다. 그러나 나는 대안적인 설명을 선호한다. 권력을 이용(혹은 남용)해 금전적인 이득을 취하는 전문가들 때문에 여성은 오진과 학대의 대상이 된 것이다. 물론 여성이 오랜 시간 겪어온 고통스럽고 불안한 경험을 부인하는 것은 아니다. 하지만 우리가 이런 불안의 근간을 여성의 삶이란 맥락에서 바라본다면 이러한 현상들은 여성 내부에 존재하는 병리학적 특성의 발현이 아니라 인간으로서 보이는 합리적인 반응으로 개념화할 수 있다. (Ussher 2011, pp. 1-2)

페미니즘 학문은 정신 중에서도 특히 여성성과 어떻게 여성성이 병리학과 동일시되는지에 대한 특정 정신과적 가정을 비판하는 내용을 담고 있으며(Appignanesi 2008, Howell and Baynes 1981, Russell 1995, Showalter 1985, Ussher 1991, 2011), 이런 관심은 일부 페미니즘 미술치료사들의 글과 치료에 드러나 있다(Burt 2012a, Eastwood 2012, Joyce 2008, Manuel 2008, Wright and Wright 2013). 호건의 저서(1997, 2012a)에 언급된 많은 저자들이 이런 문제를 탐구한다. 9장의 도입부에서 강조했듯이 정신의학에서 강조된 생물학적 결정론에 대해서는 비판이 있었다. 이를테면 정신과적 분류 매뉴얼 분석은 어떻게 여성성이 질병이란 개념과 관련되었는가를 고찰했으며(Rehavia-Hanauer 2012), 여성에 대한 문화적 혐오와 폭력 또한 강조되었다(Burt 2012b, Huet 2012, Jones 2012, Joyce 2012, McGee 2012, Ross 2012). 호건(2012a)과 존스(2012), 마틴(2012)은 성정체성과 성적 지향, 미술치료 문제를 분석했으며, 다른 저서에서는 성전환을 포함해 젠더와 성정체성을 상세하게 다루었다(Hogan 2003). 이 책들은 미술치료적 만남에서 민족성과 젠더를 분석하는 내용도 다룬다(Campbell and Gaga 1997, 2012, Landes 2012).

　여성의 신체 경험, 특히 임신과 출산은 큰 주목을 받는다. 현재 여성 문제와 미술치료 작업은 임신과 출산으로 인해 변화된 여성의 자아정체성과 성정체성(Hogan 1997, 2003, 2012a, 2013a, 2015, Hogan et al 2015), '과도한' 보살피기에 대한 노골적인 여성혐오 이론에 대한 비판적 평가를 비롯해 대상관계 이론의 환원주의적 적용에 대한 신랄한 평가를 망라한다. 모성의 죄책감과 우울증, 분노에 대해서는 모성에 대한 부정적 이론을 감안해 재평가가 이루어진다(Hogan 2012b).

　『페미니즘 미술치료(Feminist Approaches to Art Therapy)』(1997)와 『페미니즘 미술치료의 재탐색(Revisiting Feminist Approaches to Art Therapy)』(2012)에서 호건은 몇 십 년 동안 사회과학 분야와 인류학 분야의 학문적 경계가 바뀌었다고 지적한다. 심리학자가 사회학자와 문화 이론가들의 영역으로 파고들면서, 그리고 그 반대의 현상도 전개되면서 심리학에서는 질병의 사회적 구조화, 즉 사회가 질병을 만들어내는 구조에 대한 관심이 늘어났다. 위에서 거론되었던 이론가들은 문화 속에서 여성들은 '병리화'된 것이라고 지적했다. 다시 말해, 여성성의 특질을 정의하는 것 자체가 병리적인 일이라는 것이다. 여성의 정신 건강에 미치는 이러한 문화적·사회적 영향들은 상당수 페미니즘 연구들의 주제였다. 환자와 정신과 의사 사이에 그저 단순한 견해 차이가 있을 뿐인데도 정신과 의사는 정신병 진단을 손쉽게 내릴 수 있다는 점, 나아가서 지배적인 정신과적 규범들을 거부하려는 여성들의 입장을 개인과 사회 사이에 존재할 수 있는 건설적 갈등의 표현으로 보기보다는 역기능적 행위로 간주하려 한다는 사실에 근거해 현재의 정신의학을 비판한다(Russell 1995, pp. 33-37). 또 여성은 현재 '처벌'이 아닌 '치료'의 필요성 차원에서 처리되기 때문에 결과적으로 감옥에 수감된다고 가정했을 때보다 정신 보호시설에서 더 오래 감금되며, 같은 행동이라도 남성이 저지르면 감옥에 갇히는 반면에 여성은 정신과 치료를 받는 경향이 있다. 물론 영국에서는 여성도 감옥에 수감된다. 50% 이상의 여성이 어린 시절에 성적 학대를 당한 피해자였는데, 이는 전형적인 힘의 남용을 암시한다 (Prison Reform Trust 2014, p. 4). 부끄러운 통계자료가 아닐 수 없다.

심리학, 정신분석학, 문화연구 같은 학문은 여성이 자신의 주체성을 만들어내고 이를 유지하는 데 있어서 관련된 담론들을 실천하는 행동의 일부인 언어와 이미지에 더 주목했다(Lupton 1994). 낙천적으로 말하자면 미술치료는 별로 중요하지 않았던 지엽적 치료에 불과했는데, 이러한 이론적 변화 때문에 현재는 적어도 훨씬 유의미해졌고 그렇게 될 수 있는 잠재력을 갖게 되었다(다음 장에서 미술치료가 사회과학 연구조사에 기여한 부분에 대해 논의한다). 페미니즘 미술치료는 이러한 운동의 중심부에 자리 잡은 것으로 보인다. 이러한 사고들은 여성들의 삶의 경험에서 질적인 부분을 제대로 반영하지 않고, 사회적 구조화의 결과로 생겨난 여성 스트레스의 본질도 인정하지 않으면서 광범위하게 적용되어온, 독단적이고 환원주의적인 기존 심리학적 모델들을 추앙해온 영국 미술치료계 내부의 방황에 종지부를 찍게 할 가능성이 있다(Hogan 1997, 2012a). 이는 페미니즘 미술치료사인 나의 희망이기도 하다. 세 권의 책(Hogan 1997, 2003, 2012a)은 페미니즘과 미술치료의 필수 자료로 남아 있다.

여성만을 위한 미술치료

여성의 조건과 경험에 관한 이해가 깊어지면 이 주제에 초점을 맞추어야 하는 논리가 얻어진다. 이에 더해 여성 문제를 구체적으로 이야기하는 데 있어서 여성들만의 집단이 필요하다는 논리도 얻어진다. 많은 페미니스트들은 여성이라는 존재는 공통된 경험을 하기 때문에 순수 여성 집단이 필요하다는 논리가 타당하다고 주장할 것이다. 왜냐하면 여성들은 모두 똑같이 광범위한 억압적·이상적 여성 혐오 담론에 지배되는 대상이기 때문이다. 이것은 '분리주의적' 입장인 동시에 여성들의 연대 필요성을 지지한다.

분리주의 페미니즘은 막강한 개념이다. 여성들이 서로 힘을 모으면 무시할 수 없는 세력이 될 것이다. 만일 모든 여성들이 함께한다면 누가 막을 수 있겠는가? 아마 사회를 여성화할 수 있을 것이며 새로운 가치가 사회 전반에 자리 잡을 것이다. '일터는 돌보는 곳이지 총질을 해대는 곳이 아니다! 운동장은 크루즈 미사일을 발사하는 곳이 아니다! 교육은 결혼을 강요하지 않는다!' 여성화된 사회가 어떤 모습일지 상상해보라.

물론 구조적 불평등과 여성의 경험은 서로 관련이 있지만, 다른 페미니스트들은 여성이 여러 영역에 개입해 충성하는 이질적 집단이기 때문에 상이한 구조적 불평등의 경험을 비롯해 문화적 상황에 따라 세계를 매우 다르게 경험한다고 정반대로 주장한다. 이렇듯 여성의 경험은 일반화될 수 없다. 우리는 제각기 다르며, 세상에 작용하는 힘을 다르게 경험한다. 어쩌면 페미니스트의 관점에서 우려될 수도 있다. 우리의 지배적인 헌신적 노력이 다른 여성 집단들의 대의와 다를 수 있기에 여성들은 다른 여성과 함께

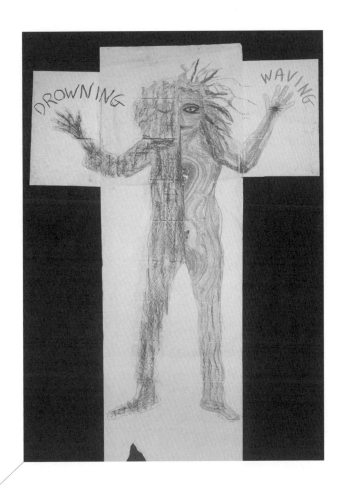

Figure 9.5
손을 흔들까? 익사를 할까?(Waving
Drowning). '자기 표현하기' 중에서 :
'노화 표현하기' 프로젝트('날 좀 봐요!'
미술로 도출하기 워크숍). 2010.

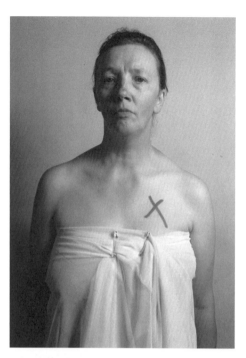

Figure 9.6a, 9.6b
어린아이로 돌아가기. 조 스펜스와 로지 마틴 작품. 사진치료(마음/몸). 1984.
"어느 날 아침, 책을 읽다가 무서운 현실을 맞이했죠. 하얀 가운을 입은 젊은 의사가 수련의들을 거느리고 내 침대 옆에 서 있었어요. 그는 자기소개도 하지 않고 다짜고짜 차트를 들여다보면서 내 쪽으로 몸을 숙이더니 내 왼쪽 가슴에 X자 표시를 했어요. 순간 머릿속에서 혼란스런 일련의 이미지가 스쳤어요. 흡사 물속으로 가라앉는 느낌이었죠. 그날 처음 만난 이 강도 같은 의사는 나한테 왼쪽 가슴을 절제해야 한다고 했어요."

일하는 데 관심이 없다고 주장하기 때문이다. 여성은 필연적으로 다른 여성에게 충성하지 않는다. 하지만 차이에 주력하면 전통적으로 (페미니즘을 포함해 사회적으로) 더 괄시당해온 사람들이 표출하는 것을 도울 수 있다.

또 다른 페미니스트는 여성이 여성 문제에만 오롯이 주목할 수 없을 뿐만 아니라 소수인종 집단, 남자 동성애자, 지역적으로 낙후된 환경에 사는 사람들이나 저소득층같이 힘없고 억압받는 사람들과 연대해야 한다고 주장한다.

게다가 교육을 받고 신체 건강한 일부 백인 여성들의 목소리가 종종 모든 여성을 대변하기 때문에 다른 목소리들이 묻혀버린다는 우려도 있다. 결과적으로 페미니즘 학문은 대변과 발언권 문제에 매우 민감하다. 하지만 여성들 간에 존재하는 이질성을 강조하는 사람들조차 '여성 문제'를 치료적 차원에 초점 맞출 것을 옹호한다. 계속 여성 문제를 다루겠지만 출산 트라우마, 모성으로의 이행, 유방암이나 자궁내막증 등 여성이 살아온 경험을 특별한 방식으로 다루는 집단을 통해 좀 더 새롭게 고찰하고자 한다.

페미니즘 미술치료사는
어떻게 보일까?

아래의 글은 저명한 페미니즘 미술치료사가 자신이 하는 일이 본질적으로 정치적이고 이념적임을 인정한 내용이다. 그는 '여성의 예속 상태에 대한 탐구가 치료적 만남에서 반드시 이루어져야 하며, 치료 과정에 반드시 복합적인 관점과 다양성이 존재해야 한다'고 말한다.

페미니스트로서 나는 (미술)심리치료가 정치적인 행위라고 생각한다. …… 인류의 다양성에서 유래하는 다양한 관점들을 인정하고 억압의 실상에 대한 분석을 통합하는 행위이기 때문이다. (Burt 2012b, p. 30)

우리가 미술치료 시에 타인을 부적절하게 차별하지 않으려면 '문화'를 폭넓게 인정해야 한다는 주장이 부각되었다(Holloway 2009, Talwar et al 2004). 이러한 주장은 치료적으로는 '내면화된 성차별주의'와 '내면화된 인종주의' 개념을 주목하는 작업으로 이어진다. 미술치료에는 '상호교차성'에 대한 강화된 인지를 포함해 치료 행위의 일부로서 '의식 고양'이란 지침이 있다(최근 들어 페미니즘 사상에서 강조하는 민족성, 계급, 성정체성 등 정체성의 다른 측면 또한 중요하게 여겨진다). 차별은 광범위하게 퍼져 있지만 이런 차별이 어떻게 성과 성정체성, 인종 등 다양한 요소와 교차하는지는 특수한 문제인 데다 때와 장소에 따라 정해지기 때문에 절대로 일반화될 수 없다. 차별은 다양하게 경험된다. 결과적으로 정체성은 '고정된 카테고리'가 아닌 것이다(Talwar 2010, p. 15). 모든 페미니즘 미술치료사가 사회구조주의자는 아니기 때문에, 즉 자아의 발전 과정을 페미니즘 관행과 일치하는 힘의 장(field of force)과 연관 지어 바라보는 견해를 가진 사람들은 아니기 때문이다.

다양한 요소로 이루어진 많은 집단들에서 정체성 문제는 치료 과정에서 자연스럽게 나타난다.

최근에 여러 집단을 운용하면서 다양성이 정확하게 표면화된다는 사실을 발견했다. 가령 캐리비언 출신의 영국 흑인 여성은 흑인 여성으로서의 경험이 있고, 예멘 출신의 영국 무슬림 여성은 지역사회의 기대와 통제가 어떠한가에 따라 매우 다른 삶을 경험한다. 그렇기에 집단치료

심리상담 이론과 미술치료

과정에서는 다양한 문화적 관점을 설명하는 일이 반드시 이루어져야 한
다. (Hogan 2014, p. 114)

랄라(Lala 2011)가 유효한 방식으로 치료사들을 상기시킨 것처럼 내담자
는 '그들 인생의 전문가'이다. 치료사는 '정체성, 경험, 노력을 끊임없이 조
정하고 변경하면서 스스로 결정하는 유일한 존재'로 생각하는 이들을 상대
하는 것이다(2011, p. 33). 깊은 이해심이야말로 페미니즘 미술치료의 핵심
이다.

로라 브라운(Laura Brown)은 페미니즘 치료가 주로 '권한 부여하기
(empowerment)'의 문제와 관련되어 있다고 본다.

> 페미니즘 치료사는 '페미니즘 의식'의 형성에 주목한다. 페미니즘 의식
> 이란 여성이 살면서 겪는 어려움이 개인이 모자라거나 충분히 노력하지
> 않아서 생긴 것이 아니라 문화적 기반의 차별이라는 구조적 형태에서 비
> 롯되었음을 이해하는 것이다. 매우 광범위한 방식으로 규정된 개인의 능
> 력을 키우는 일은 페미니즘 치료의 최우선 목표이다. (2010, p. 337)

마찬가지로 월드먼(Waldman 1999)은 임상치료에서 사회적 맥락의 관련성
을 강조하는 포스트모더니즘 사회 이론의 영향을 받은 '사회적 미술치료'와
'페미니즘 심리치료'의 통합을 시도한다. 월드먼은 사회적 고립, 자원에 대
한 통제력 부재, 냉정한 법 체계 등 여러 요소들이 결합되면서 제도적으로
형성된 여성의 무력감을 중요하게 여긴다. 특히 그녀는 여성으로 하여금 자
신의 감정을 억누르고 타인을 보살피는 제도화된 압박이 여성의 감정적 불
안을 초래한다고 말한다. 월드먼이 관찰한 결과 여성이 영향력을 잃거나 제

대로 인정받지 못한다고 느끼면 다른 사람들을 대할 때 움츠러들었다. 그녀는 점토를 사용해서 현실적이고 구체적인 사례 연구를 했다. 그녀의 내담자는 남자가 자신을 괴롭히고 학대하고 통제하던 시절의 감정을 작품으로 표현했다. 그녀는 자신을 점토에 비유하며 "나는 사람들이 만들어내는 무언가밖에 안 돼요"라고 말했다(1999, p. 15).

제인 어셔(Jane Ussher)는 정신병이라는 개념이나 진단 분류를 무시할 의도는 없지만 진단 분류가 특히 여성에 대한 폭력성과 관련된 고통의 근원을 가릴 수 있다고 우려한다.

> '우울증' 같은 용어의 진단적 명칭은 여성의 고통 정도를 전달해주는 기능을 하고 주관적인 경험을 입증해주지만, 여성을 '미쳤다'라고 치부해버리면서 우선 스트레스에 이르는 조건들을 애매하게 남겨두는 결과를 낳는다. (Ussher 2011, pp. 212-213)

일부 페미니즘 치료사는 우리 주변에서 찾을 수 있는 성차별적 이미지들과 자료들을 분석하고 그 내용을 분해하는 '의식 고양' 활동, 즉 젠더 의식을 고양하는 것을 치료활동의 일환으로 추천한다(Hogan 2012a, Martin 2012). 이를테면 잡지와 신문, 예술작품에서 가져온 이미지들이 그 역할을 할 수 있다는데, 좋아하거나 싫어하는 이미지를 바라보는 일은 흥미로운 사실을 드러낸다. 이런 방법은 기호학적 연구와 유사한 측면도 있다. '이 그림을 보면 나는 왜 불안해지는가?'를 아는 것(지식)은 곧 힘이며, 혹은 잠재적 힘이다. 지식은 문화적 분석과 비판의 형태를 갖추고 있으며, 편협하게 개인의 정신병리학에만 초점을 맞추는 수준을 넘어선다(Hogan and Coulter 2014).

결론적으로 젠더 차이를 나타내주는 표상들은 각 젠더가 '존재하는 방식'의 범위를 확인하는 데 있어 핵심 역할을 한다. 그 표상들은 젠더 차이에 관한 여러 개념적 가능성들을 표현한다. 따라서 미술치료사는 치료활동의 일환으로 문화적 표상을 확보해 관련 정보를 얻는 편이 적절하다. 물론 우리가 그 사실을 인지하는지의 여부를 떠나서 우리는 문화적 관습을 접하고 있고, 자의식의 수준이 다르다 하더라도 적극적으로 문화적 관습을 탐구하고 실행하는 데 있어서 수동적인 자세를 취하지는 않는다(Butler 1990). 이들 표상을 진지하게 탐구함으로써 초월하고 자기인식을 높일 수 있다(Martin 2012). 우리를 둘러싼 이러한 메시지를 어떻게 내면화하는가는 메시지 자체가 도처에 존재함에도 불구하고 개인마다 다르다. 단순하게 결정되는 것은 어디에도 없고, 단순한 대답 역시 어디에도 없지만 페미니즘 학문은 구조적 불평등과 그 의미가 무엇일까에 대해 생각하도록 돕는다. 다시 말해, 분석적인 의식을 개발해주고 존재 방식을 발전적으로 변화시켜준다. 우리는 종전과 다르게 사진을 찍을 수 있게 되며, 그것을 유심히 들여다보는 실험을 한다. 이런 방식은 21세기에 발명된 것이 아니다.

페미니즘은 여성과 남성 치료사의 치료 현장에 암묵적으로 자리 잡고 있지만 지금까지 미술치료 문헌에서는 상대적으로 미미하게 논의되고 연구되었다. 페미니즘 성향의 미술치료에는 중요한 특징이 세 가지 있다. 첫째, 불평등 문제에 대한 예리하고 비판적인 인지를 함양하는 것이다. 둘째, 첫 번째 특징과 관련해서 불평등을 뒷받침하는 언어와 회화적 표현을 활용해 제도적 관행 안에서 권력 역학의 분석을 비롯한 지식 구조를 비판적으로 연구하는 것이다. 그 연구는 편견과 억압적 관례의 이론적 근간을 당당하게 밝히고 이의를 제기하기 위해 잘못된 가정들을 부수는 것(해체)에 관심을 기울인다. 셋째, 이러한 개입을 통해 의식이 고양되고 권한 부여가 이루어

Figure 9.7
이디스 가루드가 주짓수 기술을 선보이고 있다. 여성 참정권 운동가인 이디스 가루드는 서구 여성 최초로 일본인에게 주짓수를 배운 무술 지도자였다.

지기를 바라는 것이다. 페미니즘 미술치료는 남녀 모든 인류가 같이 고통받는 현실을 부정하지는 않되, 고통과 질병을 만들어내는 특정한 사회적 규범의 영향을 받는 그들의 사회적 조건 하에서도 여성이 자신의 주체성에 대해 생각하기를 바란다. 젠더 차이에 대한 어떤 일반화라도 그것이 가능하려면 계급과 문화, 연령, 건강 문제, 성정체성과 지리적 위치 등 여성을 인식하고 대우하는 데 영향을 미치는 수많은 요인들을 반드시 고려해야 한다. 다수의 페미니스트 작가들은 자아가 다양한 힘과 관련되어 변화된다는 사회구성주의적 자아 모델을 고수한다.

페미니즘은 여성의 행복과 번영을 가로막는 지배적 이론에 비판적으로 접근한다. 페미니즘 미술치료는 미술치료 관행에서 환원주의적이고 잠재적으로, 파괴적인 심리학 개념을 이용하는 데 이의를 제기하는 중요한 역할을 했으며, '정신병' 발현과 관련해서 종종 성차별적 사고를 융통성 없이 적용하는 것에 대해 우려를 표명했다. 최악의 경우는 환원주의적 정신역동의 이론적 해석과 이론의 융통성 없는 적용으로 여성에 대한 정신적 학대가 초래되는 것이다. 특히「정체성 문제: 미술치료의 젠더 해체(Problems of Identity: Deconstructing Gender in Art Therapy)」(Hogan 2012a, 2장)라는 논문은 우리 모두가 예민하게 반대해야 하는 환원론적 이론에 관한 실례가 수록되어 있다. 페미니즘 미술치료는 여성의 삶에 새로운 레퍼토리와 전망을 만들어주기 위해 보다 큰 권한을 부여하는 이야기들을 만들어내고 있으며, 지배적인 심리학적 고정관념에 도전하고 있다.

제10장

사회적 미술치료
(사회적 행동과
연구도구로서의 미술치료)

Social art therapy

사회적 전환의 이론화

융게와 공저자들(Junge et al. 1993)은 중요하고 혁신적인 한 논문에서 현재의 상황 유지와 관련해 미술치료사의 기본 역할에 의문을 제시하며 이런 질문을 던진다. '우리 미술치료사들은 심각하게 망가진 정신보건 체계 내에서 사람들로 하여금 이 파괴적인 사회에 적응하는 것을 돕는 것일까?'(p. 150). 만약에 그렇다면 이것이 미술치료에 의미하는 바는 무엇인가? 논문은 계속해서 정신병리적인 환자와 전문 치료사를 나누는 이분법적 사고에 이의를 제기하고 양자 간의 상호성을 강조하면서 상호간의 공동노력을 통한 회복을 주창한다.

초기 미술치료의 개척자인 아드리안 힐과 에드워드 애덤슨(Adrian Hill and Edward Adamson) 또한 이런 질문을 던졌다. 힐은 많은 재활시설에 대해 치료 효과가 없다고 비판하면서 본질적으로 이런 시설에서 치유는 불가능하다고 했으며, 예술치료를 병원 치료에 도입하자는 움직임을 지지했다. 이와 대조적으로 애덤슨은 정신병원 체계에서 미술치료사를 외부자로 인식했다. 실제로 미술치료실과 주요 병동을 구분했는데, 미술치료실은 피난처나 마찬가지였다. 여전히 틈새 분야이지만 미술치료는 제2차 세계대전 이후에 널리 활용되었으며 환자와 치료사의 분리를 변경하려는 시도로 유명했던 치료적 공동체의 노력으로 발전했다(Hogan 2001).

호코이(Hocoy)는 사회적 행동으로서 미술치료의 개념은 '다양한 경험의 여러 단계들이 서로 연계되어 있는 자아에 대한 이해'를 내포한다고 말한다. 그에 의하면 자아는 심리적-정치적, 생태학적-경제적, 문화적-사회적, 물질적-정신적인 것들이 뒤엉켜 서로 관통하면서 만들어진 존재다(2007,

pp. 33-34). 사회적 행동으로서의 미술치료는 이러한 점을 강조하면서 사회 정의에 관심을 갖는다(p. 36).

사회적 미술치료는 페미니즘 미술치료처럼 집단 구성원들, 치료사와 내담자 또는 촉진자(facilitator)와 참가자 간의 영향력 차이를 인정한다(이를 테면 '참가자들'과 집단들과 활동하는 치료사들은 가령 무력한 느낌을 주는 '내담자'라는 용어를 피해 다른 용어를 사용할 수 있다. 하지만 이런 일은 치료활동 진행 과정 내내 영향력의 차이가 있다는 점을 고려해 이루어져야 하며, 그저 멋진 어휘를 만들어 사용하는 것 이상의 의미가 있어야 한다). 나아가 지배적 문화 규범의 영향력을 식별하고 그 영향력을 자세히 조사하는 일은 모든 치료 과정에서 고려해야 하는 요인이 될 것이다. 이 책에도 분명히 나타나 있지만 비록 자아를 이론적으로 개념화하는 방법이 한 가지만 있는 것은 아니지만 모든 사회적 미술치료는 자아와 사회의 이분법을 깨는 것을 목표로 한다. 즉 상호연계성, 호혜성, 그리고 타인과 관련지어서 자아를 해석하기 등이 강조되는 편이다.

호코이는 이렇게 주장한다(2007). '육체로 제한된 자아라는 서구사회 구조의 허구적 경계 안에서는 (미술)치료와 사회적 행동 작업의 본질적 연관성이 쉽게 모호해진다'(p. 29). 페미니스트는 얼마 전부터 이런 관점을 '개인적인 것이 정치적인 것이다'라고 명확하게 표현한다.

이론은 다양하지만 일부 미술치료사들은 타인과의 상호작용을 통해 사람은 끊임없이 변하고 재건한다고 주장하는 상징적 상호작용 개념을 신뢰한다. '사람은 이런 상호작용 안에서 상호작용을 받으며 구성되고, 자아는 계속 변한다'는 이론은 어린 시절의 특정한 사건이나 발육 과정이 강한 영향을 미쳐서 우리를 형성한다는 주장에 이의를 제기한다. 정신병을 유발시키는 등 정신 깊숙한 곳에 지우기 어려운 흔적을 남기기도 한다. 비록 어린 시절에 경험한 심각한 유기가 악영향을 끼칠 수 있지만 사회적 모델에서는

'사람은 변화에 대처하는 회복력이 있다'고 본다.

호건과 핑크(Hogan and Pink 2010)는 서구 사상에서 자아와 사회의 이중성 문제를 연구하면서 자아와 사회 간의 견고한 이중성은 경직된 사고를 유도하는 방식으로 언어에 뿌리 깊이 박혀 있다고 주장한다. 그러나 '사회적 행동을 통해 우리가 만들어지는 존재'라는 점을 묘사할 수 있는 말은 없다.

> 프랑스어에는 앙리끄와 공저자들(Henriques et al. 1984: 1)이 제안한, 능동적이고 복잡한 인간의 주체성을 담아내는 단어가 있는데, 바로 assujettissemen(예속)이다. 개인은 예속이라는 과정을 통해 자신의 주체성을 만들어가는 데 있어서 능동적인 역할을 하는 존재로 인정된다. 영어에는 이에 대응하는 용어가 없다. 하지만 'submit(굴복하다)' 또는 'subjugate(종속시키다)'뿐만 아니라 '주체가 되는' 혹은 '주체성을 만드는' 등을 의미하는 반영동사도 누군가를 종속시킨다는 느낌을 주기 때문에 어쩌면 다소 부정적인 평가를 받을 것이다. 논란의 여지가 있겠지만 만들어지기도 하고 동시에 만들기도 하는 우리의 존재적 특성을 제대로 담아낼 수 있는 보다 중립적인 용어가 필요하다. 이런 과정을 설명하는 적절한 단어가 없다는 것은 자아와 사회 사이에 자리 잡은 견고한 이중성과 후기 구조주의적 이론에 개념적 '허점'이 있음을 여실히 보여준다. (Hogan and Pink 2010, p. 171)

사회는 다양한 방식으로 개념화될 수도 있으나 사회적 맥락만은 필연성을 중요하게 여긴다. 일부 페미니스트를 비롯한 여타 작가들은 아비투스(habitus)라는 개념을 사용한다. 이는 프랑스의 사회학자 피에르 부르디외

(Pierre Bourdieu)의 개념이다. 아비투스는 사회적 계급화가 '자연 발생적'이고 '주어진 여건'처럼 등장하는 방식에 대해 관심을 갖지만 계급 분류적 규범과 존재 방식에로의 무의식적인 동화를 뛰어넘는 개념이다. 즉 관습과 인식을 만들어내는 '일련의 성향'과 관련이 있다(Johnson 1992, p. 5). 8장에서 논의한 것처럼 부르디외가 묘사하는 아비투스는 '제2의 천성으로 내면화되고 역사처럼 잊혀진 체화된 역사를 의미한다. 이는 과거가 능동적으로 현재에 그 모습을 드러낸 것, 즉 능동적 현존이다'(1990, p. 56). 세계에 대한 모든 해석은 이러한 의미에서 문화적이다.

비정상성과 정신장애의 기준은 계속 변하고 있다(몇몇 중요한 예외로 살인과 근친상간 금기 같은 경우는 여러 문화에 광범위하게 퍼져 있다). 일탈행동은 생물학적으로 결정되는 것이 아니라 사회적, 역사적으로 규정된다. 실제로 무슨 일이 벌어지는지, 정신 착란을 비롯해 사회적 규칙을 따르지 않은 것을 완화하기 위해 어떤 조치가 필요한지에 관한 개념들을 포함해 이에 대한 해석은 문화마다 다양하다. 이를테면 어떤 문화권에서는 더 많은 공동체를 기반으로 한 대응책이 정신적 질환을 경감시키는 노력에 포함되기도 한다. 인류학자나 문화 이론가인 메리 더글라스(Mary Douglas)는 이렇게 제안한다.

어느 날, 멀지 않은 미래에 서구의 우리는 한때 '원시 의술'이라고 불렸던 것과 동일한 용어를 만나게 된다. …… 데카르트적 혁명을 결코 경험하지 않았던, 이 아득히 먼 치료 철학은 사회적 맥락으로부터 정신이나 육체를 분리시켜 생각해본 적이 전혀 없었다. …… 이 치료법은 종종 아픈 사람에게 사진이나 그림을 보여주거나 환자들에게 드라마를 사용해 진단 내용을 실연해보라고 요구하기도 한다. 몸을 직접 써야 하는 것은

심리상담 이론과 미술치료

물론이고 환자의 친척과 이웃 또한 근본적인 문제를 다양한 방식으로 각색하는(실연 구조를 형성하는 교류를 관찰하고 변화시키기 위해 구조적 치료에서 사용하는 상호작용)에 반드시 참여해야 한다. 신체적 실연을 통해 잃었던 정체성을 찾고 그것을 공개적으로 인정받는다. 죄의식, 회한, 두려움을 소환해 질책하고 해소시킨다. 회복해가는 데 있어서 환자는 실연을 통해 공동체가 그의 이전의 비정상적 조건을 만든 점을 분명하게 밝힌 후 공동체에 다시 진입한다. (Douglas 2001, pp. 10-11)

서구적 의학 규범의 영향력은 세계 곳곳으로 퍼져나가고 있지만 건강과 질병 개념과 관련된 서로 다른 여러 '사고방식들' 사이에는 갈등이 내재되어 있다(Douglas 1996). 낯선 문화권에서 일하는 미술치료사는 표현된 문화적 규범을 이해하고 작품에 활용된 상징을 판독할 가능성에 대해 확신받지 못할 것이다(Landes 2012, Lofgren 1981). 게다가 문화는 예외 없이 고통을 표현하는 데 개입한다. 가령 '평범하고' '정상적인' 범주의 비통함은 문화적으로 결정되고 또한 독창적이다(Hogan 2012b). 여성이 가슴을 치고 목 놓아 통곡하는 행위는 사랑하는 사람의 죽음을 겪은 슬픔을 표출하는 행위이지만, 영국에서 같은 행동을 한다면 이 여성은 진정제를 맞거나 정신이상자라고 오해받을 것이다. 우리는 이런 차이점에 세심하게 접근해야 한다(Hogan 2013b).

현대 미술치료가 그래왔던 것처럼, 따분한 '진단 및 통계 편람(DSM; Diagnostic and Statistical Manual)'이 지배하는 주류 정신의학은 문화인류학과 사회심리학까지도 고려한다. 문화적 복합성의 예는 클리포드 기어츠(Clifford Geertz)의 윙크하는 소년의 이야기에 나온다(그는 실제로 길버트 라일 Gilbert Ryle의 '심층 기술'을 설명한다).

소년 두 명이 그들의 오른쪽 눈꺼풀을 빠르게 찡긋거린다고 생각해보라. …… 한 소년에게 이 행위는 무의식적인 찡그림이고 또 다른 소년에게는 자신의 친구에게 보내는 모종의 신호이다. 움직임이라는 관점에서 보면 두 소년의 행동은 동일하다. 카메라의 관점으로 '현상학적' 관점에서 본다면 무엇이 찡긋거림이고 무엇이 윙크인지, 혹은 실제로 두 명이 또는 둘 중 한 사람이 찡긋거리는지 윙크하는지 알 수 없다. 그 차이점을 사진으로 담을 수는 없지만 찡긋거림과 윙크의 차이는 엄청나다. 그 차이를 바로 알아차릴 수 없었던 운 나쁜 사람은 두 번째에서야 이를 비로소 알게 된다. 윙크하는 사람은 의사소통을 하는 것으로, 이는 실제로 간결하고 독특한 방식의 의사소통이다. (1)의도적으로 (2)특정한 사람에게 (3)특정한 메시지를 전하기 위해 (4)사회적으로 정립된 암호에 따라 (5)나머지 동료들이 알지 못하도록 하면서 이루어지는 의사소통이다. …… 눈꺼풀을 찡긋거리는 행위가 공모적인 신호로 여겨지는 사회적 코드가 존재할 때 의도적으로 눈꺼풀을 찡그리는 행위는 윙크가 된다. 아주 작은 행동, 아주 작은 문화, 그리고 - 보라! - 하나의 작은 몸짓이 전부 이에 해당한다. (Greertz 1973, p. 6)

이 예시는 더 구체적이다.

서툴고 어설프게, 누가 봐도 명확하게 첫 번째 소년의 윙크를 익살맞게 따라하면서 악의적으로 친구들을 웃기는 세 번째 소년이 있다고 가정하자. 그는 물론 두 번째 소년이 윙크하고 첫 번째 소년이 찡그린 것처럼 그의 오른쪽 눈꺼풀을 찡긋거리며 똑같이 따라한다. 이 소년만이 유일하게 윙크도 하지 않고 눈을 찡긋거리는 것도 아니다. 그는 지금 패러

디하는 중이다. (1973, p. 6)

담론의 해석은 문화를 '해석 가능한 기호의 상호작용 체계'로 보고 이에 대해 관심을 갖는 '기호학적' 노력으로 자리매김되고 있다(Geertz 1973, p. 14). 이렇듯 인간의 행위는 크게는 상징적 행동이며, 말할 때 발음이나 그림의 안료, 글씨의 선, 음악의 울림처럼 어떤 의미를 나타낸다(p. 6). 이런 상황에서 대답을 구해야 하는 것은 기어츠의 주장대로 '그들의 취지는 무엇인가? 그런 상징적 행동들이 행해졌을 때 행위자가 전하려는 것은 무엇인가? 웃기려는 것인가, 아니면 도전하려는 것인가? 혹은 자부심을 나타내는 것인가?'(p. 6) 등이다.

상징적 행위의 복잡성을 인정하면 문화 문제를 즉각적이고 순간적으로 '읽는' 일이 가능해진다. 사진으로 순간은 포착할 수 있지만 의미까지 포착할 수 있을까? 일반적인 감정이나 분위기와 맞지 않는 잘못된 의미를 포착할 가능성도 있다. 이는 낯선 문화적 규범 속에서 일하는 미술치료사의 딜레마를 잘 보여주지만, 잘 알고 있는 언어가 사용되는 익숙한 문화적 환경에서 일하는 미술치료사 또한 이러한 복잡성에 직면할 수 있다.

치료 현장에서 치료사 혹은 사진사로서 나의 영향력은 어떤가? 현장에서 카메라의 존재는 어떤 영향력을 갖는가? 이들은 다른 것일까? 사진 대신에 영상을 찍는 건 어떤가? 윙크와 흉내 내기의 차이를 어쩌면 포착할 수 있지 않을까? 하지만 비트겐슈타인(Wittgenstein)과 다른 학자들이 지적했듯이 한 인간은 또 다른 인간에게 완벽한 수수께끼가 된다. 우리는 언어를 이해할지언정 '사람은 이해할 수 없을지 모른다'(Wittgenstein 1958, p. 223). 이해라는 잠재적 문젯거리가 여전히 존재한다. 맥니프(McNiff)는 '모든 치료적 관계는 문화 간의 만남으로 바라봐야 한다'라고 제안하면서(1984, p.

128) '이런 입장에서 생겨난 신중한 태도는 미술치료사에게 유용하다'라고 주장했다(Hogan 2012a, 2013a).

일부 사회적인 동기를 갖고 있는 미술치료사들은 예술을 문화적 민감성 이상의 차원에서 가시적인 사회 변화를 향한 공동체 활동으로 채택해야 한다고 생각한다. 사회적 미술치료로의 변화를 강조하는 입장은 사회이론으로부터 나온 것도, 심리학에 대한 비판으로부터 유래한 것도 아니다. (9장에서 논의한 대로) 정치화된 미술치료 활동에서 발생했다. 영국의 미술치료사들은 여전히 순수예술을 지향하는 집단의 출신들이며, 많은 치료사들이 급진적 미술활동에 대해 인지하면서 미술치료 훈련에 임하고 있다. 게릴라 걸즈(Guerrilla Girls)는 1970년대와 1980년대에 젠더에 대한 고정관념을 타파하고 차별적인 관행을 지적한 많은 집단 중의 하나였다. 그들은 고전회화에서 흔히 등장하는 자세를 한 나체 여성이 고릴라 가면을 쓴 모습을 담은 포스터에 대해 '뉴욕 현대미술관의 현대회화 분야에 전시된 작품 가운데 여성 작가의 작품이 5%도 못 미치는 반면 누드화의 85%가 여성'이라고 지적하며 '메트로폴리탄 미술관에 들어가기 위해 여성들은 나체가 되어야 하는가?'라는 질문을 던졌다(1989).

역사에서 여성이 체계적으로 말소된 것은 기이한 현상이었다. 내가 'A급' 미술사 개정판을 내기 위해 구했던 장대한 미술 서적에서 여성 작가는 단 한 명도 없었다. 이제는 남성이 점유하던 미술사가 도전받는 시기이며, 진보적 미술사가는 기술적으로 기량이 뛰어난 여성 예술가 집단(아르테미시아 젠틸레스키Artemisia Gentileschi 1593~1652, 주디스 레이스테르Judith Leyster 1609~1660, 마리-길레미네 베노이스트Marie-Guillemine Benoist 1768~1826, 엘리자베스 비제 르 브룅Elisabeth Vigée Le Brun 1755~1842이 거론되었지만 몇 명 되지 않는다)을 위해 싸웠지만 역사책에서 여성 예술가들이 없는 이유에

Figure 10.1
메트로폴리탄 미술관에 들어
가기 위해 여성들은 나체가
되어야 하는가?. 게릴라 걸즈
작품. 1985. 스크린프린트 ©
Guerrilla Girls.

Figure 10.2
디너 파티. 주디 시카고 작품.
1979. 혼합 매체, 48′x 48′x
3′. 브루클린 미술관 소장. 뉴
욕 브루클린. ©Judy Chicago,
photo ©Donald Woodman

Figure 10.3
디너 파티. 주디 시카고 작품. 1979. 메리 울스턴크래프트 세팅. 브루클린 미술관 소장. 뉴욕 브루클린. ⓒJudy Chicago, photo ⓒ Donald Woodman

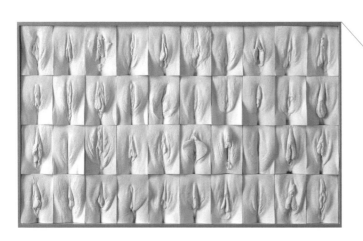

Figure 10.4
'외음부 장성' 1에서 10까지의 판넬. 제이미 매카트니 작품. ⓒ 2011. '많은 여성들에게 있어 생식기를 드러내는 것은 분노의 원천으로, 나는 그것에 대해 무언가를 하기 위해 특이하게 배치를 해보았다.

대해 그들이 훌륭한 화가가 아니기 때문이라는 대답만 들었을 뿐이다. 우리 세대는 그웬 존(Gwen John)이나 케테 콜비츠(Kathe Kollwitz)의 작품을 우러 러보면서 미술치료 교육을 받았을 뿐만 아니라, 미술사를 개념화하고 이해 하는 방식이 엄청나게 왜곡되었다는 사실도 깨달았다. 다양한 문화에 관한 이질적인 목소리는 어디에 있는가? 여성은 어디에 있는가? 왜 역사책에 위대 한 여성 예술가들은 없는가? 여성 천재들에 관한 논의는 왜 하지 않는가?

주디 시카고(Judy Chicago)의 '디너 파티(The Dinner Party)'는 여전히 1970 년대 페미니즘 설치미술의 아이콘으로 손꼽힌다. 역사 속의 여신이나 여성 을 39개의 세팅에 담아낸 기념비적 상징물이다. 각각의 세팅은 여성이나 문제의 여성들에게 적합한 스타일로 만들어졌지만 가령 조지아 오키프 (Georgia O'Keefe)의 세팅은 그녀의 그림 스타일로 만들어졌다. 외음부 모티 프가 주를 이루고 있어서 작품이 포르노물이라는 비판을 받았다. 디너 파 티는 투지 넘치는 도전으로, 시카고는 이를 두고 여성의 기여를 엄청나게 부 정한 '젠더 기반의 인종차별'이라고 불렀다. 추가로 여성 999명의 이름이 바 닥 타일에 새겨져 있다. 이와 같은 작품들은 여성을 본질적으로 불안정하고 위선적이며 화가 나 있고 형편없는 데다 상태가 좋지 않은 우울증의 대상으 로 보는 환원주의적이고 여성 혐오적인 심리학 이론이 지배했던 시절에 미 술치료의 재료가 되어 여성의식을 창출하는 데 도움이 되었다.

치료

미술치료는 점점 더 사회적 활동(Hogan 1997, 2003, 2012a, Kaplan 2007)

과 사회적 변화의 수단으로 활용되고 있다(Levine and Levine 2011). 개인은 예술을 이용해서 마음을 털어놓기를 원하고 있다. 예술은 개인적인 목적으로 그리고 정치적인 목적으로 만들어질 수 있다. 가령 전염병 같은 사회문제를 부각시켜서 전 세계적으로 인식을 높이기 위해 예술적 표현이 동원된다(Crimp and Rolston 1990, Junge 1999). 마찬가지로 가정폭력으로 정신적 외상을 입은 여성들을 치료하는 미술작품들은 그 여성들에게서 '폭력의 피해자'라는 오명을 벗겨주기 위해 전시된다. 손택(Sontag)은 이미지가 마치 신호등처럼 작용해 신념을 하나로 합치는 데 도움을 줄 수 있다는 의견과 함께 '언어적 구호보다 사진에 정서가 더 분명하게 표현될 가능성이 높다'고 주장한다(2003, p. 76). 미술치료 갈등 해소를 돕는 데도 사용되곤 한다(Liebmann 1996).

사회적 미술치료는 미술치료와 참여미술 사이의 경계를 가로지른다. 그들은 미술치료 기법을 활용한 '진실 이끌어내기 집단(art-elicitatiom group) 행동'을 촉구한다(Hogan and Warren 2012). 미술치료는 사회과학을 연구하는 수단으로 이용되기도 한다(Hogan 2012c, Hogan and Pink 2010, Hogan and Warren 2013, McNiff 1998, Pink et al. 2011). 이제부터 이 분야에서 이루어지는 현 시대의 작업 사례를 얘기하겠다.

참여행동을 통해 얻고자 하는 이상적 목표는 서비스 수혜자들이 권력의 중심에 더 깊숙이 자리 잡게 하는 것이다. 다양한 활동들이 있을 수 있지만, 서비스 이용자가 충분한 수준으로 아젠다(agenda, 서로 의논할 사항이나 주제)를 세우는 것이 대표적이다. 참여미술은 공동체가 작품 제작을 통해 그들 스스로를 표현하려고 시도하면서 발전해왔다. 이들은 선진국과 식민지 국가의 토착민, 유방암 생존자처럼 같은 경험을 공유하는 집단, 동성애 커뮤니티처럼 성정체성이 같은 공동체(특히 음성화되고 동성애 혐오가 만연할

심리상담 이론과 미술치료

때 연대와 시위가 특별하게 요구된다) 등 현실적 집단이 될 수 있다. 또 참여행동의 이상적 목표는 공동체를 기반으로 공동체가 주도하는 미술치료 과정에 정보를 제공하는 것이다. 치료적 공동체가 평등주의적 특성을 갖고 치료사와 환자를 분리하는 작업을 최소화하는 시도를 하는 동안 참여미술이 바탕이 된 사회적 활동은 문제를 안고 있는 공동체가 아젠다를 직접 설정하고 실행 과정을 장악하는 수준까지 나갈 수 있다.

라이트와 라이트(Wright and Wright)는 사회적으로 활성화된 활동을 촉구하고 미술치료도 사회적 행동(그리고 페미니즘적 지향)에 기여한다고 지적한다.

> 이는 사회적으로 취약하고, 무시되고 상처받은 사람들과 관련된 것이다. 그리고 사회적으로 권리가 박탈당한 사람들을 위해 권한을 부여하고 사회정의를 실현한다는 자유주의적 사고와 관련된 것이다. …… 치료사들은 자신의 입장과 생각이 자신이 개입한 치료적 관계에 어떤 영향을 미치는지를 신중하게 고려하는 것이 중요하다. …… 권한 부여와 사회적 변화를 향한 근본적인 가치를 유지하고 이를 실현하기 위해 행동하는 것은 사회적 특권층에 도전하는 것이면서 미술치료의 방향을 의미 있게 제시하는 것이다. (2013, p. 3)

수많은 미술치료사들이 사회개혁을 지향하는 태도로 일하고 있는데, 특히 페미니즘 미술치료사들이 그러하다. 그 외에 특정 집단과 공동체들과 일하는 여러 집단들이 있다. 가령 호건의 경우 임신한 여성과 산모를 위한 미술치료 후원단체를 운영하면서 그들의 달라진 자아정체감과 성정체성을 분석한다(1997, 2003, 2012a, 2012b). 비록 이러한 집단들이 개인적 차원의 경험을 분석하면서 활동을 시작했으나 병원 체계 내에서 생겨나는 병, 즉 의원병의 양상에 대해 비판하고 이의를 제기한다(병원 체계의 의료기관의 관행과 기준은 기반이 확고하지만 이따금 역효과를 낳고 억압적이다). 미술치료사들은 강도 높은 곤란한 문제들과 개인적 고통을 '잘 감당'하도록 훈련되었고 대인관계에서 오는 갈등을 다루는 데 있어서도 노련하지만, 사회적 미술치료는 이처럼 개인의 정신병리에만 초점을 맞추는 좁은 수준을 넘어서는 사회 활동과 비판으로서의 예술인 것이다.

영국에서 조 스펜스(Jo Spence)와 그 밖의 사진작가들이 개발한 재실연 사진치료(re-enactment phototherapy)라는 특성화된 치료 또한 다양한 문제와 관련해 사회비판자로서의 역할을 수행하고 있다. 스펜스는 '건강 시리즈 사진'(Picture of Health series)이라는 그녀의 작품에서 유방암 진단을 받은 후에 그녀가 참여한 의료 서비스의 생산 체계와 품질에 대해 언급했다. 스펜스는 자신의 일을 문화적 '저격'(또는 비난)의 한 형태로 묘사했다.

> 비판의 대상인 특정한 개인적·정치적 신화들(가족 스냅 촬영, 가정적 여신들. 암 환자) 같은 그녀의 작품은 병의 치료적 전망을 판정하는 데 있어서 의료진과 환자들 사이의 힘의 구조의 문제에 대해서, 즉 누구의 조건 아래 어떤 관점에서 누가 보이는지에 대해 단호하게 질문한다. (Sherlock 2012, p. 1)

종종 재실연 사진치료는 지배적인 고정관념에 도전하고 새롭고 좀 더 힘이 있는 이야기를 만드는 데 관심을 기울이는데, 이야기는 사진이 들어간 일련의 화보를 통해 전달되고 빈번하게 공개적으로 전시되기도 한다. 실제로 이 작업은 성명서로 전시된다(Martin 2012). 이 작업은 사회과학 연구와 정치적 행동주의와 예술 사이의 노선을 아우른다. 가령 마틴은 자신을 '예술가이자 연구자'라고 칭한다.

사회과학적 연구 수단으로서의
미술치료와 참여미술

참여적 접근은 연구에도 활용되며 특별한 상황에 있는 사람들이 갖고 있는 특수한 전문성을 인정한다(Bennet and Roberts 2004). 이는 지리적 특성에서 오는, 혹은 특수한 경험에서 오는 지식 때문일 수 있다(Breitbart 2003). 일부 치료사들은 이를 연구자들과 참가자들의 '능동적 공동연구'라고 했다(Wadsworth 1998). 이때 연구자들과 참가자들은 연구 주제를 적극적으로 개념화한다(Anyanwu 1988). 나아가 이러한 '참여 연구'와 '사람들을 연구의 대상으로 대하는 관행적 엘리트주의 연구'는 엄격히 구별되어야 한다고 말한다(Tilakaratna 1990, p. 1). 즉 누구의 지식이 중요한가에 관한 질문을 던지는 것이다(O'Neill 2012, p. 154). 버치와 밀러(Birch and Miller)는 이러한 참여가 진정으로 이루어지려면 프로젝트의 연구 목적에 대해 분명히 인지하고(2002, p. 103) 연구 과정도 공개해야 한다고 주장하며(p. 99), 뱅크스와 암스트롱(Banks and Armstrong)은 권한과 책임이 명확해야 한다고 말한다.

연구 프로젝트의 여러 다른 측면들에 관해서 누구에게 권한과 책임이 있는지를 분명히 하는 것이 중요하다. 전문적인 학문적 기술이 요구되거나 연구 후원자를 위해 특정한 생산 활동이 요구되는 부분이 있다면 이를 반드시 인식해야 한다. 마찬가지로 학문의 과정들도 불필요한 신비로움을 벗어버리고 공동체 참가자들이 이용하기 쉽게 바뀌었는지에 대해서도 생각해봐야 한다. (2012, p. 12)

이런 형태의 하나가 참여행동 연구(participatory action research; PAR)이며 '학습과 사회적 변화를 촉진시키기 위해 파트너십 대응 행동양식을 개발하는 데 전념한다(O'Neill 2012, p. 157). 이는 다양한 집단들을 '포섭하기(inclusion)' 위해 노력하는 접근법으로, 이렇게 설명된다.

민주적 절차와 의사결정을 통해 참가자는 공동연구자로, 집단 구성원은 전문가로 일한다. 파울로 프레이리(Paulo Fréire)가 대화적 기법이라고 불렀던 상호인정도 여기에 속한다. PAR은 지역민을 상담하고 함께 일하는 데 있어 혁신적인 방식으로, 이를테면 미술 워크숍, 포럼, 연극 수단, 이해 당사자들의 행사 등을 진행한다. PAR는 혁신적이며 엄격하고 윤리적이다. PAR는 참가자와 함께하는 사회 변화를 지향하는 하나의 과정이자 실천이다. (O'Neill 2012, p. 157)

범죄학자 매기 오닐(Maggie O'Neill)은 참가자들의 생활에 깊이 파고들어서 그들의 생활상을 탐구하고 싶다는 의욕, 즉 민족지학의 심미성을 탐구하고 싶다는 뜻을 이렇게 밝힌다. '나는 항상 예술과 민족지학을 결합해 심리적인 그리고 사회적인 살아 있는 관계의 복잡성을 탐구하고 표현할 방법을 찾았었다'(2012, p. 154).

만약 미술 유도 집단이 감정적으로 까다로운 연구 주제에 깊이 파고들의사가 있다면 고도로 숙련된 미술치료 실무자들이 이 작업에 배치되어야 한다. 예술가들은 깊은 감정에서 즉각 빠져나올 수 있기 때문이다(Hogan and Pink 2011). 노련한 미술치료사는 또한 윤리적 문제에 관한 이해가 깊은데, 이는 여러 다양한 상황에서 일할 때 유용하다.

여성의 노화 경험을 분석하는 연구는 사회과학 연구와 정치적 행동주의 간의 노선을 아우르는 작업의 또 다른 사례이다(Hogan and Warren 2012, 2013). 이런 특별한 프로젝트들은 인구학적 특성이 광범위하고(독신 여성의 노화, 막 은퇴한 여성, 나이 들어 요양시설에 입소하는 여성 등) 처해 있는 상황이 다양한 노인여성들에게 다양한 예술 매체를 통해 자신들의 노화 과정에 대한 감정을 탐구하도록 해준다. 이 프로젝트들 중에서 두 가지는 노인여성들을 위해 같이 일할 전문 예술가들이 동원되었는데, 사진치료 집단은 노화에 대한 강렬하고 자극적인 이미지를 만들어냈고, 집단상호작용 미술치료를 기반으로 하는 미술 유도 집단은 보다 친근한 이미지들을 만들어냈다. 미술 유도 집단은 집단 구성원들의 '지금 그리고 여기'의 감정을 인정하는 작업 방식을 활용했다. 이 집단에서는 그 종류가 무엇이든 참가자들이 좋아하지 않고 불편하다고 생각하거나, 혹은 동기를 부여해주거나 행복감을 주는 나이든 여성의 이미지를 가져오라는 간단한 지시를 바탕으로 구조화된 활동을 시작한다. 여성은 자신이 겪는 노화라는 경험과 나이든 여성에 대한 일반적인 사회적 반응이 반영된 다양한 다중매체 작업을 만들어낸다.

마틴(Martin)이 촉진하는 사진치료 기법 또한 여성이 노화와 나이에 대한 자신의 이야기를 분석하고 재구성하고 명확하게 표현할 수 있도록 활용된다. 마틴은 선구자적 작업을 끌어내기 위해 다양한 기법을 사용했다(Martin 1997). 여성은 가족 앨범에서 찾아온 사진과 함께 자기들이 찾은 이미지들을 활용해 노화에 관한 자신의 표현에 대해 어떻게 느끼는지를 탐구하고 다시 생각해볼 수 있다. 마틴이 언급했듯이, 신중하게 구조화된 일련의 상담을 통해 여성은 자신이 드러내고자 했던 자신의 여러 모습, 그리고 노화와 자신의 관계에 대해 알게 되었다(1997). 재실연 사진치료기법은 두 명의 여성들이 한 팀이 되어 하는 작업을 포함해 탐구해야 할 구체적인 시나리오를 정하고 이를 실행하고 재해석하는 작업이 진행된다. 여성들은 교대로 내담자/상연자 그리고 사진사가 된다. 자신의 이야기를 표현하기 위해 소품을 이용하고 각자에게 이야기 줄거리를 생각해볼 기회가 주어진다. 이야기 줄거리 구성은 다양한 위치에서 찍은 사진들로 이루어진다. 화자가 주로 통제하고, 사진사는 그녀의 지시에 따라 움직인다. 마틴은 그 과정에 대해 다음과 같이 설명한다.

> 두 명이 함께 작업하면서 여성들은 자신이 선택한 옷, 소품을 사용해 자신의 이야기를 연기하고 어떻게 연출되고 싶은지를 결정한다. 피사체가 되는 여성은 자신이 무엇을 원하는지를 요청하고, 사진사는 협조적으로 격려하며 '증인, 지지자, 보호자'로 참여하면서 전개되는 상황을 사진으로 찍는다. …… 이는 모델/주인공, 사진사가 함께 이미지를 만드는 협력 과정이다. (Martin, cited in Hogan and Warren 2012, pp. 340-341)

마틴은 그녀의 연구가 심리치료적 성향이 있음을 강조했고, 사진사 역할을 하는 여성이 모델 여성에게 '돌봄과 허용의 시선'을 강조한다. 각각의 이야기는 변신의 이미지로 마무리된다. 전 과정이 진행되는 동안 여성은 그녀가 살아온 경험의 특징을 바꾸는 방법을 찾게 된다.

마틴은 그녀의 작업을 얘기하면서 이렇게 덧붙인다.

재실연 사진치료 회기는 쾌활하고 창조적인 분위기를 만들어낸다. 역할을 교대하기 때문에 두 명 모두 피사체가 되고 사진사가 될 수 있다. 결과물로 나타나는 이미지들은 노화에 대한 고정관념에 이의를 제기한다. 전 과정을 통해 각 참가자들은 자신에 관한 스스로의 견해들을 바꿀 방법을 찾을 수 있다. 그러므로 사진치료 이미지를 혼자서만 살펴보는 것도 중요하지만 여럿이 함께 이야기로 만들어가는 것도 치료 작업의 중요한 부분이다. (cited in Hogan and Warren 2012, p. 341)

오닐은 사람들을 모아 이주와 정착에 관한 이야기를 들었다. 이 작업은 대화와 공동작업의 기회를 만들어서 '포섭과 소속의 과정과 실제'를 용이하게 했는데, 현실적인 문제뿐만 아니라 망명과 퇴거 경험을 분석하는 연구에도 관심이 있었다(2010, p. 7). 이 작업은 작품을 만드는 기회를 촉진하는 바람과 정치적 성향이 명백히 있었다. 즉 '새롭게 등장한 문제들에 대해 사람들이 공공의식을 갖게 하는 데 기여할 수 있는 재료를 만들어내고, 이 분야의 공공정책에 영향을 미치고 싶은 바람도 있었던 것이다. 그녀는 작업과 관련해 "우리의 공동작업은 …… 예술(최대한 광범위하게 정의했을 때의 예술 개념)이 새로운 나라에 도착한 경험과 소속의 의미를 깊이 생각해 표현하도록 돕고, 영국 동중부 지역에 새로 도착한 사람들에게 문화적, 사회적, 경제적 편의를 전하는 최선의 방법은 무엇인지를 고찰한다"고 설명했다(2010, p. 13).

예술 실무자들과 새로운 이민자들, 난민, 학자, 정책 입안자들 사이에 아이디어의 교환이 일어나는 무대가 연출되기도 했다. 그녀는 자신의 방법이 지식을 그저 우연히 발견되는 것으로 보는 것이 아니라 공동의 산물로 보는 능동적 지식 창출에 기여한다고 말한다. 오닐은 지식 생산과 전문성에

Figure 10.5
꿈꾸는 이들의 집단 패널. 죽는 한이 있더라도 나는 돌아가고 싶다. 폴 겐트(Paul Ghent)가 난민과 인터뷰하고 대화를 나눈 내용을 바탕으로 만든 작품. 2010.

심리상담 이론과 미술치료

있어서 '지식/권력의 분할 축'이 완화되었다고 말한다. 그녀는 공연 예술가들, 시인, 작가, 시각예술가 '참가자들'과 협력해 작업했다(그녀의 용어에 따르면 의미론적으로 이들 모두는 참가자들이다). 오닐은 이 작업을 민족지학인 동시에 사회적 활동이라고 말한다(전기적 이야기와 예술이 결합하면 '잠재적 공간'과 '변형 가능성'을 만들어낸다). 그녀는 민족지학과 예술적 '자동 모방(auto-mimesis)' 사이에 이러한 공간을 가상으로 상정한 것이다(2008, p. 3). 잠재적 공간의 창출에 대한 이러한 생각은 그녀의 설명에 의하면 주체와 대상, 지금-여기와 과거, 행동과 이미지 사이의 상대적 공간으로서 실제로 미술치료의 여러 과정들을 떠올리게 한다(p. 15).

호건과 핑크(Hogan and Pink)는 연구에 예술을 활용하는 방식의 타당성을 논의한다.

> 작품활동은 존재론적 불확실성의 순간이자 잠재적으로 자유로워지는 순간이 될 수 있다. 결과적으로 작품활동은 인간의 내면이라는 것이 단순히 표면으로 떠올라 고정적 사건으로 기록되거나, 혹은 선명하게 만들어질 수 있는 고정된 것이 아님을 알게 해주는 통로이다. 그보다는, 아마도 중요한 사실이지만, 인간의 내면 상태는 고정된 것이 아니라 계속 진보하는 것이라고 보는 인류학적 패러다임으로 인간의 내면을 이해하는 통로이다. …… 미술치료에 있어서 작품은 당시의 특별한 순간에 개인의 감정을 표현하기 때문에 중요할 뿐만 아니라(내면의 스냅사진이라고도 할 수 있는) …… 미술치료에서 자아는 어디에서도 구체화되지 않는다. …… 페미니즘 미술치료는 이미지를 '과정 상태의 자아'를 통해 만들어가고 동시에 만들어지는 존재로 본다. (2010, p. 160)

Figure 10.6

꿈꾸는 이들의 집단 패널. 폴 겐트 작품. 소년 장병에게 시간이란 무의미하다. 난민과 인터뷰하고 대화를 나눈 내용을 바탕으로 한 작품. 2010.

오닐은 사회 연구의 해석자로서 민족지학, 전기, 공연예술 작업이 중요한 역할을 한다고 말한다. 그녀는 그들이 '다양한 공동체, 문화적 고전, 하위 문화와 궁극적으로 다양성의 관용에 (기여하는) 상호간의 이해를 촉진할 뿐만 아니라 낯선 것을 익숙하게 만들 수 있다'라고 설명한다(2008, p. 6). 작품활동은 이주자의 집과 고장에 대한 경험과 터전을 옮기는 일이 어떤 의미인지 분석한다. 여행 또한 강력한 특징이 된다.

> 사람들은 자유와 안정을 찾아 위험한 여행을 떠난다. 이러한 여행의 감정적, 물리적 영향과 '이중 의식', '보금자리를 떠나 보금자리로 향하는' 경험들이 이주자들이 가져오는 풍요로운 문화적 기여와 기술과 함께 그림에 나타난다. (O'Neill 2010, p. 8)

작업이 만들어낸 독특한 특징은 중요하다. 지식은 만들어지며 우리로 하여금 도구적 합리성을 버리고 인지적 반영뿐만 아니라 감정적 개입을 포함하는 생생한 감각적인 이해에 도달하게 한다(O'Neill 2010, p. 9).

제이미 버드(Jamie Bird)는 오닐과 '경계를 넘어서'라는 작업을 함께 진행했던 미술치료사로 여성, 특히 남아시아 여성의 가정폭력 경험에 관한 정보를 대변하고 기록하고 실상을 전하는 데 관심이 있었다. 그는 '강력한 성찰'을 주장한다. 하딩(Harding)의 작업에 근거해(2004) '사람들이 지배적 집단으로부터 하찮은 존재로 취급당할 때는 여성의 삶을 면밀하게 관찰하는 행위부터 작업을 시작하는 것이 중요하다'고 말한다.

'입장(standpoint)' 이론들은 매정한 비판을 받았다.

> 억압과 박탈의 결과 혜택받는 입장이 된다는 발상에 근거한 이론들

은 특히 설득력이 떨어진다. 만일 그들이 맞다면 가장 불이익을 받는 집단이 최고의 과학자를 배출할 것이다. 실제로 억압받고 사회적으로 괄시받는 사람은 과학계에서 탁월하게 활동하기 위해 필요한 정보와 교육에 접근할 기회가 거의 없으며 전체적으로 지식적 약자라는 입장에 놓이게 된다. (Somers 1994, p. 75)

이 의견에 답변하기 위해 여러 가지를 언급할 수 있다. 버드(Bird)는 지식에 있어서 특별히 여성만의 방법이 있는 것은 아니라고 말한다. 대신 그는 노력을 공동참여 연구에 기울이는데, 이는 앞에서 설명한 대로 연구자와 참가자가 연구 문제들을 능동적으로 결정하는(Anyanwu 1988) '능동적 공동연구'(Wadsworth 1998)에 해당한다. 이는 특별한 지식에 가볍게 다가가는데, 다른 공동체들이나 개인들이 기여할 수 있는 설득력 있는 접근이다. 만일 내가 쇼핑센터를 다시 디자인한다면 공간 사용자들에게, 예를 들어 그들이 공간을 어떻게 경험했는지를 묻고 싶을 것이다. 버드는 또한 연구자가 자신과 참여자의 입장과 처해진 위치를 잘 알고 파악할 수 있을 때에만 더 강력한 표현 형태가 출현할 것이라고 주장한다. 이러한 접근은 연구 대상의 역사적인 위치적 본질과 연구자가 불가피하게 갖기 마련인 주관성을 인정한다(2010, p. 4). 더 나아가 버드는 페미니즘 방법론 차용이 적합하다고 제안한다.

예술 자료를 활용한 그의 작업은 여성들에게 그들의 미래에 대해 생각하고, 묘사하고, 그들이 바라는 무언가를 문자 그대로 구체화하는 관점을 만들어내는 기회를 제공한다. 목표를 그림으로 표현하는 것이 그들이 지향하는 바이다. 많은 참가자들에게 재정적 독립은 중요한 문제이기 때문에 그는 더 나아가 직업 치료사들과 함께 가정폭력을 경험한 여성의 취업 가능

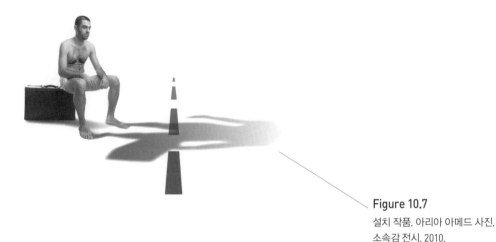

Figure 10.7
설치 작품. 아리아 아메드 사진.
소속감 전시. 2010.

성을 높이는 작업을 함으로써 재정적으로 독립할 수 있도록 개입한다. 이는 현재 국민을 돕고 일자리를 제공하는 영국 정부의 정책에도 부합할 뿐만 아니라 가정폭력을 경험한 사람들의 특별한 요구에 세심하게 대응하는 셈이다.

예술 기반의 연구는 기억을 환기시키는 사례 연구로도 활용되곤 한다. 후스와 알하이가 타즈(Huss and Alhaiga Taz)가 베두인족 아이들을 대상으로 시행했던 작업이 그 예이다. 이스라엘에 세워진 행정구역(베르셰바 부근의 후라)에 사는 아이들과 이전을 거부당한 (아부 리낫) 아이들 간의 문화적 차이를 살펴보니 지역의 물리적 차이에 따른 현실적 모습이 그림으로 나타났다. 게다가 '보금자리'에 대한 생각의 차이 또한 두 집단에서 명확하게 나타났다. 이러한 차이는 '특수한 조직에서 그리고 그 조직이 구체적인 대상물에 어떠한 상징적 의미를 부여하느냐에 따라서' 명백히 드러났다(p. 16). 후자의 집단은 자신의 보금자리로 집 한 채가 아닌 마을 전체를 개념화했으며 집들 간에도 유사성과 근접성이 더 높았는데, 이들이 다른 집단들과 가치관이 다름을 나타낸다(p. 13). 이 연구의 결점은 사진과 관련된 아이들의 이야기들 중에서 극히 일부 기록들만 정리했다는 점이다. 미술치료사 J. A. 플레처(J. A. Fletcher)는 구술된 언어보다 흥미로운 통찰력을 제공하는 이미지를 여러 방식으로 제공하는 시각적 수단을 활용해 정신질환 아이들의 관점에 흥미가 있는 심리학자들과 협업해 비슷한 작업을 진행했다.

사회적 행동은 그 형태가 여러 가지이지만 모든 사회적 행동이 실용적인 목적을 갖고 있는 건 아니다. 암울한 분위기의 케냐 여성감옥에서 글로리아 시모노(Gloria Simoneaux)는 HIV에 양성 반응을 보인 수감자를 위한 표현 미술치료를 실시했다. 자신의 작업을 묘사하면서 그녀는 '우리가 직접적으로 이에 대해 질문하는 건 아니지만 이따금 그들을 감옥에 가게 만든 행동에 대해 논의한다. …… (우리의) 목표는 그들이 투옥된 이유를 설명하도록 강요하지 않고 여성들로 하여금 그들의 인간성, 아름다움을 경험할 수 있는 시간을 제공하는 것이다'라고 명시한다(Simoneaux 2011, p. 165).

결론

이 책의 논조는 일반적으로 하나의 이론을 다른 이론의 우위에 두지 않고 각각의 이론들이 설득력 있는 목소리를 내도록 하는 것이지만 사회적 미술치료에 대해서는 그것이 본질적으로 정치성을 내포하고 있음을 밝혔다. 앞에서 언급했듯이 이에는 여러 형태가 있는데 일부는 치료적 틀 안에서 권력 관계와 사회 비판에 초점을 맞춘다. 그 틀을 벗어나면서 사회적 미술치료는 공공 전시를 통해 자신들의 주장을 발표할 수 있다.

또 다른 흐름의 활동은 참여적 틀을 활용해 작업의 주도권을 참가자 자신에게 점점 더 인도한다. 이러한 접근은 특히 공동체 발전 전략과 민족지학과 양립할 수 있다. 또 종종 정치화되는 사회과학 연구 안건이 있으면 예술은 점차 공동체가 그들 자신을 표현할 수 있게 하거나 참여 도구로 활용되거나 연구 결과의 의사소통 수단이 된다. 이러한 방법의 가치는 점점 더 인정받고 있으며, 가령 세계시각사회학협회(International Visual Sociology Association; IVSA)가 필름과 사진에 편중된 경향이 있긴 하지만 모든 예술을 활용하는 데 관심을 갖고 있다. 또 경험적 미술 기법의 통합을 추구하는 공연 기반 사회과학 네트워크가 출현하고 있다.

시각적 수단의 활용의 방법에 대해 탐구하고 실제로 사용도 하는 예술과 보건 연구가 점차 인정받고 있으며 자금위원회와 국립연구센터(National Centre for Research Methods)와 같은 주류 단체들의 자금 지원도 적극적이다. 우리는 흥미진진한 시대에 살고 있다.

제11장

주요 용어 설명

● 공감 Empathy

공감은 타인과 자신을 동일시하는 능력이며, 이를 통해 타인의 감정이나 어려움을 이해할 수 있다(Wood 2011, p. 81). 미술치료사는 회기 중에 만들어진 미술작품에 대해 공감 반응을 표시하기를 원할 것이다.

● 공명 Resonance

293쪽의 '집단공명' 참조

● 기호 Sign

기호는 어떤 의미를 가지고 있는 것으로 해석할 수 있다. 기표(signifier)와 기의(signified)의 관계는 임의적이며 관습적이다. 예를 들어, 영국에서 흰 바탕에 표현된 적십자는 응급치료 도구(의료 물자)를 의미한다.

● 기호학 Semiotics

기호학은 기호와 상징에 관한 학문으로 기호와 상징의 사용이나 해석에 관해 연구한다(oxforddictionaries.com). 기호학은 학문의 한 분야이기도 하다.

● 내사 Introjection

내사는 정신분석학의 개념으로 전이 개념의 일부를 구성한다. "내사는 외부 대상의 기능이 내면의 표상으로 대체되는 과정을 의미한다. 내사를 통해 외부에 존재하는 대상과의 관계는 내면에서 상상한 대상과의 관계로 대체된다. 이 결과로 나타나는 정신적 구조는 내사, 내사된 대상, 혹은 내재화된 대상 등으로 다양하게 불린다"(Rycroft 1995, p. 87).

● 담론 Discourse

담론은 토론이나 말을 통한 생각의 교환을 의미한다. 이 용어는 문화이론(cultural theory)에서는 구체적인 의미로 사용된다. 이는 푸코(Foucault)의 담론 실천(discursive practice) 개념과 관련이 있다. 담론 실천은 고도로 조직화되고 통제된 관습과 진술의 집합으로 어떤 용어에 대한 정의를 만들고 유지하는 역할을 한다. '광기'나 '여성성'에 관한 담론 실천을 예로 들 수 있다. 한 담론은 고유한 역사와 일련의 규칙을 가지고 있는데, 이것에 의해 다른 담론과의 사이에 유사성과 차이점이 생겨난다.

"달리 말해 이 용어는 관심 대상을 정의하고 그것을 분석하기 위한 개념들을 창출해냄으로써 현실을 아주 확실하게 설명해줄 수 있는 일관성 있는 어떤 진술 체계를 의미하는 것으로 사용되어왔다(의료 담론, 법률 담론, 미학 담론 등). 어떤 대상에 관한 진술이 만들어져 있는 특정한 담론은 그 사물에서 파생된 개념들에 영향을 미쳐 연관성을 만들어낼 것이며, 나아가 이 사물과 관련된 사람(사람들)에 관한 특정한 관념을 만들어내게 될 것이다"(Baldick 2001, pp. 68–69).

문학 이론가인 캐서린 벨지(Catherine Belsey)는 '담론'을 더욱 생생하게 정의했다.

"담론은 언어 사용의 영역에 속해 있으며, 특정한 형태로 말하는 (그리고, 쓰고, 생각하는) 것을 의미한다. 공식화에 사용되어 그것의 성격을 규정짓는 가정이 담론에도 동일하게 적용된다. 일반 상식에 관한 담론은 매우 독특하다. 가령 근대 물리학의 담론에는 여러 공식이 포함되어 있으며, 이들 중 일부는 다른 공식과 상충할 수 있기 때문이다. 담론에는 이데올로기가 내재돼 있으며, 담론 속에서 글로 서술되거나 말로 표현되곤 한다. 이데올로기는 자유롭게 움직이는 '관념'의 왕국 속에 존재하는 독립적 요소가 아니라 담론 속에서 글로 표현된 생각하고, 말하고, 경험하는 방식을 의미한다"(Belsey 1980, p. 5).

이러한 정의에 따라 우리는 담론이 구체적인 경험 방식이며, 그중에서도 '(생각하기, 말하기, 경험하기 등) 언어 사용의 영역에 속한 것'임을 알 수 있다. 이는 패러다임과 유사하며, 이후로 계속 발전해 이론가 기(Gee 1999, p. 7)가 서술한 소문자 d에 관한 담론과 '실용 언어'라는 개념으로 발전하게 된다.

● **도상 Icon**

기호학에서 도상은 기표와 기의 사이에 실제로 존재하는 유사성을 포함한다고 여겨진다. 가령 누군가의 초상화를 그릴 때 화가는 그 사람과 유사한 이미지로 묘사하지, 그 사람과 별 상관없는 임의의 이미지로 묘사하지 않는다(Culler 1983). 그러나 이 유사성이 반드시 직접적인 방식으로 나타나는 것은 아니며, 아날로지로 나타날 수도 있다.

● **도상학 Iconography**

도상학은 '회화나 조각의 표상을 연구하는 학문이다'(Macquarie Dictionary 1981, p. 865). 도상학에서는 작품이나 저서 속에 나타난 시각적 이미지와 상징, 그 해석에 관심을 가진다(oxforddictionaries.com).

● **동일시 Identification**

동일시는 정신분석학 용어로 한 개인이 (a)자신의 정체성을 다른 사람에게 확장하는 것, (b)자신의 정체성을 다른 사람으로부터 빌려오는 것, (c)다른 사람의 정체성에 녹아들거나 자신과 타인의 정체성을 혼동하는 것을 의미한다(Rycroft 1995, p. 76). 그러므로 집단치료에서 내담자는 '투사적 동일시'라고 불리는 작용을 통해 자신이 외부에 있는 사물의 일부가 되거나 그것으로 포함되는 것을 상상할 수 있다. 이를 통해 내담자는 '사물을 통제하는 환상'을 느낄 수 있다(Rycroft 1995, p. 76). 라플란체(Laplanche)와 폰탈리스(Pontalis)는 동일시를 '정신적 방어기제로서 주체인 자신의 전부나 일부를 객체에 포함시켜 객체를 해치고, 소유하고, 지배하려는 것'이라고 기록했다(1973, p. 356). 비록 이것이 '원시적' 등의 표현으로 묘사되어 부정적인 것으로 규정되었지만, 시갈(Segal)은 투사적 동일시가 상징의 형성에 중요한 영향을 미친다고 했다. 자아는 자기의 일부를 객체로 투사하는 것과 객체의 일부를 자기와 동일시하는 것을 통해 상징을 만든다는 것이다(Segal 1978, p. 36).

● **모티브 Motif**

모티브란 '반복되는 주체나 주제이며 …… 디자인에 나타나는 뚜렷한 특징'이다(Macquarie Dictionary 1981, p. 1118). '예술작품 속에서 나타나는 지배적인 혹은 반복되는 생각'이다(oxforddictionaries.com).

● **무의식 Unconscious**

무의식 상태는 사물의 존재나 생성을 인지하지 못하며 '일시적으로 어떤 것도 느끼지 못하는' 상태이다(Oxford Dictionaries 1973, p. 2406). 정신분석 이론에서 무의식은 정신적인 물질을 말하며, 의식적인 접근이 거의 불가능하고 억압되거나 전의식적인 것을 의미한다(전의식적인 것은 억압된 것보다는 쉽게 의식할 수 있다). 이러한 정신적 물질은 행동에 중대한 영향을 미친다. 달리 표현하면, 무의식은 은유적이며 거의 의인화되어 사용되는 개념으로 자신의 존재를 알리지 않은 채 자기에게 영향을 미치는 행위 주체이다

(Rycroft 1968, p. 173). 1920년대에 프로이트는 정신의 의식적인 부분을 '자아'라고 개명했으며, 무의식적인 부분을 '이드'라고 개명했다(무의식과 이드를 구분하는 것은 잠재적으로 중요한 가치가 있다). 이드는 앞에서도 얘기했다시피, 본능적 에너지 및 생리적 욕구의 충족과 연관이 있다. 자아는 좀 더 교양 있고 사회적이며 문명화된 정신의 부분이다. 라이크로프트는 '무의식'이란 용어의 사용이 왜 문제를 일으킬 수 있는지를 이렇게 설명했다.

"우선 무의식이란 용어는 수많은 다른 특징들을 완전히 무시하는 식으로 사용될 수 있으며, 이미 그렇게 사용되어왔다. 가령 자발적/비자발적, 비의도적/의도적, 비자의적/자의적 등의 용어 표현처럼 말이다. 두 번째로, 이 용어의 사용은 내담자를 회의적이고 혼란스러운 상태로 만들 수 있다. 어떤 사람(환자)이 그에게 무의식적 동기가 있다는 일반적인 주장을 받아들인다면 그 후로는 자신에 관해 만들어지는 특정한 언급을 거부하기 어려워진다. 의식적으로 생각할 때, 어떤 명제가 완전히 틀린 것이라 하더라도, 이 명제가 자신의 무의식적인 동기와 관련된 것일지도 모른다는 가능성을 부정할 수 없게 되는 것이다. 결과적으로 그는 어떤 명제(혹은 해석)를 전혀 믿지 않거나 동의하지 않음에도 그 명제를 공식적으로 인정하게 된다"(1968, p. 173).

본문에서 논의했다시피, 정확히 이런 이유 때문에 미술치료사가 해석을 제공하는 것은 잠재적으로 문제를 일으킬 수 있다. 내담자가 치료사의 해석을 부정하기는 쉽지 않으며, 특히 무의식적 동기에 관한 해석은 반박하기 매우 어렵기 때문이다. 라이크로프트(1968)는 또 다른 잠재적 문제로 내담자가 '그의 무의식적 동기에 관해 설명하는 무수히 많은 수의 가설을 옳고 그름을 따지지 않고 맹목적으로 즐겁게 받아들이는 것'에 대해 논의했다. 이것은 미술작품의 해석이 내담자에 의해 이루어져야 하며, 내담자가 내면의 감정과 사고를 점차 인식함에 따라 이루어져야 한다는 내 주장의 근거가 된다. 내담자의 행동이 가진 '무의식적인' 동기에 초점을 맞추는 것을 지양해야 하는 또 다른 중요한 이유는 라이크로프트가 위에서 언급했듯 이 방식이 너무나도 조잡하며 내담자를 도와 그의 정신적인 동기와 마음의 복잡미묘함을 탐구하게 하는 다른 활동을 방해한다는 것이다. 어찌됐건 나는 이 부분에서 정신분석학 연구자들의 편향을 고치려고 시도하려는 것은 아니다. 그보다는 이 용어와 관련된 개념적인 문제를 지적하려는 것이다. 상담 중에 혹은 미술작품을 해석하면서 어떤 것이 무의식적인지 가정하는 것은 본문에서 논의한 대로 잠재적으로 문제의 소지가 있다.

10장에서는 피에르 부르디외(Pierre Bourdieu)의 이 부분에 대한 공헌에 관해 논의했다. 그는 우리가 갖고 있는 '무의식적인 것'에 대해 새로운 통찰을 제공했으며, 이를 아비투스(habitus)라 명명했다. 아비투스는 '체화된 역사, 제2의 천성으로 내면화된 것, 역사로서 잊혀진 것이며 전체 과거의 능동적 현존(active presence)'이다(Bourdieu 1990, p. 56). 아비투스는 우리가 존재하는 습관적인 방식들을 좌우하는데 그 방식들은 우리의 의식적인 마음(conscious minds)에 존재하는 것만도 아니며, 심지어는 우리의 의식(consciousness)에 존재하는 것도 아니다. 미술치료에서 체화(embodiment)가 점차 강조되면서 부르디외의 사상은 미술치료사들에게 매우 유용할 수 있으며, '무의식적' 과정을 개념화하는 비정신분석학적인 방식을 제공한다.

● 물화 Reification

물화는 추상적인 개념을 실체를 가진 존재로 간주하는 인간의 성향을 의미한다. 이러한 성향은 인간의 복합적이고 다면적인 능력을 설명할 때도 적용된다. 이러한 지성들을 표현하기 위한 '속기적 표현(shorthand)'들은 물화된 표현이다. 달리 표현하면, 인간의 상호작용에 관한 정교한 사상들도 건물의 디자인 형태로 '물화되어' 나타날 수 있다. 가령 교탁이 설치된 계단식 강의실은 지식의 전달에 관한 가정을 명확하게 표현하는 물리적 디자인으로 간주할 수 있다.

● 병렬왜곡 Parataxic distortion

병렬왜곡은 해리 스택 설리반(Harry Stack Sullivan)의 연구에서 비롯된 개념이며, 타인에 관한 인식이 왜곡되는 경향을 의미한다. 이러한 왜곡은 타인과 맺은 관계의 결과로 나타나며, '타인의 진정한 속성에 근거한 것이 아니라 대부분 타인에 관한 우리의 상상에 근거를 둔다'(Molnos 1998). 병렬왜곡은 타인과 관계를 맺는 개인적 성향의 결과로 생성되며 과거의 경험으로부터 영향받는다. 또한 병렬왜곡은 불안을 막는 방어기제의 역할을 하는지도 모른다. 병렬왜곡은 전이보다 넓은 의미를 가진 개념으로 사용된다. 289쪽의 '아비투스' 항목도 참조하길 바란다.

● 상징 Symbol

상징은 '(정확한 유사성이 아닌 모호한 암시를 통해서, 혹은 대상 사이의 우발적이거나 관습적인 관계를 통해서) 다른 무언가를 대신하거나, 대변하거나, 나타내는 것'을 의미한다. 특히 물질적 대상을 통해서 비물질적이거나 추상적인 대상을 표현하거나, 반대로 비물질적이고 추상적인 대상을 통해 물질적인 대상을 표현하는 것을 말한다(Oxford Dictionaries 1973, p. 2220). 결혼반지가 결혼을 의미하고, 큰 사무실이 지위를 상징하는 것을 예로 들 수 있다.

정신분석학은 상징을 내면의 정신적 마찰의 결과로 나타난다고 생각한다. 우리의 정신은 용납할 수 없는 것을 억압해 무의식에 묻어버리는 경향을 가진 반면, 억압된 것은 어떻게든 탈출해 의식으로 표출되고 싶어 하기 때문이다. '오직 억압된 것만이 상징으로 나타나며, 오직 억압된 것만이 상징으로 나타날 필요가 있다'(Rycroft 1968, p. 162). 나아가 상징화되는 대상이나 행동은 이론적으로 '항상 기초적이고, 본능적이며, 생물학적인 이해관계를 가지고 있다'는 것을 의미한다(p. 163). 그러므로 '상징적'이란 말은 정신분석학적 성향의 이론가들 사이에서는 특정한 방식으로 사용된다.

이는 근본적으로 환원적인 정신분석학 사상인데 우리가 꼭 이것에 매여 있을 필요는 없다. 상징적 표현은 (단순히 정신분석적 미술치료에 국한된 것이 아니라) 모든 종류의 미술치료에서 엄청나게 중요하다. 말로는 표현하기 거의 불가능한 생각과 감정을 상징과 은유를 이용해 표현할 수 있기 때문이다(상징적 표현은 암시를 통해서 다른 방식으로는 표현할 수 없거나 이해할 수 없는 생각이나 기분을 표현한다). 상징은 종종 '불가사의할 정도로 불확정적이다'. 상징 속 의미는 여러 가지 의미로, 또는 하나의 상징에 대해 복합적인 의미로 해석이 가능하다. 발딕(Baldick)은 문학적 상징에 관해서 말했지만, 그의 논점은 상징적 이미지에도 동일하게 적용될 수 있다.

"일반적으로 어떤 개념을 대변하는 문학적 상징을 고정된 의미를 전달하는 손쉬운 수단으로 여기는 것은 너무나도 단순한 생각이다. 일반적으로 문학적 상징은 실질적인 이미지와 같으며, 다양한 해석을 통해서 그것의 더 깊은 의미를 탐구할 수 있다"(Baldick 2001, p. 252).

이처럼 상징은 풍부하고 복합적인 의사소통을 가능하게 한다.

● 생물학적 결정론 Biological determinism

이 이론은 집단별(주로 인종별, 계층별, 성별)로 행동 패턴과 사회 및 경제

구조가 상이하며, 이 차이가 집단별로 유전되고 상속됨을 시사한다. 사회적 관계에 관한 특정한 고정관념이 과거에(그리고 현재에도) 존재했으며 이는 진화론에 의해 정당화되어왔다. 19세기경, 진화론은 종종 단순한 방식으로 아날로지에 응용되곤 했다. 여성, 범죄자, 아동, 거지, 아일랜드인, 정신병자는 집단적으로 동일한 유사성을 가지고 있다는 편견이 존재했으며, 이러한 사회적 약자들은 '원시적'이거나 '야만적'이라고 여겨졌다. 생물학적 결정론은 시간이 지남에 따라 변화해왔지만 현대의 정신의학적 담론에서는 여전히 존재하는데, 특히 젠더 '규범'과 관련된 담론에서 그러하다.

● 아날로지 Analogy

아날로지란 '두 사물을 비교하는 것으로, 보통 설명이나 명료화를 목적으로 한다'(oxforddictionaries.com). 여기에는 '비교가 이루어지는 특정 상황에서의 부분적인 유사성'이 포함되어 있으며(Macquarie Dictionary 1981, p. 103), 가령 '자연적 작품과 인공적 작품 사이의 아날로지'가 있을 수 있다(oxforddictionaries.com). 또 아날로지는 보다 친숙한 개념으로 다른 개념을 설명하거나 두 개념이 공통으로 가지고 있는 의미 있는 특징을 이용해 설명하는 것으로 '유추'라고도 불린다. 아날로지는 종종 직유를 확장한 형태로 나타난다(Baldick 2001, p. 12).

● 아비투스 Habitus

아비투스는 '체화된 역사가 제2의 천성으로 내면화되어 역사로서 잊혀진 것'이며, '과거의 역사 전체가 능동적으로 존재하는 것'이다(Bourdieu 1990, p. 56).

● 역전이 Countertransference (296쪽의 '투사' 항목을 먼저 볼 것)

역전이는 치료사가 환자를 향해 투사하는 것으로, 치료를 방해하는 잠재적 위험이 될 수 있다. 또한 분석가의 내담자를 향한 감정적 태도를 나타내는데, 여기에는 내담자의 특정한 행동에 관한 분석가의 반응이 포함된다 (역전이에 관해 숙고해보면 치료사의 내담자에 관한 생각을 이해할 수 있다. Rycroft 1968, p. 25).

● 유도 Elicitation

유도는 미술작품의 더 깊은 의미를 찾아내는 일련의 기법을 의미한다.

● 은유 Metaphor

은유는 비유법으로서 어떤 대상의 이름이나 설명을 그대로 적용할 수 없는 다른 대상에게 이전하는 것이다(Oxford Dictionaries 1973, p. 1315). 가령 '유전자 지도'와 '유전자 지도 제작'이라는 말은 지도 제작과 관련된 은유를 사용한 것으로 볼 수 있으며, 혹은 '다른 무언가를 대변하거나 상징하는 것'을 통해 표현한 것으로도 볼 수 있다(oxforddictionaries.com). 은유가 아니라면 전혀 상관없었을 대상 사이에서 대조가 이루어질 수 없다. 은유는 서로 별다른 관계가 없는 대상 사이에서 유사점을 만들어낸다. 헨젤 (Henzell)은 '은유가 효과적이려면 단순한 진실이나 아날로지 이상의 것을 담고 있어야 하며, 은유를 통한 대조는 기존의 관점에서 볼 때 충격적이어서 기존의 인식을 뒤흔들어 대상에 관한 새로운 준거 기준이 되어야만 한다'고 말했다(Henzell 1984, p. 23). 헨젤은 은유를 '한 범주의 서로 연관된 진실, 단체, 역사, 관례를 다른 범주의 관점에서 고찰하는 것'이라고 정의했다. 이는 적어도 두 개의 서로 다른 대상에 관한 개념 사이의 상호작용을 통해 만들어지며, 두 대상과 모두 관련된 하나의 상징 속에서 만들어진다(p. 22). 은유의 간단한 예시로 관용 표현인 '테이블 위에 카드를 공개하다'라는 표현이 '사람의 속내를 드러낸다'는 의미로 사용되는 것을 들 수 있다. 문학과 마찬가지로 미술치료에서 은유는 우아하고 풍부하게 사용되고 있다. 은유를 통해 만들어지는 새로운 생각들은 미술치료에서 매우 중요한 의미를 가지며, 여러 은유가 서로 결합해 다양한 의미를 만들어낼 수 있다.

● **이데올로기 Ideology**

하지니콜라우(Hadjinicolaou)는 이데올로기를 다음과 같이 서술했다.

"이데올로기의 본질적 기능은 …… 삶에서 나타나는 여러 부조리를 숨기는 것이다. 가공의 사고 체계를 만들어서 대중의 견해를 조작하고, 삶의 경험에 관한 견해를 만드는 것이다. …… 이 사고 체계는 …… 특정 사회의 신화나 취향, 스타일, 패션, 그리고 모든 삶의 방식에 영향을 미친다"(1978, p. 10).

이 사례에서 이데올로기는 가장된 자의식을 나타내며, 자신의 경험과 행동을 결정짓는 사상을 자각하지 못함을 나타낸다. 이 용어는 또한 '부르주아 이데올로기'와 같이 특정 사회집단의 사고 체계를 표현하는 용어로도 사용되었다(Williams 1983, p. 157).

● **장 이론 Field theory**

장 이론은 물리학에서 유래된 이론으로, 인간에 관한 연구에 응용되어 왔다. 이는 인간이 '다른 물질이나 다른 장과 상호작용하는 물리적 현상을 장의 관점에서 설명한 이론이다'(oxforddictionaries.com). 그러므로 장 이론에 영향을 받은 심리학의 분파에서는 사람과 환경이 불가분의 관계라고 생각한다.

● 재현 Representation

문화 이론에서 이미지와 텍스트는 단순히 현실을 비추는 거울로 간주되지 않는다. 그보다는 재현이 우리의 삶의 경험을 좌우하는 관행과 형식을 분명하게 제시하는 협의와 규약으로 여겨진다.

● 전위 Displacement

전위는 정신분석학에서 사용하는 개념으로 '에너지(카섹시스)가 하나의 정신적 이미지에서 다른 정신적 이미지로 흘러가는 것'을 의미한다. 가령 꿈속의 이미지는 다른 것을 상징할 수 있다(Rycroft 1968, p. 35).

● 전이 Transference

전이는 내담자가 치료사(혹은 미술치료사)에게 과거 경험 속 인물에 관한 감정이나 생각 등을 치환하는 작용이며, 전위(displacement)라 불리는 작용을 통해 이루어진다(Rycroft 1968, p. 168). 이 작용에서 내담자는 치료사를 '과거의 대상'과 연관 짓게 된다(p. 168). 정신분석학에서 이러한 대상은 '대상표상(어떤 대상에 관한 정신적 표상)'이라고 불리며 과거의 내사로 인해 생성된다(p. 168). 좀 더 단순하게 말하면, 내담자는 '본래 자신의 가족 구성원(혹은 다른 중요한 사람)에 관한 감정적 반응을 …… 치료사와의 관계에서 다시금 경험하는 경향이 있다'라고 표현할 수 있다(Tredgold and Woolf 1975, p. 22). 이러한 감정은 치료사에게 투사되며, 이미지를 향해 투사된다. 넓게 보면 이 용어는 치료사를 향한 내담자의 감정적 태도를 묘사하는 데 사용될 수 있다(Rycroft 1968, p. 168). 미술치료에서 치료사를 향한 내담자의 태도는 치료사의 내담자를 향한 태도와 마찬가지로 매우 중요하다. 하지만 나의 견해로는 내담자와 치료사 사이의 모든 측면을 전이의 이동으로 설명하는 것은 잠재적으로 협소한 관점이라고 본다.

● 정신역동성 Psychodynamic

정신역동성은 인간의 정신 구조에 관한 스키마로, 인간의 정신이 유동적이라고 주장한다. 가령 정신분석학에서 이드와 자아, 초자아 사이에는 본질적으로 역동적인 마찰이 있다는 점이나, 융 학파의 주장인 '정신 기능이 보상적 차원을 가지고 있다'는 점을 또 다른 예로 들 수 있다. 마음의 작동에 관한 사고들을 표현하는 용어가 '역동성'이다. 이와 마찬가지로 정신의 내적 과정들을 자명한 진리로 여기는 모델들을 '정신역동 모델'이라 말한다. 이러한 특별한 이론적 공식을 사용하는 집단 작업을 '정신역동적 집단 작업'이라고 부를 수 있겠고, 이때 치료사들은 집단역동에 관해 논의할 것이다. 정신역동성은 단순히 '정신의 속성을 열거하고 정의하는' 심리학 유형들과 대비된다(Rycroft 1995, p. 42). 일부 연구자는 정신역동성이라는 말을 정신분석학과 동의어로 사용한다.

● 직유 Simile

직유는 비유법의 하나로 두 개의 상이한 사물을 직접 비교하는 것이다. '그녀는 장미 같다'와 같은 표현을 예로 들 수 있다.

● 집단공명 Group resonance

치료 집단의 구성원들 사이에서는 때때로 서로에 관한 공감이 이루어진다. 서로의 그림이 가진 비슷한 스타일이나 특정한 성질이나 모티브를 통해 공감이 이루어지는 것이다. 공감은 대부분 무의식적으로 이루어진다. 게리 맥닐리(Gerry McNeilly 1983, 2005)와 공저자들은 이러한 현상을 '집단공명'이라고 명명했다. 이 개념은 (물리학에서 비롯된 은유이며) 구성원들의 이미지가 서로 영향을 주고받아 함께 '공명'하거나 반향을 일으키는 것을 의미한다. 리차드슨(Richardson)의 설명에 의하면 '공명을 통해 집단은 단순한 부분의 합 이상이 된다. 이는 마치 합창에서 개인의 목소리가 합쳐져 우리를 전율시키는 복합적인 화음이 만들어지는 것과 같다'.

● 체계 이론 Systems theory

체계 이론은 일반적으로 시스템에 관한 융합 학문을 의미한다. 집단정신치료에서는 전체 집단을 하나의 존재로 간주하며, 이 안에서 구성원들은 특정한 역할로 서로 밀접한 관계를 맺게 된다. 이러한 관계는 구성원의 존재 방식을 밝히기 위해 집단치료 과정을 통해 분석된다.

● 체화된 이미지 Embodied images

논란의 여지가 있으나, 강렬한 감정적 색채를 지닌 모든 이미지는 체화된 이미지라고 할 수 있다. 미술작품에는 타인의 감정이 구체적 형태로 깃들어 있다. 아니면 최소한 그렇게 보인다. 톨스토이가 말했듯이 '미술은 한 사람이 의식적으로, 외부적인 기호들을 사용해 그가 살면서 경험해온 감정들을 타인에게 전달하는 인간의 활동이다. 다른 사람들은 작품을 감상하며 이들 감정에 감염되어 그 감정을 경험하게 된다'(Tolstoy 1987, cited in Harris 1996, p. 2).

조이 쉐베리엔(Joy Schaverien)은 '그 어떤 표현 수단도 이것을 대체할 수 없다'라고 말했으며, '체화된 이미지가 만들어질 때 그 안에 담긴 감정이 그 순간 살아 숨 쉬게 된다'라고 말했다(2011, p. 80). 나는 8장에서 우리가 어떻게 타인의 감정을 느끼는지를 논했으며 때때로 타인의 감정에 휩쓸릴 수도 있다고 설명했다. 달리 말하면, 제작자는 작품에 의미를 부여하는 특권을 가진 것이 아니며, 그러므로 미술치료사는 작품의 진정한 의미가 무엇인지 신중하게 생각하고 제작자의 진정한 의도를 정확하게 파악하려고 노력해야 한다. 왜냐하면 우리는 미술작품을 자신의 경험과 아비투스(우리의 체화된 존재 방식)를 통해 감상하기 때문이다. 미술에 나타난 사물은 본질적으로 여러 가지 의미가 있으며 다양한 해석이 가능하다. 그러므로 미술작품을 감상할 때는 그 맥락을 이해하는 것이 매우 중요하다(Hogan 1997).

● 초현실주의 Surrealist

초현실주의란 단어는 유명한 관용적 의미를 가지고 있으며 1970년대의 '어릿광대(zany)'라는 말을 대체하게 되었다. 초현실주의는 인습을 타파하는 이미지, 우리의 나태한 감각을 뒤흔드는 이미지를 의미한다. 전형적인 초현실주의 이미지로 메레 오펜하임(Méret Oppenheim)의 '모피를 씌운 찻잔과 컵받침, 스푼'이나 살바도르 달리(Salvador Dali)의 '녹아내리는 시계', 르네 마그리트(René Magritte)의 '이것은 파이프가 아니다' 등의 작품을 예로 들 수 있다.

초현실주의는 좀 더 학문적인 맥락에서, 대문자 'S'와 연관되어 1920년대에 시작된 문화혁명을 의미한다. 이 문화혁명을 통해 당시의 예술가들은 정신분석학의 개념인 '자유연상'을 미술에 접목하려고 시도했으며 '이성과 논리로부터의 자유'를 추구했다(Breton 1924, cited in Hogan 2001, p. 94). 최초에는 '자동적 글쓰기'라고 불리는 기법이 개발되었으며, 이러한 사상이 이미지에도 적용되었다. 초현실주의는 근대 미술치료의 발전에 공헌했다 (Hogan 2001).

● 투사 Projection

투사는 말 그대로 '어떤 사람 앞에 던지는 것'을 의미하며, 정신의학과 정신분석학에서는 '대상에 관한 마음속 이미지를 대상의 객관적 속성으로 인식하는 것'을 의미한다. 정신분석학 이론에서 투사는 두 가지 의미가 더 있다. 첫째, '꿈이나 환상과 같은 사건이 발생할 때 그 사건의 진위를 잘못 해석하는 것'을 의미하며 이 결과로 환상을 실제로 일어나는 일이라고 믿게 된다. 둘째, '자기의 소망이나 충동이나 다른 속성을 외부의 대상이 품고 있다고 상상하는 작용'을 의미한다(Rycroft 1968, p. 125). 많은 경우에 투사는 감정의 역전을 동반한다. 자기가 가진 소망이나 감정을 부정하는 동시에, 이것을 다른 외부 대상이 가지고 있다고 주장하는 것이다. 자기의 부정된 측면을 다른 사람의 안에 있다고 상상하게 되며, '자기의 투사는 부정을 통해 이루어진다. 자신의 이러이러한 감정을 부정하고 이러이러한 소망을 무시하면서 이러한 감정과 소망을 다른 사람이 가지고 있다고 주장하는 것이다'(Rycroft 1995, p. 139).

● 페미니즘 Feminism

페미니즘은 부당한 비난을 받는 용어이며 자주 오용되곤 한다. 페미니즘은 여성의 사회적, 정치적 권리를 비롯한 모든 권리가 남성의 권리와 같아야 함을 지지하는 신념이다. 현업 미술치료사 중에서 대다수는 페미니스트이다. 페미니즘이라는 용어의 지지 여부와 상관없이, 우리는 모두 기회 균등을 주장하기 때문이다. 페미니즘은 본질적으로 평등에 관한 문제에 관심을 가질 수밖에 없다(Hogan 2012a, 2013a). 학문적으로 페미니즘이란 사회적 관계에서 나타나는 성 역할의 조사를 목표로 하는 분석 방법이자, 여성만의 고유한 경험에 관한 연구를 의미한다. 이 분석 방법에서는 성 역할(혹은 젠더)이 역사적, 지정학적으로 생성되었다고 간주하면서 바꿔야 할 대상으로 본다. 페미니즘 미술치료의 관점에서 볼 때 이는 여성 문제에 관한 인식 수준을 높이고 여성혐오적인 여러 담론(특히 사회 전반에 퍼져 있는 여성의 '불안정성'에 관해 부정적으로 서술한 여러 정신의학적 담론)과 여성 문제를 정확하게 인식함으로써 이루어질 수 있다. 때로 목표 달성에 중점을 둔 '지시적인' 미술치료를 할 때 참여자가 그들의 성과 성적 지향을 되돌아보게 하는 모임을 소개할 수 있다. 예를 들어, 내가 개최하는 워크숍에서는 남녀 참가자에게 출처(신문, 미술책, 잡지 등)에 상관없이 두 장의 이미지를 가져오라고 시키는데 남자는 남자에 관한, 여자라면 여자에 관한, 그리고 만약 스스로를 게이, 레즈비언, 트랜스젠더라고 생각한다면 그것이 반영된 이미지 두 장을 가져오라고 요구한다. 한 장의 이미지는 참가자의 마음에 드는 것이어야 하며, 다른 것은 자신을 불편하게 느끼도록 만드는 것이어야만 한다. 이 이미지는 치료 회기의 근간이 되며, 사람들이 어떤 식으로 묘사되는지를 살펴볼 기회가 된다. 또한 참가자가 일상생활에서 이런 이미지를 어떻게 느끼는지 살펴볼 수 있게 한다.

"일부 미술치료사들은 여성만으로 집단을 구성해 여성의 고유한 경험인 임신이나 출산과 같은 것을 고찰하며(Hogan 2003, 2008a, 2008b, 2012a), 집단적 트라우마인 유방암이나 강간(Malchiodi 1997), 혹은 노화(Hogan and Warren 2012)와 같은 주제를 탐구한다. 논란의 여지가 있지만 좋은 치료를 위해서는 페미니즘 의식을 가질 필요가 있으며, 그러므로 이는 미술치료사 훈련의 필수 과정으로 자리 잡아야만 한다"(Hogan 2011b, p. 87).

● 헤게모니 Hegemony

헤게모니는 정치적 주도권을 의미하는 용어로 사용됐다. 문화 이론에서는 그람시(Gramsci)의 저서에서 나타나듯이, 상식이나 의심의 여지가 없는 가정과 같은 당연한 것을 의미한다. 헤게모니는 또한 지배적인 이데올로기를 나타내기도 한다. 취향이란 개념에 관한 더글라스의 예시를 통해 이를 살펴보겠다.

"취향은 항상 구속되어 특정 사회의 헤게모니를 위해 투쟁하게 된다. …… 좋은 취향이란 보편적인 원칙에 따라 만들어진 것이라고 주장되지만, 여기에는 항상 반박의 여지가 있다. 기존의 체제를 전복하고 싶어 하는 사람은 이에 도전하게 된다"(Douglas 1994, p. 29).

이 예시를 통해 복수형 개념인 헤게모니즈(hegemonies)는 서로 다른 '사회적' 이해관계와 얽혀 있음을 알 수 있으며, 하나의 지배적인 이데올로기를 의미하는 헤게모니에 비해 더욱 정교하게 사용되는 용어임을 알 수 있다.

● 확충 Amplification

칼 구스타프 융으로부터 유래한 하나의 기법이며 그림의 분위기나 상징적 내용을 상상으로 표현해보는 것이다. 예를 들어, 치료사는 (보트가 바다에 떠 있는 그림을 보며) 내담자에게 보트에 타고 있는 기분이 어떤지 묻거나, 보트가 어디로 향하는지, 심지어 보트가 말을 하는지 등을 물을 수 있다. 이 용어는 본래 꿈의 상징적 속성을 의미했다. '자유연상과 비교할 때 확충은 더 좁게 정의되고 더 통제적이며 더 집중적인 연상법으로, 문제가 되는 상징의 의미를 확장시킬 수 있는 아날로지를 찾아내는 것이 목적이다'(Laine 2007, p. 129).

가령 영국의 초창기 미술치료 분야의 선구자였던 아이린 챔퍼노운은 '도화지 위에서 꿈을 꿈꾸는 것'에 관해 말했으며 내담자의 미술작품의 '언어에 뛰어들 것'을 주장했다(Hogan 2001, p. 240). 그녀는 '재료가 가진 주관적 속성을 그대로 받아들인 후 사용된 상징을 지적으로 해석하는 관점이라기 보다는 실제 경험적인 관점에서 논의하는 것이 가능하다'라고 말했다(1949, cited in Hogan 2001, p. 271). 이를 통해 그녀가 의도하는 것은 작품의 분위기에 녹아들어가서 추리적인 질문을 던지자는 것이다. 가령 작품 속에서 폭풍에 휩쓸리는 집을 보며 이 집이 과연 이 역경을 견뎌낼 수 있을지 물어볼 수 있다. 이는 유용한 유도(elicitation) 기법이다.

● 희생양 전이 Scapegoat transference (292쪽의 '전이' 참조)

조이 쉐베리엔은 전이의 개념을 어떤 속성과 상태들을 마법적으로 변환시키는 것으로 정의했고 정신분석학의 중심 축으로 설명했다. 쉐베리엔은 성경의 희생양을 '제식화된 전이'로 볼 수 있다고 주장했으며, 마법적인 힘에 의해 죄를 뒤집어 쓴 존재로서의 양, 즉 불가사의한 힘을 가진 부적으로서의 양이 된다고 했다(1987, pp. 74-75). 그러므로 양이 죽는 순간 죄는 사면된다. 이와 비슷한 작용이 미술치료에서도 나타난다. 어떤 대상이 지닌 속성과 상태가 작품 속으로 전이될 때, 즉 그림이 특정한 힘을 부여받게 될 때 부적과 같은 속성을 지니게 된다. 어떤 대상이 부적으로 받아들여지면 이 대상과 관련된 어떠한 결심도 중요한 의미를 가지게 되며 하나의 '처분' 행위가 될 수 있는 것이다(p. 75).

"쉐베리엔은 '희생양 만들기'가 집단 안에서도 나타날 수 있음을 지적한다. 어떤 사람이 자신의 책임이 아닌 일로 집단적으로 처벌받거나 추방당할 수 있다는 것이다. 가령 '어떤 사람을 부정하는 행동들을 나타내거나 말로 표현하는 것은 실제로는 그들이 가진 다른 공포나 필요성을 표현하는 것일 수 있다. 이 사람이 사라지면 다른 구성원들은 서로 조화롭게 지내게 되리라는 집단 환상이 있다. 집단의 모든 나쁜 문제를 이제 이 한 사람에게 뒤집어 씌운 것이다"(p. 80).

그러나 만약 작품이 '처분'되기 전에 전이를 인식할 수 있다면 쉐베리엔은 작품의 처분이 부정적이기보다는 긍정적인 효과가 있을 것이라고 주장했다. 미술작품이 내담자에 의해 만들어진다는 것은 부정할 수 없으며, 그러므로 미술작품을 만드는 것은 투사 작용이 실제로 일어난다는 것을 '인정'하게 만든다. 비록 이러한 인정이 일시적인 현상(fleeting phenomenon)에 불과할지도 모르지만 말이다(p. 86).

쉐베리엔은 미술작품의 파괴를 잠재적으로 '희생양 만들기를 완성할 수 있는 진정한 기회를 제공하는 의미 있는 행위이다. 미술작품을 보관하는 것 또한 의미 있는 행위이며, 작품을 처분하는 또 다른 방법이다'라고 서술했다. 그녀에 의하면 '내담자는 그림이나 미술작품에 대한 완전한 지배권을 가지고 있으며, 이러한 지배권은 사람에 대해서는 결코 가질 수 없다'라고 말했다(p. 87).

참고문헌

Adamson, E. 1970. *Art as Healing*. London: Coventure.

Agazarian, Y. and Peters, R. 1981. *The Visible and the Invisible Group*. London: Karnac Books.

Allen, P.B. 2014. 'Intention and Witness: Tools for Mindfulness in Art and Writing', in L. Rappaport (ed.) *Mindfulness and the Arts Therapies*. London and New York: Jessica Kingsley, pp. 51–64.

Anyanwu, C.N. 1988. 'The Technique of Participatory Research', *Community Development Journal*, 23: 11–15. Online at http://cdj.oxfordjournals.org/cgi/reprint/ (accessed 23 January 2011).

Appignanesi, L. 2008. *Mad, Bad and Sad: A History of Women and the Mind Doctors from 1800 to the Present*. London: Virago Press.

Arts Council England. 2011. *Arts Audiences: Insight Report*. Online at www.artscouncil.org.uk/media/uploads/Arts_audiences_insight.pdf (accessed 29 April 2015).

Aveline, M. and Dryden, W. 1988. *Group Therapy in Britain*. Milton Keynes: Open University Press.

Baldick, C. 2001. *Concise Oxford Dictionary of Literary Terms*. Oxford: Oxford University Press.

Banks, S. and Armstrong, A. (eds). 2012. *Community–based Participatory Research: A Guide to Ethical Principles and Practice*. Centre for Social Justice and Community Action, Durham University, and National Co–ordinating Centre for Public Engagement. Online at www. publicengagement.ac.uk/how/sites/default/files/publication/cbpr_ethics_guide_web_november_2012.pdf (accessed 9 May 2015).

Beck, A.T. 1963. 'Thinking and Depression. Part 1: Idiosyncratic Centent and Cognitive Disorders', *Archives of General Psychiatry*, 9: 324–333.

Beck, A.T., Freeman, A., Davis, D.D. and Associates. 2004. *Cognitive Therapy of Personality Disorders* (2nd edition). London: The Guilford Press.

Belsey, C. 1980. *Critical Practice*. London: Routledge.

Bennett, F. and Roberts, M. 2004. *Participatory Approaches to Research on Poverty: Findings Report*. Online at www.jrf.org.uk/sites/files/jrf/334.pdf (accessed 14 May 2015).

Betts, D.J. 2003. *Creative Arts Therapies Approaches in Adoption and Foster Care: Contemporary Strategies for Working with Individuals and Families*. Springfield, IL: Charles C. Thomas.

Bhasin, M.K., Dusek, J.A., Change, B–H., Joseph, M.G., Denniger, J.W., Fricchione, G.L., Benson, H. and Libermann, T.A. 2013, 'Relaxation Response Induces Temporal Transcriptome Changes in Energy Metabolism, Insulin Secretion and Inflammatory Pathways'. *Plos One* (open access), 1 May. Online at www.plosone. org/article/info%3Adoi%2F10.1371%2Fjournal.pone.0062817 (accessed 21 April 2015).

Birch, M. and Miller, T. 2002. 'Encouraging Participation: Ethics and Responsibilities', in M. Mauthner, M. Birch, J. Jessop and T. Miller (eds) *Ethics in Qualitative Research*. London: Sage, pp. 91–106.

Bird, J. 2010. 'Gender, Knowledge and Art: Feminist Standpoint Theory Synthesised with Arts–Based Research in the Study of Domestic Violence'. Adaptation of paper presented at Vital Sings 2 Conference, Manchester University, 7–9 September, pp. 1–9.

Birtchnell, J. 1998. 'The Gestalt Art Therapy Approach to Family and Other Interpersonal Problems' in D. Sandle (ed.) *Development and Diversity*. London: Free Association Press, pp. 142–153.

Birtchnell, J. 2003. 'The Visual and the Verbal in Art Therapy'. *International Arts Therapies Journal*, 2. Online at www2.derby.ac.uk/vart/vol–2–200203– international–arts–therapies–journal/42–refereed–articles–/58–the–visual– and–the–verbal–in–art–therapy–by–dr–john–birtchnell (accessed 30 January 2014).

Bleier, R. 1984. Science and Gender: *A Critique of Biology and its Theories on Women*. New York: Pergamon Press.

Bloch, S. and Crouch, E. 1985. *Therapeutic Factors in Group Psychotherapy*. Oxford: oxford Medical.

Bourdieu, P. 1990. *The Logic of Practice*. Cambridge: Polity Press.

Breitbart, M.M. 2003. 'Participatory Research Methods', in N. Clifford and G. Valentine (eds) *Key Methods in Geography*. London: Sage, pp. 161–178.

Briers, S. 2009. *Brilliant Cognitive Behavioural Therapy*. London: Prentice Hall.

Brown, L.S. 2010. *Feminist Therapy*. Washington, DC: APA.

Bugental, J. 1964. 'The Third Force in Psychology'. *Journal of Humanistic Psychology*, 4: 19–26.

Burt, H. (ed.). 2012a. *Art Therapy and Postmodernism: Creative Healing Through a Prism*. London: Jessica Kingsley.

Burt, H. 2012b. 'Women, Art Therapy and Feminist Theories of Development', in S. Hogan (ed.) *Revisiting Feminist Approaches to Art Therapy*. London and New York: Berghahn Books, chapter 5.

Butler, J. 1990. *Gender Trouble: Feminism and the Subversion of Identity*. New York and London: Routledge Classics.

Campbell, J. and Gaga, D.A. 1997. 'Black on Black Art Therapy: Dreaming in Colour', in S. Hogan (ed.) *Feminist Approaches to Art Therapy*. London: Routledge, pp. 216–218.

Campbell, J. and Gaga, D.A. 2012. 'Black on Black: Dreaming in Colour', in S. Hogan (ed.) *Revisiting Feminist Approaches to Art Therapy*. London and New York: Berghahn Books.

Champernowne, H.I. 1949. *British Red Cross Conference Report*. London: British Red Cross.

Champernowne, H.I. 1963. 'Psychotherapy and the Arts at Withymead Centre'. *American Bulletin of Art Therapy*, Spring Issue.

Champernowne, H.I. 1973. *Creative Expression and Ultimate Values* (pamphlet). London: The Guild of Pastoral Society.

Champernowne, H.I. 1974. *Searching for Meaning: The One and Only Me*. Nutfield: Denholm House University Press.

Champernowne, H.I. and Lewis, E. 1966. 'Psychodynamics of Therapy in a Residential Group'. *The Journal of Analytical Psychology*, 11(2): 163–180.

Chang, F. 2014. 'Mindfulness and Person–Centred Art Therapy', in L. Rappaport (ed). *Mindfulness and the Arts Therapies*. London and New York: Jessica Kingsley, pp. 219–235.

Chesler, P. 1972. *Woman and Madness*. Garden City, NY: Doubleday.

Chipp, H.B. 1968. *Theories of Modern Art: A Source Book by Artists and Critics*. Berkeley, CA and London: University of California Press.

Corey, G. 2009. *Theory and Practice of Counseling and Psychotherapy*. Belmont, CA: Brooks/Cole.

Corrie, J. 1927. *ABC of Jung's Psychology*. London: Kegan Paul, Trench, Trubner & Co.

Crimp, D. and Rolston, A. 1990. *AIDS Demo Graphics*. Seattle, WA: Bay Press.

Culler, J. 1983. *On Deconstruction: Theory and Criticism after Structuralism*. London: Routledge & Kegan Paul.

Cunningham Dax, E. 1948. 'Art Therapy for Mental Patients'. *The Nursing Times*, 14 August: 592–594

Darwin, C. 1871. *The Descent of Man and Selection in Relation to Sex*. New York: Modern Library (unabridged).

de Beauvoir, S. 2011. *The Second Sex* (1949). (New translation by C. Borde and S. Malovany–Chevallier). London: Vintage.

Dictionary.com. 2015. 'Metaphor'. Online at http://dictionary.reference.com/browse/metaphor (accessed 21 May 2015).

Douglas, M. 1970. *Natural Symbols* (2nd edition 1996). London: Routledge.

Douglas, M. 1994. 'The Construction of the Physician', in S. Budd and U. Sharma (eds) *The Healing Bond*. London: Routledge.

Douglas, M. 1996. *Thought Styles*. London: Sage.

Douglas, M. 2001. 'Foreword', in S. Hogan, *Healing Arts: The History of Art Therapy*. London: Jessica Kingsley.

Duvvury, V.K. 1991. *Play, Symbolism, and Ritual: A Study of Tamil Brahmin Women's Rites of Passage*. New York: Peter Lang.

Eagle Russett, C. 1989. *Sexual Science: The Victorian Construction of Womanhood*. Cambridge, MA: Harvard University Press.

Eastwood, C. 2012. 'Art Therapy with Women with Borderline Personality Disorder', *International Journal of Art Therapy: Formerly Inscape*, 7(3): 98–114.

Edwards, C. 2007. 'Art as Witness', in S.L. Brooke (ed.) *The Use of the Creative Therapies with Sexual Abuse Survivors*. Springfield, IL: Charles C. Thomas, pp. 44–59.

Edwards, D. 2004. *Art Therapy*. London: Sage.

Fausto-Sterling, A. 1985. *Myths of Gender. Biological Theories about Women and Men*. New York: Basic Books.

Forrester, J. 1980. *Language and the Origins of Psychoanalysis*. London/New York: Macmillan/Columbia University Press.

Franklin, M.A. 2014. 'Mindful Considerations for Training Art Therapists: Inner Friendship–Outer Professionalism', in L. Rappaport (ed.) *Mindfulness and the Arts Therapies*. London and New York: Jessica Kingsley, pp. 264–276.

Freud, S. 1939. *Moses and Monotheism* (trans. Kathleen Jones). New York: Knopf.

Freud, S. 1949. *An Outline of Psychoanalysis* (trans. James Strachey). New York: Norton.

Freud, S. 1963. I*ntroductory Lectures on Psycho-Analysis (1916–1917). The Standard Edition, Vol. XV* (trans. James Strachey). London: Hogarth Press.

Freud, S. 1973. *New Introductory Lectures on Psychoanalysis*. London: Pelican. (Originally published in *The Standard Edition of the Complete Works of Sigmund Freud, Vol. XXII*, Hogarth Press, 1964.)

Freud, S. 1977. *The Interpretation of Dreams*. Harmondsworth: Penguin.

Frosh, S. 2002. *Key Concepts in Psychoanalysis*. London: The British Library.

Furth, G.M. 2002. *The Secret World of Drawings: A Jungian Approach to Healing*

Through Art (2nd edition; originally published 1988). Toronto: Innercity Books.

Gee, J.P. 1999. *An Introduction to Discourse Analysis: Theory and Method*. London: Routledge.

Gilman, S.L. 1988. *Disease and Representation: Images of Illness from Madness to AIDS*. New York: Cornell University Press.

Gould, S.J. 1981. *The Mismeasure of Man* (revised and expanded). New York: W.W. Norton.

Greenburg, J.R. and Mitchell, S.A. 1983. *Object Relations in Psychoanalytic Theory*. Cambridge, MA and London: Harvard University Press.

Hadjinicolaou, N. 1978. *Art History and Class Struggle*. London: Pluto.

Hall, K. and Iqbal, F. 2010. *The Problem with Cognitive Behavioural Therapy*. London: Karnac Books.

Haraway, D. 1992. *Primate Visions: Gender, Race, and Nature in the World of Modern Science*. London: Verso Press.

Harding, S. 2004. 'Rethinking Standpoint Epistemology: What Is "Strong Objectivity"?', in S. Harding (ed.) *The Feminist Standpoint Theory Reader: Intellectual & Political Controversies*. London: Routledge, pp. 127–140.

Hare–Mustin, R.T. and Marecek, J. (eds). 1990. *Making a Difference: Psychology and the Construction of Gender*. New Haven, CT: Yale University Press.

Harris, R. 1996. *Signs, Language and Communication*. London: Routedge.

Henderson, J.L. 1980. 'Foreword', in I. Champernowne, *A Memoir of Toni Wolff*. San Francisco, CA: C.G. Institute of San Francisco.

Henzell, J. 1984. 'Art, Pychotherapy and Symbol Systems', in T. Dalley (ed.) *Art As Therapy: An Introduction to the Use of Art as a Therapeutic Technique*. London: Tavistock Publications.

Hess, E. 2007. *Gestalt Therapy*. Video. Online at www.youtube.com/watch?v= ZbOAdMdMLdI (accessed 21 August 2013).

Hill, A. 1945. *Art Versus Illness: A Story of Art Therapy*. London: George Allen & Unwin.

Hill, A. 1951. *Painting Out Illness*. London: Williams and Norgate.

Hocoy, D. 2007. 'Art Therapy as a Tool for Social Change', in F.F. Kaplan (ed.) *Art Therapy and Social Action*, London and New York: Jessica Kingsley. pp. 21–40.

Hogan, S. (ed.) 1997. *Feminist Approaches to Art Therapy*. London: Routledge.

Hogan, S. 2001. *Healing Arts: The History of Art Therapy*. London: Jessica Kingsley.

Hogan, S. 2003. *Gender Issues in Art Therapy*. London: Jessica Kingsley.

Hogan, S. 2004a. 'An Introduction to Art Therapy: Further Reflections on Teaching Art Therapy at an Introductory Level: Part One'. *Journal of the Australian National Art Therapy Association*, 15(3): 15—23.

Hogan, S. 2004b. 'Reflections on Experiential Learning'. *Journal of the Australian National Art Therapy Association*, 15(2): 16—20.

Hogan, S. 2006a. 'The Tyranny of the Maternal Body: Maternity and Madness'. *Women's History Magazine*, 54: 21—30.

Hogan, S. 2006b. *Conception Diary: Thinking About Pregnancy and Motherhood*. Sheffield: Eilish Press.

Hogan, S. 2008a. Angry Mothers in M. Liebmann (ed.) *Art Therapy and Anger*. London: Jessica Kingsley.

Hogan, S. 2008b. 'The Beestings: Rethinking Breast—feeding Practices, Maternity Rituals, & Maternal Attachment in Britain & Ireland'. *Journal of International Women's Studies*, 10(2): 141—160.

Hogan, S. 2009. 'The Art Therapy Continuum: An Overview of British Art Therapy Practice'. *International Journal of Art Therapy: Formerly Inscape*, 12(1): 29—37.

Hogan, S. 2011a. 'Post—Modernist but Not Post—Feminist: A Feminist Post—Modernist Approach to Working with New Mothers', in H. Burt (ed.) *Current Trends and New Research in Art Therapy: A Postmodernist Perspective*. Waterloo, ON: Wilfred Laurier Press.

Hogan, S. 2011b. 'Feminist Art Therapy', in C. Wood (ed.) *Navigating Art Therapy. A Therapist's Companion*. London: Routledge, pp. 87—88.

Hogan, S. (ed.). 2012a. *Revisiting Feminist Approaches to Art Therapy*. London and New York: Berghahn Books.

Hogan, S. 2012b. 'Post—modernist but Not Post—feminist! A Feminist Post—modernist Approach to Working with New Mothers', in H. Burt (ed.) *Art Therapy and Postmodernism: Creative Healing Through a Prism*. London: Jessica Kingsley, pp. 70—82.

Hogan, S. 2012c. 'Ways in which Photographic and Other Images are Used in Research: An Introductory Overview'. *International Journal of Art Therapy: Formerly Inscape*, 17(2): 54—62.

Hogan, S. 2013a. 'Your Body is a Battleground: Women and Art Therapy'. *The Arts in Psychotherapy*, Special Issue on Gender and the Creative Arts Therapies, 40(4): 415—419.

Hogan, S. 2013b. 'Peripheries and Borders: Pushing the Boundaries of Visual Research'. *International Journal of Art Therapy: Formerly Inscape*, June: 1—8.

Hogan, S. 2014. 'Lost in Translation? Inter—cultural Exchange in Art Therapy', in C.E. Myers and S.L. Brooke (eds) *Creative Arts Across Cultures*. Springfield, IL: Charles

C. Thomas.

Hogan, S. 2015. 'Mothers Make Art: Using Participatory Art to Explore the Transition to Motherhood'. *Journal of Applied Arts & Health*, 6(1): 23–32.

Hogan, S. and Cornish, S. 2014. 'Unpacking Gender in Art Therapy: The Elephant at the Art Therapy Easel'. *International Journal of Art Therapy: Formerly Inscape*, 19: 122–134.

Hogan, S. and Coulter, A. 2014. *The Introductory Guide to Art Therapy*. London and New York: Routledge.

Hogan, S. and Pink, S. 2010. 'Routes to Interiorities: Art Therapy, Anthropology and Knowing in Anthropology'. *Visual Anthropology*, 23(2): 158–174.

Hogan, S. and Pink, S. 2011. 'Visualising Interior Worlds: Interdisciplinary Routes to Knowing', in S. Pink (ed.) *Advances in Visual Methodology*. London: Sage, pp. 230–248.

Hogan, S. and Warren, L. 2012. 'Dealing with Complexity in Research Findings: How Do Older Women Negotiate and Challenge Images of Ageing?' *Journal of Women & Aging*, 24(4): 329–350.

Hogan, S. and Warren, L. 2013. 'Women's Inequality: A Global Problem Explored in Participatory Arts'. *International Perspectives on Research–Guided Practice in Community–Based Arts in Health (UNESCO Observatory Multi–Disciplinary Journal in the Arts)*, Special Issue, 3(3): 1–27.

Hogan, S., Baker, C., Cornish, S., McCloskey, P. and Watts, L. 2015. 'Birth Shock: Exploring Pregnancy, Birth and the Transition to Motherhood Using Participatory Arts', in N. Burton (ed.) *Natal signs: Representations of Pregnancy, Childbirth and Parenthood*. Toronto: Demeter Press (in press).

Holloway, M. 2009. British Australian: Art Therapy, White Racial Identity and Racism in Australia. *Australian and New Zealand Journal of Art Therapy*, 4(1): 62–67.

Home Office. 2012. 'Body Confidence Campaign'. Online at www.homeoffice.gov.uk/equalities/equalities/equality–government/body–confidence (accessed 4 August 2013).

Hopkins, J. 1996. 'The Dangers and Deprivations of Too–Good Mothering'. *Journal of Psychotherapy*, 22(3): 407–422.

Houston, G. 2003. *Brief Gestalt Therapy*. London: Sage.

Howell, E. and Baynes, M. (eds). 1981. *Women and Mental Health*. New York: Basic Books.

Hubbard, R. 1990. *The Politics of Women's Biology*. New Brunswick, NJ: Rutgers University Press.

Huet, V. 1997. 'Ageing: Another Tyranny? Art Therapy with Older Women', in S. Hogan (ed.) *Feminist Approaches to Art Therapy*. London: Routledge, pp. 125–140.

Huet, V. 2012. 'Ageing: Another Tyranny? Art Therapy with Older Women', in S. Hogan (ed.) *Revisiting Feminist Approaches to Art Therapy*. London and New York: Berghahn Books, pp. 159–173.

Huss, E. and Alhaiga–Taz, S. 2013. 'Bedouin children's Experience of Growing Up in Illegal Villages, Versus in Townships in Israel: Implications of Social Context for Understanding Stress, and Resilience in Children's Drawings'. *International Journal of Art Therapy: Formerly Inscape*, 18(1): 10–19.

Isis, P.A. 2014. 'Mindfulness–based Stress Reduction and the Expressive Arts Therapies in a Hospital–based Community Outreach Programme', in L. Rappaport (ed.) *Mindfulness and the Arts Therapies*. London and New York: Jessica Kingsley, pp. 155–167.

Iveson, C. 2002. 'Solution–Focused Brief Therapy'. *Advances in Psychiatric Treatment*, 8: 149–156.

Jones, S.L. 2012. 'Visual Voice: Abusive Relationships, Women's Art and Visceral Healing', in S. Hogan (ed.) *Revisiting Feminist Approaches to Art Therapy*, London and New York: Berghahn Books, pp. 173–210.

Joyce, S. 2008. 'Picturing Lesbian, Informing Art Therapy: A Postmodern Feminist Autobiographical Investigation'. Thesis. Southern Cross University, New South Wales (e–publication).

Jung, C.G. 1928. *Two essays on Analytical Psychology* (trans. H.G. and C.F. Baynes). London: Baillière, Tindall and Cox.

Jung, C.G. 1936. *The Integration of the Personality* (trans. Stanley Dell). New York: Farrar and Rinehart.

Jung, C.G. 1953. 'The Structure of the Unconscious', in R.F.C. Hull (trans.) *The Collected Works of C.G. Jung, Vol. 7*. Princeton: Princeton University Press. (Original work published in 1916.)

Jung, C.G. 1960. *The Structure and Dynamics of the Psyche (Collected Works of Jung, Volume 8)*. London: Routledge & Kegan Paul.

Jung, C.G. 1963. *The Secret of the Golden Flower*. London: Routledge & Kegan Paul.

Jung, C.G. (ed.). 1964. *Man and His Symbols*. London: Aldus.

Jung, C.G. 1967. *The Spirit in Man, Art, and Literature*. London: Ark.

Jung, C.G. 1971. *C.G. Jung Letters, Volume 1*. London: Routledge & Kegan Paul.

Jung, C.G. 1976. *Collected Works*. New York: Pantheon Books.

Jung, C.G. 1983a. *Dictionary of Analytical Psychology*. London: Ark.

Jung, C.G. 1983b. *Memories, Dreams, Reflections*. London: Flamingo.

Jung, C.G. 1984. *Modern Man in Search of a Soul* (trans. C.F. Baynes). London: Ark.

Junge, M.B. 1999. 'Mourning Memory and Life Itself: The AIDS Quilt and Vietnam Veterans' Memorial Wall'. *The Arts in Psychotherapy*, 26(3): 195–203.

Junge, M.B., Alvarez, J.F., Kellogg, A. and Volker, C. 1993. 'The Art Therapist as Social Activist: Reflections and Visions'. *Art Therapy: Journal of the American Art Therapy Association*, 10: 148–155.

Kaplan, F. (ed.) 2007. *Art Therapy and Social Action*. London and New York: Jessica Kingsley.

Kavaler–Adler, S. 2011. *Object Relations Clinical Theory*. Film. Online at www.youtube.com/watch?v=CWRhB2IQvbc (accessed 12 October 2013).

Kernberg, O. 1994. 'Validation in the Clinical Process'. *International Journal of Psychoanalysis*, 75: 1195–1196.

Kirschenbaum, H. and Land Henderson, V. (eds). 1990. *The Carl Rogers Reader*. London: Constable.

Korb, M.P., Gorrell, J. and Van De Riet, V. 1989. *Gestalt Therapy: Practice and Theory* (2nd edition). New York and Oxford: Pergamon Press.

Kris, E. 1953. *Psychoanalytic Explorations in Art*. London: George Allen & Unwin.

Laine, R. 2007. 'Image Consultation', in J. Schaverien and C. Case. *Supervision of Art Psychotherapy: A Theoretical and Practical Handbook*. London: Routledge, pp. 119–137.

Lala, A. 2011. 'Seeing the Whole Picture: A Culturally Sensitive Art Therapy Approach to Address Depression Amongst Ethnically Diverse Women', in H. Burt (ed.) *Art Therapy and Postmodernism: Creative Healing Through a Prism*. London and Philadelphia: Jessica Kingsley, pp. 32–49.

Landes, J. 2012. 'Hanging By a Thread: Artculating Women's Experience via Textiles', in S. Hogan (ed.) *Revisiting Feminist Approaches to Art Therapy*. London: Berghahn Books, pp. 224–237.

Landy, R.J. 1994. *Drama Therapy: Concepts, Theories and Practices*. Springfield, IL: Charles C. Thomas.

Laplanche, J. and Pontalis, J.B. 1973. *The Language of Psychoanalysis*. London: Hogarth Press.

Layard, R. 2006. *The Depression Report: A New Deal for Depression and Anxiety Disorders*. London: London School of Economics.

Levine, E.G. and Levine, S. (eds). 2011. *Art as Social Action*. London: Jessica Kingsley.

Lewin, K. 1935. *A Dynamic Theory of Personality*. New York: McGraw–Hill.

Lewin, K. 1951. 'Field Theory in Social Science', in D. Cartwright (ed.) *Field Theory in Social Science: Selected Theoretical Papers*. London: Harper & Row.

Lewontin, R.C., Rose, S. and Kamin, L.J. 1984. *Not In Our Genes: Biology, Ideology, and Human Nature*. London: Penguin.

Liebmann, M. (ed.). 1996. *Arts Approaches to Conflict*. London: Jessica Kingsley.

Lodge, O. 1911. *The Position of Women: Actual and Ideal*. London: James Nesbit.

Lofgren, D.E. 1981. 'Art Therapy and Cultural Difference'. *American Journal of Art Therapy*, 21(1): 25–32.

Long, C. 1920. *Collected Papers on the Psychology of Phantasy*. London: Baillière, Tindall and Cox.

Lusebrink, V.B. 1990. *Imagery and Visual Expression in Art Therapy*. New York: Plenum.

Mackewn, J. 1997. *Developing Gestalt Counselling*. London: Sage.

Maclagan, D. 2001. *Psychological Aesthetics*. London: Jessica Kingsley.

Macquarie Dictionary. 1981. Chatswood: Macquarie University.

Malchiodi, C.A. 1997. 'Invasive Art: Art as Empowerment for Women with Breast Cancer', in S. Hogan (ed.) *Feminist Approaches to Art Therapy*. London: Routledge, pp. 49–65.

Malchiodi, C.A. (ed.). 2012. *Handbook of Art Therapy* (2nd edition). New York: The Guilford Press.

Malchiodi, C.A. and Rozum, A.L. 2012. 'Cognitive–Behavioral and Mind–Body Approaches', in C.A. Malchiodi (ed.) *Handbook of Art Therapy* (2nd edition). New York: The Guilford Press, pp. 89–103.

Manuel, M. 2013. 'Shame and Powerlessness: Feminist Art Therapy with Black Female Prostitutes'. Paper presented at the annual meeting of The Association for Women in Psychology, San Diego, CA, 15 December. Online at http://citation.allacademic.com/meta/p230896_index.html (accessed 4 July 2014).

Martin, E. 1987. *The Woman in the Body: A Cultural Analysis of Reproduction*. Boston, MA: Beacon Press.

Martin, R. 1997. 'Looking and Reflecting: Returning the Gaze, Re-enacting Memories and Imagining the Future Through Phototherapy', in S. Hogan (ed.) *Feminist Approaches to Art Therapy*. London: Routledge, pp. 150–177.

Martin, R. 2012. 'Looking and Reflecting: Returning the Gaze, Re-enacting Memories and Imagining the Future Through Phototherapy', in S. Hogan (ed.) *Revisiting Feminist Approaches to Art Therapy*. London and New York: Routledge, pp. 112–140.

Maudsley, H. 1873. *Body and Mind*. London: Macmillan.

McGee, P. 2012. 'A Feminist Approach to Child Sexual Abuse and Shame', in S. Hogan (ed.) *Revisiting Feminist Approaches to Art Therapy*. London: Berghahn

Books, pp. 281–293.

McNeilly, G. 1983. 'Directive and Non–Directive Approaches in Art Therapy'. *The Arts in Psychotherapy*, 10(4): 211–219.

McNeilly, G. 2005. *Group Analytic Art Therapy*. London: Jessica Kingsley.

McNiff, S. 1984. 'Cross–cultural Psychotherapy and Art'. *Art Therapy: Journal of the American Art Therapy Association*, 1(3): 125–131. (Work republished in 2009–doi: 10. 1080/07421656.2009.10129379.).

McNiff, S. 1998. *Art–based Research*. London: Jessica Kingsley.

Mcniff, S. 2004. *Art Heals: How Creativity Cures the Soul*. Boston, MA: Shambhala Press.

Mearns, D. and Thorne, B. 2000. *Person–centered Therapy Today*. London: Sage.

Menninger, K. 1958. *Theory of Psychoanalytic Technique*. New York: Basic Books.

Milner, M. 1957[2010]. *On Not Being Able to Paint*. London: Routledge.

Molnos, A. 1998. 'A Psychotherapist's Harvest: Parataxic Distortions'. Online at www. net.klte.hu/~keresofi/psyth/a–to–z–entries/parataxic_distortions.html (accessed 23 November 2011).

Monti, D.A., Peterson, C., Kunkel, E.J., Hauck, W.W., Pequignot, E., Rhodes, L. and Brainard, G.C. 2006. 'A Randomized, Controlled Trial of Mindfulness–based Art Therapy (MBAT) for Women with Cancer'. *Psycho–Oncology*, 15(5): 363–373.

New World Encyclopaedia. 2013. 'Defense Mechanism'. Online at www. newworldencyclopedia.org/entry/Defense_mechanism#Repression.2FSuppressi on (accessed 30 August 2013).

Oakley, A. 1981. *From Here to Maternity: Becoming a Mother*. London: Penguin.

O'Neill, M. 2008. 'Transnational Refugees: The Transformative Role of Art?', *Forum: Qualitative Social Research*, 9(2) (Art. 59): 1–21.

O'Neill, M. 2010. *Asylum, Migration and Community*. Bristol: Polity Press.

O'Neill, M. 2012. 'Ethno–Mimesis and Participatory Arts', in S. Pink (ed.) *Advances in Visual Methodology*. London: Sage, pp. 153–173.

Oppenheim, J. 1991. *Shattered Nerves: Doctors, Patients, and Depression in victorian England*. Oxford: Oxford University Press.

Oudshoorn, N. 1994. *Beyond the Body: An Archaeology of Sex Hormones*. London: Routledge.

Oxford Dicitionaries. 1973. *Shorter Oxford English Dictionary*. Oxford: Oxford University Press.

Oxforddictionaries.com 2015. 'Oxford Dictionaries Definitions'. Online at www. oxforddictionaries.com/definition/english/ (accessed 12 May 2015).

Pailthorpe, G.W. 1938–1939. 'The Scientific Aspects of Surrealism'. *London Bulletin*, 7: 10–16.

Perls, F.S. 1942. *Ego, Hunger and Aggression. A Revsion of Freud's Theory and Method*. New York: Gestalt Journal Press. (Reprined 1992.)

Perls, F.S. 1947. *Ego, Hunger and Aggresstion. A Revision of Freud's Theory and Method*. Gouldsboro, ME: The Gestalt Journal Press.

Perls, F.S. 1969. Reproduction of 'Here and Now: Gestalt Therapy' Lecture 1969. Online at www.youtube.com/watch?v=9_voss41dyA (accessed 1 June 2015).

Peterson, C. 2014. 'Mindfulness-based Art Therapy: Applications for Healing with Cancer', in L. Rappaport (ed.) *Mindfulness and the Arts Therapies*. London and New York: Jessica Kingsley, pp. 64–81.

Petocz, A. 1999. *Freud, Psychoanalysis and Symbolism*. Cambridge: Cambridge University Press.

Pink, S., Hogan, S. and Bird, J. 2011. 'Boundaries and Intersections: Using the Arts in Research'. *International Journal of Art Therapy: Formerly Inscape*, 16(1): 14–19.

Prison Reform Trust. 2014. *Why Focus on Reducing Women's Imprisonment?* London: Prison Reform Trust.

Prochaska, J.O. 2013. 'Transtheoretical Model of Behavior Change'. Online at www.prochange.com/transtheoretical-model-of-behavior-change (accessed 12 December 2013).

Rappaport, L. (ed.) 2014a *Mindfulness and the Arts Therapies*. London and New York: Jessica Kingsley.

Rappaport, L. 2014b. 'Focusing-oriented Arts Therapy: Cultivating Mindfulness and Compassion, and Accessing Inner Wisdom', in L. Rappaport (ed.) *Mindfulness and Arts Therapies*. London and New York: Jessica Kingsley, pp. 193–208.

Ratigan, B. and Aveline, M. 1988. 'Interpersonal Group Therapy', in M. Aveline and W. Dryden (eds) *Group Therapy in Britain*. Milton Keynes: Open University Press, pp. 43–65.

Redfern, C. and Aune, K. 2010. *Reclaiming the F Word*. London: Zed Books.

Rehavia-Hanauer, D. 2012. 'Habitus and Social Control: Feminist Art Therapy and the Critical Analysis of Visual Representations', in S. Hogan (ed.) *Revisiting Feminist Approaches to Art Therapy*. London: Berghahn Books, pp. 91–99.

Rhyne, J. 1996. *The Gestalt Art Experience*. Chicago, IL: Magnolia Street Publishers.

Richardson, L. 2011. 'Resonance', in C. Wood (ed.) *Navigating Art Therapy: A Therapist's Companion*. London and New York: Routledge.

Rogers, C.R. 1946. 'Significant Aspects of Client-centered Therapy', *American Psychologist*, 1:415–422.

Rogers, C.R. 1957. 'A Note on the "Nature of Man"'. *Journal of Counseling Psychology*, 4(3): 199–203.

Rogers, C.R. 1961. *On Becoming a Person: A Therapist's View of Psychotherapy*. London: Constable.

Rogers, N. 2000. *The Creative Connection: Expressive Arts as Healing*. Ross–on–Wye: PCCS Books. (Original work published 1993.)

Rogers, N., Tudor, K., Embleton Tudor, L. and Keemar, K. 2012. 'Person–Centered Expressive Arts Therapy. A Theoretical Encounter'. *Person–Centered and Experiential Psychotherapies*, 11(1): 31–47.

Rosal, M. 2001. 'Cognitive–Behavioural Art Therapy', in J. Rubin (ed.) *Approaches to Art Therapy: Theory and Technique* (2nd edition). London and New York: Brunner Routledge, pp. 210–225.

Ross, C. 1997. 'Women and Conflict', in S. Hogan (ed.) *Feminist Approaches to Art Therapy*. London: Routledge, pp. 140–150.

Ross, C. 2012. 'Women and Conflict', in S. Hogan (ed.) *Revisiting Feminist Approaches to Art Therapy*. London and New York: Berhahn Books, pp. 150–159.

Roth, E. 2001. 'Behavioural Art Therapy', in J. Rubin (ed.) *Approaches to Art Therapy: Theory and Technique* (2nd edition). London and New York: Brunner Routledge, pp. 195–209.

Royce, E. 2009. *Poverty & Power. The Problem of Structural Inequality*. Lanham, MD: Rowman & Littlefield.

Rubin, J. (ed.). 2001. *Approaches to Art Therapy: Theory and Technique* (2nd edition). London and New York: Brunner Routledge.

Russell, D. 1995. *Women, Madness and Medicine*. Cambridge: Polity.

Rycroft, C. 1968. *A Critical Dictionary of Psychoanalysis*. London: Thomas Nelson & Sons.

Rycroft, C. 1995. *A Critical Dictionary of Psychoanalysis* (2nd edition). London: Penguin Books.

Samuels, A., Shorter, B. and Plaut, F. 1986. *A Critical Dictionary of Jungian Analysis*. London: Routledge & Kegan Paul.

Sandler, J., Dare, C. and Holder, A. 1973. *The Patient and the Analyst*. London: Maresfield.

Sayers, J. 1982. *Biological Poltics: Feminist and Anti–Feminist Perspectives*. London: Tavistock Publications.

Schaverien, J. 1987. 'The Scapegoat and the Talisman: Transference in Art Therapy', in T. Dalley, C. Case, J. Schaverien, F. Weir, D. Halliday, P. Nowell Hall and D.

Waller (eds) *Images of Art Therapy: New Developments in Theory and Practice*. London: Tavistock Publications.

Schaverien, J. 1990. 'Triangular Relationship (2): Desire Alchemy and the Picture'. *Inscape (now International Journal of Art Therapy)*, Winter: 14–19.

Schaverien, J. 1992. *The Revealing Image: Analytical Art Psychotherapy in Theory and Practice*. London: Routledge.

Schaverien, J. 1998. 'Inheritance: Jewish Identity, Art Psychotherapy Workshops and the Legacy of the Holocaust', in D. Dokter (ed.) *Art Therapists, Refugees and Migrants: Reaching Across Borders*. London: Jessica Kingsley, pp. 155–175.

Schaverien, J. 2000. 'The Triangular Relationship and the Aesthetic Countertransference in Analytical Art Psychotherapy', in A. Gilroy and G. McNeilly (eds) *The Changing Shape of Art Therapy: New Developments in Theory and Practice*. London: Jessica Kingsley.

Schaverien, J. 2005. *Desire and the Female Therapist: Engendered Gazes in Psychotherapy and Art Therapy*. London: Routledge.

Schaverien, J. 2011. 'Embodied Image', in C. Wood (ed.) *Navigating Art Therapy: A Therapist's Companion*. London and New York: Routledge.

Scheper-Hughes, N. 1991. 'The Rebel Body: The Subversive Meanings of Illness'. *Traditional Acupuncture Society*, 10: 3–10.

Segal, H. 1978. *Introduction to the Work of Melanie Klein* (2nd edition). London: Hogarth Press.

Seymour-Jones, C. 2008. *A Dangerous Liaison*. London: Arrow Books.

Shamdasani, S. 1995. 'Memories, Dreams and Omissions'. *A Journal of Archetype and Culture*, 57, Spring Issue: 115–137.

Shapiro, S.L., Carlson, L.E., Astin J.A. and Freedman, B. 2006. 'Mechanisms of Mindfulness'. *Journal of Clinical Psychology*, 62(3): 373–386.

Shazer, S. and Dolan, Y. 2007. *More than Miracles: The State of the Art of Solution-Focused Brief Therapy*. London: Routledge.

Sheldon, B. 2011. *Cognitive-Behavioural Therapy: Research and Practice in Health and Social Care* (2nd edition). London: Routledge.

Sherlock, A. 2012. 'Jo Spence'. Frieze Magazine, 149, September. Online at www.frieze.com/issue/review/jo-spence/ (accessed 21 May 2015).

Shiebinger, L. 1993. *Nature's Body: Gender in the Making of Modern Science*. New Brunswick, NJ: Rutgers University Press.

Shlien J.M. 1984. 'A Counter-Theory of Transference'. Online at www3.telus.net/eddyelmer/Tools/transf.htm (accessed 18 April 2015).

Showalter, E. 1985. The Female Malady: *Women, Madness and English Culture,*

1830–1980. London: Virago.

Showalter, E. 1992. *Sexual Anarchy: Gender and Culture at the Fin de Siècle*. London: Virago.

Sills, C., Lapworth, P. and Desmond, B. 2012. *An Introduction to Gestalt*. London: Sage.

Silverstone, L. 1997. *Art Therapy: The Person–Centred Way*. London. Jessica Kingsley.

Silverstone, L. 2009. *Art Therapy Exercises: Interpersonal and Practical Ideas to Stimulate the Imagination*. London: Jessica Kingsley.

Simmons, J. and Griffiths, R. 2009. *CBT for Beginners*, London: Sage.

Simoneaux, G. 2011. 'Creating Space for Change', in E.G. Levine and S. Levine (eds) *Art as Social Action*. London: Jessica Kingsley, pp. 159–173.

Skaife, S. 1990. 'Self Determination in Group Analytic Art Therapy'. *Group Analysis*, 23(3): 237–244.

Slater, N. 2003. 'Re–visions on Group Art therapy with Women Who Have Experienced Domestic and Sexual Violence', in S. Hogan (ed.) *Gender Issues in Art Therapy*. London and New York: Jessica Kingsley, pp. 173–184.

Somers, J. and Querée, M. 2007. *Cognitive Behavioural Therapy: Core Information Document*. Vancouver: British Columbia Ministry of Health.

Sontag, S. 2003. *Regarding the Pain of Others*. London: Hamish Hamilton.

Sperber, H. 1912. 'Uber den Einfluss sexueller Momente auf Entstehung und Entwicklung der Sprach'. *Imago*, 1:405–489.

Stanford Encyclopaedia of Philosophy. 2015. 'Buddha'. Online at http://plato. stanford.edu/entries/buddha/ (accessed 9 January 2015).

Stevens, A. 1986. *The Withymead Centre: A Jungian Community for the Healing Arts*. London: Conventure.

Stocking, G. 1987. *Victorian Anthropology*. New York: The Free Press.

Stopa, L. (ed.). 2009. *Imagery and the Threatened Self: Perspectives on Mental Imagery and the Self in Cognitive Therapy*. London: Routledge.

Talwar, S., Iyer, J. and Doby–Copeland, C. 2004. 'The Invisible Veil: Changing Paradigms in the Art Therapy Profession'. *Art Therapy Journal of the American Art Therapy Association*, 21(1): 44–48; doi: 10.1080/07421656.2004.10129325.

Tavris, C. 1992. *The Mismeasure of Woman: Why Women are Not the Better Sex, The Inferior Sex, or the Opposite Sex*. New York: Simon & Schuster.

10MinuteCBT. 2015. Online at www.10minutecbt.co.uk/?More_about_CBT:Basic_ Principles_of_CBT (accessed 24 March 2015).

Tilakaratna, S. 1990. 'A Short Note on Participatory Research'. Online at www. caledonia.org.uk/research.htm (accessed 6 March 2015).

Tredgold, R. and Woolf, H. 1975. *UCH Handbook of Psychiatry*. London: Duckworth.

Ullman, D. and Wheeler, G. (eds). 2009. *Co−Creating the Field: Intention and Practice in the Age of Complexity*. London: Gestalt Press.

University of Sheffield. 2010. 'Look at Me! Images of Women & Ageing'. Online at www.representing−ageing.com/workshops.php (accessed 15 May 2015).

Ussher, J. 1991. *Women's Madness: Misogyny or Mental Illness?* Brighton: Harvester Wheatsheaf.

Ussher, J. 2011. *The Madness of Women: Myth and Experience*. London and New York: Routledge.

Wadsworth, Y. 1998. What is Participatory Reserch? *Action Research International, November*. Online at www.scu.edu.au/schools/gcm/ar/ari/p−ywadsworth98.html (accessed 4 March 2015).

Waldman, J. 1999. 'Breaking the Mould'. *Inscape (now International Journal of Art Therapy)*, 4(1): 10−19.

Wallace, E.R. 1983. *Freud and Anthropology: A History and Reappraisal*. New York: International Universities Press.

Waller, D. 1991. *Becoming a Profession*. London: Routledge.

Waller, D. 2015. *Group Interactive Art Therapy: Its Use in Training and Treatment*. London: Routledge.

Waller, D. and Mahoney, J. (eds). 1998. *Treatment of Addiction: Current Issues for Art Therapists*. London: Routledge.

Waller, D. and Sibbett, C. (eds). 2005. *Art Therapy and Cancer Care*. Milton Keynes: Open University Press.

Weiner, E.T. and Rappaport, L. 2014. 'Mindfulness and Focusing−Orientated Arts Therapy with children and Adolescents', in L. Rappaport (ed.) *Mindfulness and the Arts Therapies*. London and New York: Jessica Kingsley, pp. 248−264.

Weir, F. 1987. 'The Role of Symbolic Expression in its Relation to Art Therapy: A Kleinian Approach', in T. Dalley, C. Case, J. Schaverien, F. Weir, D. Halliday, P. Nowell Hall and D. Waller (eds) *Images of Art Therapy: New Developments in Theory and Practice*. London: Tavistock.

Wilkins, P. 2003. *Person Centred Therapy in Focus*. London: Sage.

Williams, R. 1983. *Keywords: A Vocabulary of Culture and Society*. London: Fontana.

Willis, F. 2009. *Beck's Cognitive Therapy*. London: Routledge.

Wittgenstein, L. 1958. *Philosophical Investigations* (3rd edition) (trans. G.E.M.

Anscombe). Upper Saddle River, NJ: Prentice HaLL.

Wood, C. 2011. 'Empathy', in C. Wood (ed.) *Navigating Art Therapy: A Therapist's Companion*. London and New York: Routledge.

World Health Organisation (WHO). 2010. 'Gender, Women and Health. Section 2: Gender-based Discrimination Limits the Attainment of International Health and Development Goals such as the MDGs'. Online at www.who.int/gender/events/2010/iwd/backgrouder2/en/index.html (accessed 21 May 2015).

World Health Organisation (WHO). 2012. 'Gender and Women's Mental Health'. Online at www.who.int/mental_health/prevention/genderwomen/en/ (accessed 21 May 2015).

Wright, T. and Wright, K. 2013. 'Art for Women's Sake: Understanding Feminist Art therapy as Didactic Practice Re-orientation'. *International Practice Development Journal*, 3(5): 1-8.

Yalom, I.D. 1975. *The Theory and Practice of Group Psychotherapy* (2nd edition). New York: Basic Books.

Yalom, I.D. 1980[1931]. *Existential Psychotherapy*. Basic Books. (Reprinted with Revised Introduction 1980).

Yalom, I.D. 1995. *The Theory and Practice of Group Psychotherapy* (4th edition). New york: Basic Books.

Young, M. 1982. *The Elmhursts of Dartington Hall: the Creation of a Utopian Community*. London: Routledge & Kegan Paul.

Zinker, J. 1977. *Creative Process in Gestalt Therapy*. New York: Brunner/Mazel.

찾아보기

옮긴이 소개

정광조
대전대학교 보건의료과학대학 교수
대전대학교 보건의료대학원 예술치료학과 학과장
대전대학교 보건의료대학원 대체의학과 학과장
대전대학교 보건의료대학원/교육대학원 대학원장 역임
한국통합심신예술치유학회 학회장
한국요가전문가협회 회장
한국예술심리치료학회 학회장 역임

이근매
평택대학교 재활복지학과 및 상담대학원 미술치료학과 교수
평택대학교 부설 미술치료상담원 원장
한국예술심리치료학회 학회장
한국예술심리상담사협회 회장
한국콜라주심리치료연구회 회장
한국미술치료학회 학회장 역임
한국학습상담학회 학회장 역임

원상화
극동대학교 초등특수교육학과 교수
극동대학교 글로벌대학원 상담심리치료학과 주임교수
한국예술심리치료학회 부회장
한국통합예술심리치료연구회 운영위원장

최애나
배재대학교 심리상담철학과 교수
배재대학교 학생생활상담센터 센터장
한국예술심리치료학회 부회장
한국통합심신예술치유학회 부회장

나를 찾아가는 힐링 만다라

아르멜 리바(그림), 질르 디드리쉬(글) | 이정호 옮김 |

휴식, 집중력, 스트레스 해소, 창의성··· 치유에서 명상까지, 만다라 컬러링 100

현대사회처럼 만다라의 에너지가 필요한 시대는 없었다. 복잡하고 분주한 삶을 사는 현대인들에게 만다라가 내뿜는 성스러운 에너지는 평온함을 안겨주고, 만다라를 색칠하는 것만으로도 영혼의 균형을 찾아 이제껏 깨닫지 못한 자아실현의 길을 깨닫게 해준다. 만다라를 하나씩 완성할 때마다 누구나 '진정한 나'를 발견하고 성장하는 기쁨을 느끼게 된다.

《나를 찾아가는 힐링 만다라》에서는 치유와 명상 효과에 초점을 맞춘 만다라 그림본을 제공한다. 각 페이지마다 제시된 컬러링 가이드에 따라 색을 선택하고 색칠을 하다 보면 스트레스를 한 방향으로 모아 배출할 수 있으며, 휴식과 집중을 쉽게 하고, 자아와 조화를 이뤄 자신을 창의적으로 표현하게 된다.

《나를 찾아가는 힐링 만다라》에 실린 만다라 컬러링의 효과

●휴식 ●집중력 ●스트레스 해소 ●창의성

그렇게 만다라는 당신을 행복의 감미로운 순간으로 이끌어가는 것은 물론, 진정한 자신을 발견하는 계기를 제공할 것이다.

●휴식 　　　●집중력 　　　●스트레스 해소 　　　●창의성

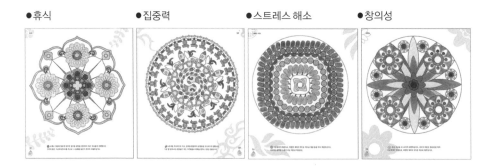

심리상담 이론과 미술치료

초판 1쇄 발행 ｜ 2017년 3월 17일
초판 3쇄 발행 ｜ 2023년 7월 15일

지은이 　｜ 수잔 호건
옮긴이 　｜ 정광조·이근매·원상화·최애나
펴낸이 　｜ 강효림

편집 　　｜ 곽도경
디자인 　｜ 채지연
마케팅 　｜ 김용우

용지 　　｜ 한서지업(주)
인쇄 　　｜ 한영문화사

펴낸곳 　｜ 도서출판 전나무숲 檜林
출판등록 ｜ 1994년 7월 15일·제10-1008호
주소 　　｜ 10544 경기도 고양시 덕양구 으뜸로 130
　　　　　 위프라임트윈타워 810호

전화 　　｜ 02-322-7128
팩스 　　｜ 02-325-0944
홈페이지 ｜ www.firforest.co.kr
이메일 　｜ forest@firforest.co.kr

ISBN ｜ 978-89-97484-92-8 (93180)

이 책에 실린 글과 사진의 무단 전재와 무단 복제를 금합니다.

※ 잘못된 책은 구입하신 서점에서 바꿔드립니다.